GUÍA PARA JUGAR AL FÚTBOL

Andrea Benigni – Mirko Ferrari – Manuel Gandin
Antonio Kuk – Aldo Preda

GUÍA PARA JUGAR AL FÚTBOL

A pesar de haber puesto el máximo cuidado en la redacción de esta obra, el autor o el editor no pueden en modo alguno responsabilizarse por las informaciones (fórmulas, recetas, técnicas, etc.) vertidas en el texto. Se aconseja, en el caso de problemas específicos —a menudo únicos— de cada lector en particular, que se consulte con una persona cualificada para obtener las informaciones más completas, más exactas y lo más actualizadas posible. EDITORIAL DE VECCHI, S. A. U.

© Editorial De Vecchi, S. A. 2018
© [2018] Confidential Concepts International Ltd., Ireland
Subsidiary company of Confidential Concepts Inc, USA
ISBN: 978-1-68325-851-3

El Código Penal vigente dispone: «Será castigado con la pena de prisión de seis meses a dos años o de multa de seis a veinticuatro meses quien, con ánimo de lucro y en perjuicio de tercero, reproduzca, plagie, distribuya o comunique públicamente, en todo o en parte, una obra literaria, artística o científica, o su transformación, interpretación o ejecución artística fijada en cualquier tipo de soporte o comunicada a través de cualquier medio, sin la autorización de los titulares de los correspondientes derechos de propiedad intelectual o de sus cesionarios. La misma pena se impondrá a quien intencionadamente importe, exporte o almacene ejemplares de dichas obras o producciones o ejecuciones sin la referida autorización». (Artículo 270)

El autor y el editor agradecen la colaboración y la disponibilidad de las personas y entidades citadas a continuación:

- *El club Atalanta Bergamasca Calcio, el presidente Ivan Ruggeri, el director general Giacomo Randazzo, el ex entrenador del equipo Primavera, Cesare Prendelli, el responsable de la sección juvenil Mino Favini, el secretario Lino Miniero, el preparador físico Franco Mandarino, el ex jefe de prensa y relaciones públicas Sergio Carrara y sobre todo a los cinco jugadores del equipo Primavera que han posado para las fotografías: Los porteros Davide Moscheni (del año 79) y Mateo Gritti (del 80), los defensas Cesare Natali (del 79) y Luca Regonesi (del 78), el centrocampista Filippo Carobbio (del 79) y el delantero Alessandro Marcandalli (del 79).*
- *El club Como Calcio, del responsable de la sección juvenil Giancarlo Centi y de los jugadores del equipo Primavera que han posado para las fotografías: Luigi Crisopulli, Giuseppe Le Noci, Marco Mallus y los demás compañeros.*
- *Los jugadores del club Juve Cusano, que han posado para las fotografías correspondientes a la primera parte del volumen.*

Gracias también a Armando Madonna, futbolista del Alzano Football Club, por haberse prestado a realizar los ejercicios de estiramientos, y al Football Club Treviso por el material fotográfico suministrado.

Se agradece, asimismo, a Stefania Villa la ayuda en la realización del diseño, y a Daniele Dian su amable colaboración.

Las fotos correspondientes a los jóvenes jugadores del Atalanta han sido realizadas por Mino Cassotti, en el Centro Sportivo Bortolotti de Zingonia, en la provincia de Bérgamo.

Un agradecimiento especial merece el abogado Claudio Pasqualin, de Vincenza, ilustre procurador que nos ha proporcionado copias de las fotografías del balón y de las botas de época, piezas únicas guardadas en su museo personal dedicado a la historia del fútbol.

ÍNDICE

Introducción 15

PRIMERA PARTE
EL REGLAMENTO
REGLA 1: EL TERRENO DE JUEGO 18
REGLA 2: EL BALÓN 24
REGLA 3: EL NÚMERO DE JUGADORES 27
    Jugadores y reservas 27
    La identificación de los jugadores 27
    Las sustituciones 29
    El tiempo de espera 30
REGLA 4: EL EQUIPAMIENTO 31
REGLA 5: EL ÁRBITRO 37
    Los deberes del árbitro 38
    Algunos casos particulares 39
    Los requisitos 44
    El equipamiento 45
    El curso de arbitraje 46
    — La parte teórica 46
    — El examen final 46
    El acta del partido 46
    El informador arbitral 49
REGLA 6: EL ASISTENTE DEL ÁRBITRO 51
REGLA 7: LA DURACIÓN DE UN ENCUENTRO 55
REGLA 8: EL SAQUE DE SALIDA Y LA REANUDACIÓN DEL JUEGO 57
    El saque de salida 57
    La interrupción temporal 60
REGLA 9: BALÓN EN JUEGO O NO 61
REGLA 10: EL GOL 63
REGLA 11: EL FUERA DE JUEGO 65
REGLA 12: FALTAS Y COMPORTAMIENTOS ANTIDEPORTIVOS 89
    Faltas castigadas con tiro libre directo 89

GUÍA PARA JUGAR AL FÚTBOL

    Faltas castigadas con tiro libre indirecto. 90
    Amonestaciones y expulsiones 90

REGLA 13: EL TIRO LIBRE 105
    Los tiros libres directos e indirectos: diferencias 105
    Los tiros libres directos e indirectos: analogías. 106

REGLA 14: EL PENALTI 109
    La ejecución. 110
    En caso de infracción. 112

REGLA 15: EL SAQUE DE BANDA 113

REGLA 16: EL SAQUE DE META 115

REGLA 17: EL SAQUE DE ESQUINA. 117

SEGUNDA PARTE
EL PIE Y LA APROXIMACIÓN AL BALÓN

EL PIE 120
    Las partes del pie y sus funciones. 120
    Ejercicios para favorecer la agilidad del pie (tobillo) 121
    Correlación con las rodillas y la columna vertebral. 124
    — Las anomalías que pueden encontrarse. 125

LA APROXIMACIÓN AL JUEGO 126
    La capacidad de aprendizaje 126
    Hipótesis de trabajo. 127
    Del individuo al grupo 127
    Al niño, al alumno, al entrenador e instructor, al padre 128
    Evitar la improvisación. 129
    Aprender también del fútbol femenino 130

LA APROXIMACIÓN AL BALÓN: COORDINACIÓN Y SENSIBILIDAD 132
    Coordinación dinámica general y equilibrio. 132
    Coordinación oculomanual (ojo-mano) 134
    Coordinación oculopedestre (ojo-pie) 134
    Lateralidad. 135

CÓMO COMPORTARSE EN CONDICIONES ADVERSAS 136
    Terreno pesado. 136
    Terreno helado. 137
    Viento 137
    Decisiones del árbitro 137

TERCERA PARTE
LA TÉCNICA INDIVIDUAL

CÓMO CONTROLAR EL BALÓN. 140
    Conducir el balón 140
    — Con el empeine interior 141
    — Con el empeine exterior 141
    — Con el empeine superior 143
    — Con la planta. 143
    — En el *dribbling*. 143

ÍNDICE

Parar el balón... 145
— Con el interior del pie 146
— Con el empeine..................................... 149
— Con el exterior..................................... 150
— Con el talón 151
— Con la planta del pie 152
— Con el muslo....................................... 152
— Con el pecho....................................... 153
— Con el abdomen 155
— Con la cabeza 155

DRIBLAR... 156
  Requisitos fundamentales para una buena ejecución 156
  Las fintas 158
  — Finta con el cuerpo 158
  — Finta con el balón 158
  — Finta con la mirada 159
  Eludir a un adversario 159
  — Con el interior y con el exterior.................. 160
  — El uno-dos... 161
  — El túnel... 161
  — El rodeo 162
  — El sombrero 163
  — La serpentina 164
  — El túnel lateral................................... 164
  Liberarse del marcaje de un adversario 165
  — En carrera... 165
  — Estando parados 167
  Cuándo se desaconseja driblar 168

PASAR Y TIRAR.. 169
  La importancia de la percepción 169
  Cómo tocar el balón................................. 169
  — Con el interior.................................... 169
  — Con el empeine..................................... 171
  — Con el empeine interior 171
  — Con el empeine exterior 172
  — De volea 172
  — A bote pronto 174
  — Con la punta 175
  — De tacón 176
  — Con efecto 176
  — En carrera... 177
  — De chilena... 177
  Cómo levantar el balón del suelo 178
  — Con la punta del empeine 178
  — Virtuosismos 180
  El pase.. 181
  — Desmarque 181
  — Pase a ras de suelo................................ 182

GUÍA PARA JUGAR AL FÚTBOL

— Centro	183
— Pase al primer toque	183
— Cesión atrás	184
El tiro a portería	184
Lanzamientos a balón parado	186
— Carrerilla	187
— Saque de esquina o córner	187
— Lanzamiento directo de falta	188
— Lanzamiento indirecto de falta	188
— Penalti	189
— Saque de portería	190
Cabecear	190
— Hacia delante	191
— Lateralmente	191
— En el aire	192
— En plancha	193
— Hacia atrás	194
El saque de banda	194
— Estando parado	195
— Con carrerilla	195
— Con los pies	196
LA TÉCNICA DEFENSIVA	197
Marcar al adversario	197
— De lado	197
— Doblar el marcaje	199
Disputar el balón al adversario	199
— La entrada	199
— Jugando con anticipación	201
La posición en los centros y en los lanzamientos de falta indirectos	202
Alejar el balón	203
Proteger el balón	204
EJERCICIOS TÉCNICOS	205
Dominio de ambos pies	205
Ejercicios con el balón en el suelo	206
Paso entre conos	209
Toques de balón	210
Tocar contra la pared	212
Ejercicios para parar el balón	213
Ejercicios para driblar	215
— Fintar	215
— Driblar	217
Ejercicios técnicos para el pase y el tiro	217
— Chutar con el interior	218
— Chutar con el exterior	219
— Chutar con el empeine	219
— El acordeón	220
— Pases con precisión en carrera	221
— Desmarcarse	221

ÍNDICE

— Chutar entre conos 222
— Tiros a puerta con precisión 222
— Girarse y tirar 223
— Entrenamiento de cabeza 224
Ejercicios para los defensas 224
Juegos de mejora técnica 226
Actividades lúdicas y partidos 227

CUARTA PARTE
EL PORTERO

UN PUESTO MUY ESPECIAL 232
    Facultades físicas, atléticas y de carácter 233
    Una indumentaria especial 234
EL SENTIDO DE LA POSICIÓN 236
LA PARADA CON LAS MANOS 238
    Blocar el balón 238
    El rechace 243
    La parada en estirada 243
    — Blocar en estirada 243
    — Desviar en estirada 245
EL RECHACE CON LOS PIES 246
LA SALIDA 248
CÓMO COMPORTARSE EN LOS LANZAMIENTOS A BALÓN PARADO 250
    Saques de esquina 250
    Lanzamientos de falta 252
    Penalti 253
LA PUESTA EN JUEGO 255
    La puesta en juego con las manos 256
    La puesta en juego con los pies 257
EJERCICIOS TÉCNICOS 259
ATENCIÓN AL REGLAMENTO 263

QUINTA PARTE
TÁCTICA Y POSICIÓN DE LOS JUGADORES

TÁCTICA DEL EQUIPO Y POSICIONES EN EL CAMPO 266
EL JUEGO DEFENSIVO 268
    Cualidades fundamentales del defensa 268
    — Tres tipos de jugador: organizador, luchador-marcador, versátil 269
    La táctica de equipo 269
    — Marcaje al hombre 271
        Los laterales 271
        El defensa central 272
        El líbero 273
    — Marcaje en zona 274
    — Marcaje mixto 276
    — El fuera de juego 277

GUÍA PARA JUGAR AL FÚTBOL

    — La presión 278
    — La ayuda de centrocampistas y delanteros. 280
   El organizador del juego 282

EL JUEGO EN EL CENTRO DEL CAMPO 283
   El motor del juego del equipo 283
   Cualidades del centrocampista y especializaciones. 286
    — El medio defensivo 287
    — El organizador de juego 289
    — El centrocampista exterior 291
    — El media punta 294
      El número 10 295
   Técnica y táctica del centrocampista moderno. 296
    — Jugar sin balón 298
    — Sentido de la colocación en el campo 300
    — Jugar lejos o cerca de los compañeros 301
    — El marcaje al adversario 303
      Doblar el marcaje 304
    — Los contraataques 306
    — El pase horizontal 308
    — El pase vertical y en profundidad 309
    — El centro 311
    — La triangulación 312
    — La asistencia 314
    — La finta y el *dribbling* 315
    — El control del ritmo del partido: ralentizar o acelerar la acción 317
    — El centrocampista jugando en campo propio. 318
    — El centrocampista en la franja central del campo 319
    — El centrocampista jugando en campo contrario. 320
    — El *pressing* 321
    — El centrocampista en funciones de atacante y disparando a portería . . . 323
   Los centrocampistas y los sistemas de juego. 324
    — El marcaje al hombre en el centro del campo 326
    — El marcaje zonal en el centro del campo 327
    — El juego a la italiana y el contragolpe. 328
    — El fútbol total 329

EL JUEGO DE ATAQUE 331
   Los distintos tipos de delantero 331
    — El delantero rompedor 331
    — El delantero que maniobra 332
    — El delantero veloz 333
    — El ariete 334
    — Los otros jugadores 335
   Las cualidades del delantero moderno 335
    — La importancia de moverse sin balón y saberse desmarcar 336
    — Proteger el balón y driblar a los adversarios. 338
    — El pase y la asistencia 339
    — El tiro desde cualquier posición 340
      La chilena y la tijera 343

ÍNDICE

El remate de cabeza 344
Frente al portero 346
— Los movimientos de ataque 348
    Moverse en el área 348
    Moverse cerca de la línea de fondo 350
    Moverse por las bandas 350
    El cruce 352
— Cómo comportarse en los lanzamientos a balón parado .. 353
    Saque de esquina o córner 354
    Lanzamiento de falta 356
    Penalti 357
— Evitar el fuera de juego 359
— La presión individual y colectiva 360
Los atacantes y los sistemas de juego 362
— Los puestos en el juego de ataque 363
— Los delanteros 363
    El delantero centro (o primer punta) 364
    El segundo punta 366
    Los medios puntas 367
    Los extremos y el tridente 368
— La aportación de los centrocampistas 370
    El director de juego 371
— La aportación de los defensas 372
— El juego a la italiana y el contragolpe 374
— El fútbol total 375

LOS ESQUEMAS DE JUEGO DESDE LOS ORÍGENES HASTA NUESTROS DÍAS 376
    El método 377
    El sistema 378
    El juego a la defensiva 379
    El 4-2-4 380
    El 4-3-3 380
    El 4-4-2 y el 4-5-1 381
    El 5-3-2 y el 3-5-2 383
    El 3-4-3 384

SEXTA PARTE
LA PREPARACIÓN FÍSICA

EJERCICIOS DE CALENTAMIENTO Y DE RELAJACIÓN 386
    El calentamiento 386
    La relajación 389
    — Ejercicios para descargar la columna vertebral .. 391
EJERCICIOS DE POTENCIACIÓN MUSCULAR 392
    Programa simple de potenciación (extremidades superiores e inferiores,
       músculos abdominales y dorsales) 394
    Entrenamiento muscular en circuito (*circuit training*) 395
    Programa de entrenamiento para grupos musculares alternados 398
    Ejercicios en el gimnasio 399
    Otros ejercicios para las extremidades inferiores . 399

INTRODUCCIÓN

«Te digo que hagas esto y lo otro, pero en el campo ve por tu cuenta.» En estas palabras se resume toda la sabiduría del fútbol. Nereo Rocco, maestro indiscutible de un fabuloso Milán que cosechaba triunfos en los años sesenta, solía repetirlas a sus jugadores. Y es que en el fútbol, a pesar de que han sido muchos los que se han dedicado a la ardua empresa de estudiar nuevas tácticas, introducir métodos científicos de preparación o, incluso, de cambiar las reglas, lo cierto es que este deporte continúa apasionándonos porque, afortunadamente, el balón consigue siempre rodar libre, fuera de los esquemas de juego, empujado por la inteligencia, la inspiración y el talento de los jugadores, que son imprevisibles aun cuando siguen las instrucciones del entrenador y se esfuerzan por aplicarlas. Si no fuese así, el fútbol se parecería mucho a un videojuego con un número limitado de combinaciones.

Por fortuna, la técnica, antes de perfeccionarse, nace de nociones tan espontáneas como perseguir y chutar un balón, que apasionan a millones de aficionados que lo practican en todo el mundo, ya sea de manera ocasional o regular, o que asisten a los estadios por el placer de contemplar un espectáculo de gran belleza y dinamismo. El fútbol se aprende gracias al instinto. Después, los entrenadores se encargan de convertirlo en una disciplina y los grandes campeones lo transforman en un arte. Evidentemente, no puede enseñarse por correspondencia ni tampoco se puede pretender que un manual dé todas las indicaciones, como si se tratara de un curso de bricolaje.

El talento no puede nacer leyendo simplemente un manual de instrucciones, con el balón en los pies y el libro abierto en la mano, sino que debe desarrollarse con el ejercicio constante. Sin embargo, algunas lecciones de fútbol pueden resultar muy útiles para entender los delicados mecanismos que están en la base de cada recurso técnico y de cada solución táctica; son como un prontuario del que extraer las indicaciones que sirven para corregir los hábitos erróneos. Es por ello que nos hemos decidido a escribirlo. La tarea no ha sido fácil: hemos tenido que poner a prueba nuestros conocimientos y darnos cuenta de que describir la parada de un balón no es tan automático como hacerlo sobre el campo. Siempre hay una coma de más o una palabra que puede sustituirse por otra más adecuada, del mismo modo que en un partido siempre hay un rebote imprevisto o no se acierta cuando se intenta interceptar el balón. La escritura y el fútbol son mundos que todavía esconden muchos secretos.

De este modo, con el pretexto de repasar las lecciones de juego, se enriquece una parcela más de la propia cultura deportiva, lo cual es un buen motivo para afirmar que este manual, el enésimo sobre el tema del fútbol, no es, en ningún caso, innecesario, ni siquiera cuando se piensa que ya se sabe todo.

El hilo conductor de este libro sigue a través de la descripción de las diferentes técnicas, tácticas y esquemas, del reglamento, la anatomía, la salud física y atlética, la historia y los resultados actuales, siempre y cuando tengan relación con el tema que se trate.

Sin embargo, antes de comenzar a explicar lo que para algunos puede ser una puesta al día y para otros un simple repaso, es preciso tener en cuenta algunos principios y recomendaciones dirigidas a los alumnos, los técnicos, los padres y, por extensión, a todos los adultos, sobre todo a aquellos que deben ser escogidos por los diferentes clubes y asociaciones para que organicen el trabajo de la manera más eficaz posible (véase págs. 126-131). Sin esta premisa, es inútil enseñar a chutar y llevar el balón. Es necesario ser conscientes de que, además del gol, la meta más importante que debe alcanzarse es el desarrollo personal de quien ama este deporte: no sólo los jugadores, sino también los que están en el banquillo y todos los aficionados.

Primera parte
EL REGLAMENTO

REGLA 1: EL TERRENO DE JUEGO

El fútbol se juega en un campo rectangular, cuyas líneas laterales deben tener una longitud mayor que las líneas de meta (o de fondo). El terreno de juego no tiene una medida fija, aunque la Federación Internacional de Asociaciones de Fútbol (FIFA) ha establecido cuáles deben ser las dimensiones máximas y mínimas: el largo puede variar de 90 m a 120 m y el ancho de 45 m a 90 m. En los encuentros internacionales las medidas oscilan entre los 110 ∞ 75 m y los 100 ∞ 64 m.

El terreno de juego (fig. 1) está delimitado y subdividido por líneas de color blanco (rojo en caso de nieve), que forman parte integrante de la superficie que definen (lo que significa que en el caso de las líneas laterales o de meta el balón sigue en juego hasta que no haya superado completamente la línea). El centro del campo debe estar señalado de manera visible y a su alrededor debe diseñarse un círculo con un radio de 9,15 m. Una línea central separa el terreno de juego en dos mitades. En cada ángulo del terreno de juego se encuentra fijado un banderín sobre un mástil. Otras líneas señalan el área de meta, la de penalti (o área de castigo) y la del saque de esquina. En el interior del área de castigo se halla indicado el punto desde el que se lanza el penalti (punto de penalti). En el exterior del terreno de juego está delimitada el área técnica, en cuyo interior se permite al entrenador moverse libremente para dar consejos a sus jugadores.

El área de penalti (fig. 2), también rectangular, delimita:

— la zona en la que el guardameta del equipo defensor puede jugar el balón con las manos;
— la zona en la que, cuando un jugador del equipo defensor comete un fallo castigado con un golpe franco directo, se concede un penalti a favor del equipo atacante;
— la zona en la que ningún jugador de ambos equipos puede entrar durante la ejecución de un penalti;
— la zona en la que el balón debe salir completamente hacia el interior del terreno de juego, para que pueda considerarse en juego, cuando se produce un saque de meta (o saque de puerta) o un golpe franco a favor del equipo defensor.

REGLA 1: EL TERRENO DE JUEGO

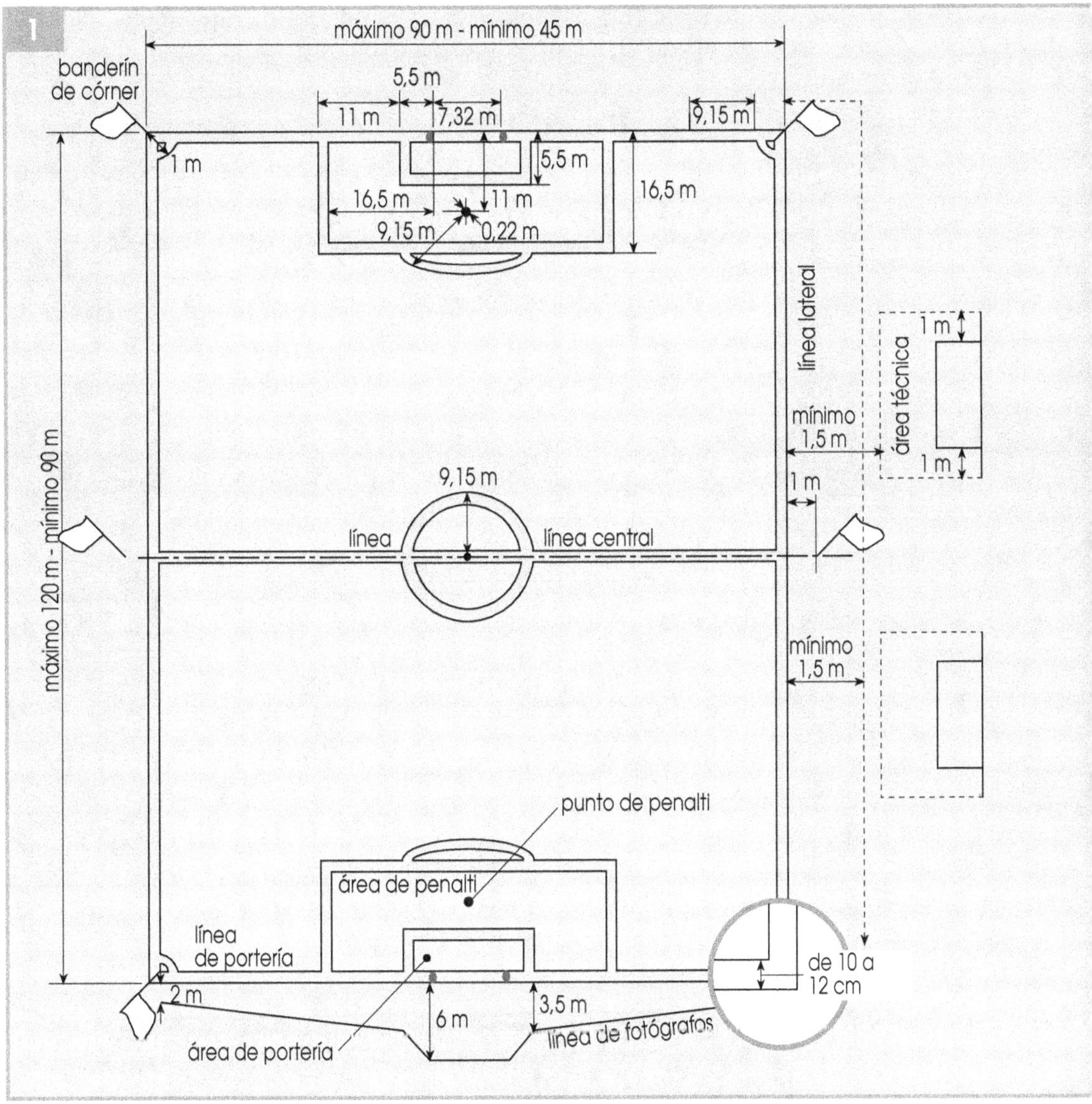

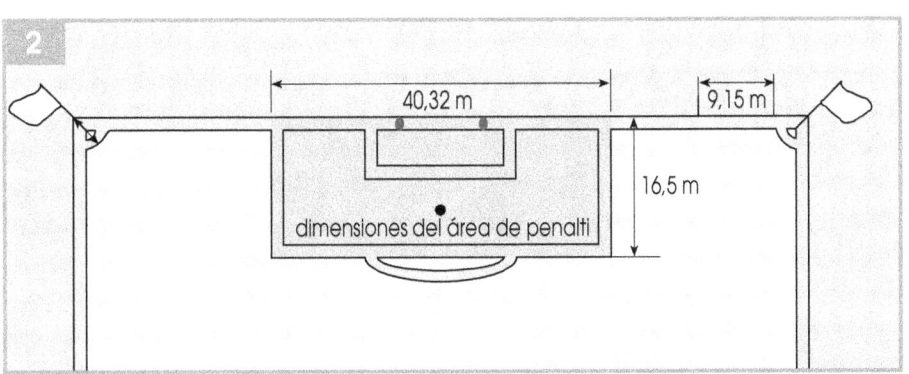

El área de meta (fig. 3), colocada en el interior del área penal, delimita el espacio en el que debe ser colocado el balón para efectuar el saque de puerta.

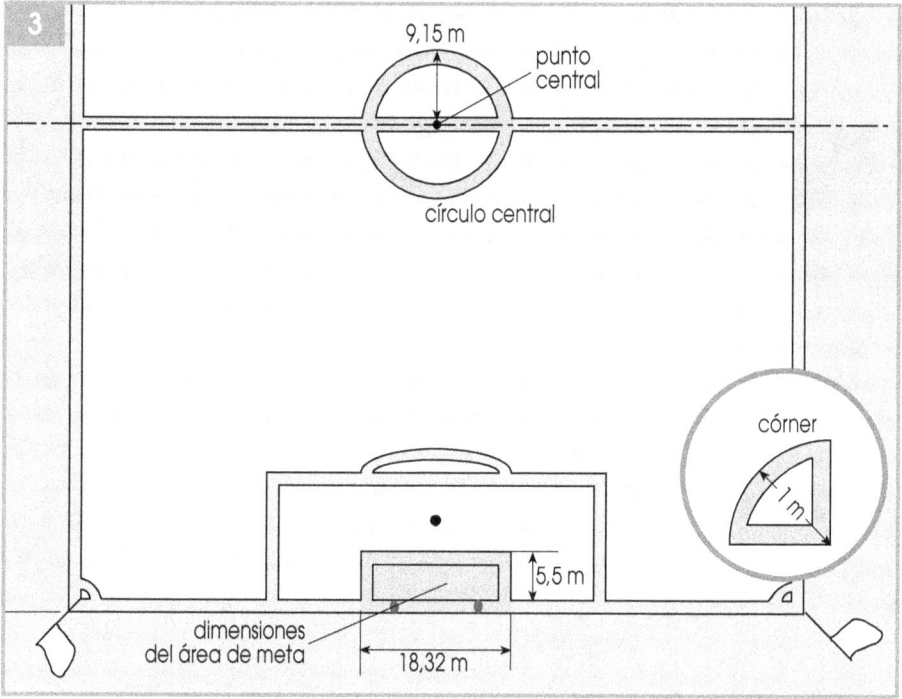

La portería se coloca en el centro de cada línea de meta. Está formada por dos postes, un travesaño y una red. La meta tiene una longitud de 7,32 m y una altura de 2,44 m; ambas dimensiones deben medirse a partir del borde interior de los palos (fig. 4).

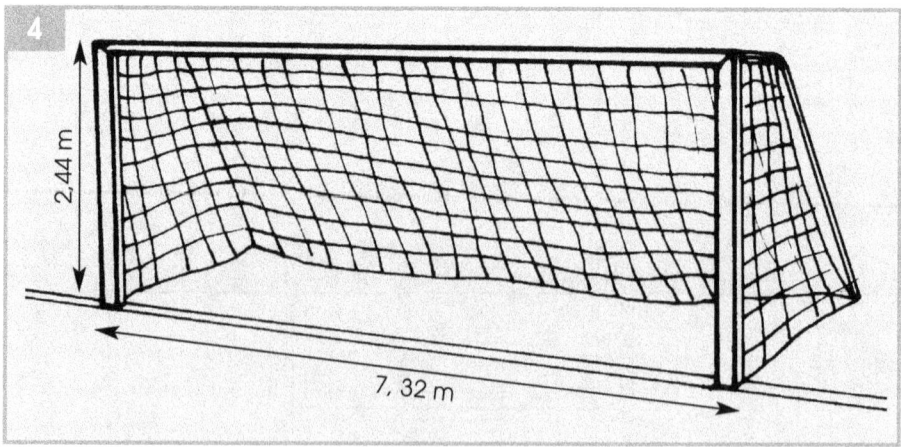

REGLA 1: EL TERRENO DE JUEGO

LOS CAMPOS DE JUEGO

Es muy posible que los puristas frunzan el ceño y exclamen: «¿qué significa *los* campos de juego? El verdadero campo de juego es sólo uno, el de once jugadores.»

Tranquilos, desde luego no seremos nosotros los que comencemos a poner en duda los criterios que han sido adoptados hasta ahora. El campo de once sigue siendo el terreno por excelencia, al cual, como se entiende, hacemos referencia en todas nuestras instrucciones técnicas cuando nos dirigimos al equipo y no sólo al jugador.

Pero no sería honesto ignorar la evolución de una disciplina que también se practica con siete jugadores en campos más pequeños y que en los últimos veinte años ha conocido el auge de los torneos a cinco, disputados al aire libre, en hierba, en tierra batida, en cemento o en superficies sintéticas, pero también en gimnasios, allí donde se realizan otros deportes como el baloncesto, el balonvolea o el balonmano.

De hecho, esta variedad no debe considerarse nunca como una carencia, sino como uno de los rasgos que hacen que este deporte sea extraordinario: además de hablar todos los idiomas del mundo, además de gustar tanto a las mujeres como a los hombres, tiene un excepcional espíritu de adaptación, una rara virtud para desarrollar una actividad en equipo.

El campo «de once»

El espacio de juego tiene que estar señalizado con líneas claramente identificables (normalmente de yeso, pero también con serrín en caso de lluvia, polvo de carbón u otro material visible en caso de nieve), de una anchura no inferior a 10 cm ni superior a 12 cm. Los lados más grandes que lo delimitan se llaman *líneas laterales*, y los más pequeños *líneas de portería*. En cada esquina del terreno hay que fijar un banderín amarillo

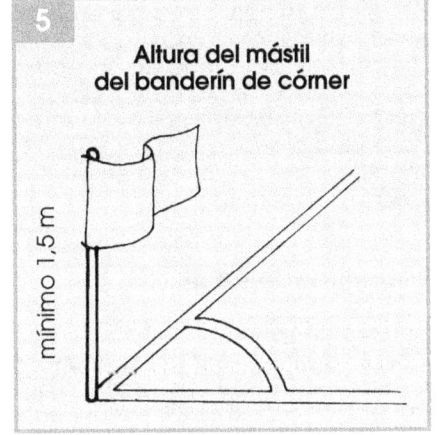

Altura del mástil del banderín de córner

sobre un mástil de una altura mínima de 1,5 m, y cuya extremidad superior no puede ser puntiaguda (fig. 5). En cada uno de los laterales se puede plantar un banderín del mismo tipo a 1 m de distancia de la línea, a la altura de la línea central que atraviesa el campo en toda su anchura.

En los dos extremos del rectángulo de juego, a 5,5 m de distancia de cada poste de la portería, tienen que trazarse, hacia el interior, dos líneas perpendiculares a la línea de portería y con una longitud, a su vez, de 5,5 m. Unidas por una línea paralela a la línea de portería, delimitan el área de portería.

GUÍA PARA JUGAR AL FÚTBOL

Bastante más grande es el área de penalti, delimitada por dos líneas que también se dirigen hacia el interior desde cada extremo y perpendicularmente a la línea de portería, pero a una distancia de 16,5 m de cada poste de la portería e, igualmente, con una longitud de 16,5 m. Lógicamente estas dos líneas también están unidas por una línea paralela a la de la portería. Dentro del área de penalti, a 11 m del centro de la línea de portería y en posición perpendicular a ella, está señalizado de forma bien visible el punto de penalti. Desde este hay que trazar, en el exterior del área de penalti, un arco de circunferencia con radio de 9,15 m. En el interior de cada uno de los cuatro vértices del terreno se sitúa el área de córner, delimitada por un cuarto de circunferencia con un radio de 1 m.

Se permite una pendiente máxima del terreno que no supere el 0,5 % en la dirección de los ejes.

Vayamos a las porterías (hoy en día todas son de metal; la madera es una reliquia). Firmemente anclados al terreno, los postes, al igual que el travesaño, no tienen un grosor de más de 12 cm; en general son de sección elíptica (pero también los hay semicirculares, redondos, rectangulares y cuadrados) y de color blanco. Las redes, sujetas a las porterías y tensadas por detrás de ellas, pueden ser de cáñamo, yute o nilón. El reglamento tolera, en las competiciones de cualquier categoría, que haya una diferencia de 2 cm en las medidas de las porterías, sea por exceso o por defecto.

Cuando se habla de campo de juego, no hay que entender únicamente el rectángulo interior a las líneas laterales y a las líneas de portería. También forma parte de él la zona de banda: es esa franja de terreno, de anchura no menor a 1,5 m, comprendida entre las líneas del perímetro y la zona de público o de protección del campo (una red, un foso, un muro o unos árboles). Está estrechamente relacionada con los acontecimientos del juego: pensemos en un futbolista que saca de banda o que marca un gol, en ambos casos el esférico supera la línea de portería y acaba en ese trozo de campo que acaba en el fondo de la red.

El campo «de siete»

Aun manteniendo las proporciones, y algunas medidas, del campo «de once», tiene una longitud que va desde un mínimo de 46 m a un máximo de 60 m, y una anchura que puede variar entre 25 y 40 m (teniendo en cuenta las dimensiones establecidas no sólo por la Federación de Fútbol, sino también por otras entidades de promoción deportiva muy difundidas).

La profundidad del área de penalti se puede reducir hasta los 10 m, pero se tiende a mantener el punto de penalti a 11 m de la línea de portería, si bien está permitida también una distancia de 8 m. La amplitud de las porterías puede reducirse hasta los 6 m de anchura y los 2 m de altura.

Se habla de campo «de siete» porque, en relación con estas dimensiones, es el número más frecuente de jugadores por equipo, pero los torneos federativos de categoría alevín prevén también en este tipo de terreno la variante de equipos de 6 y de 9 jugadores.

REGLA 1: EL TERRENO DE JUEGO

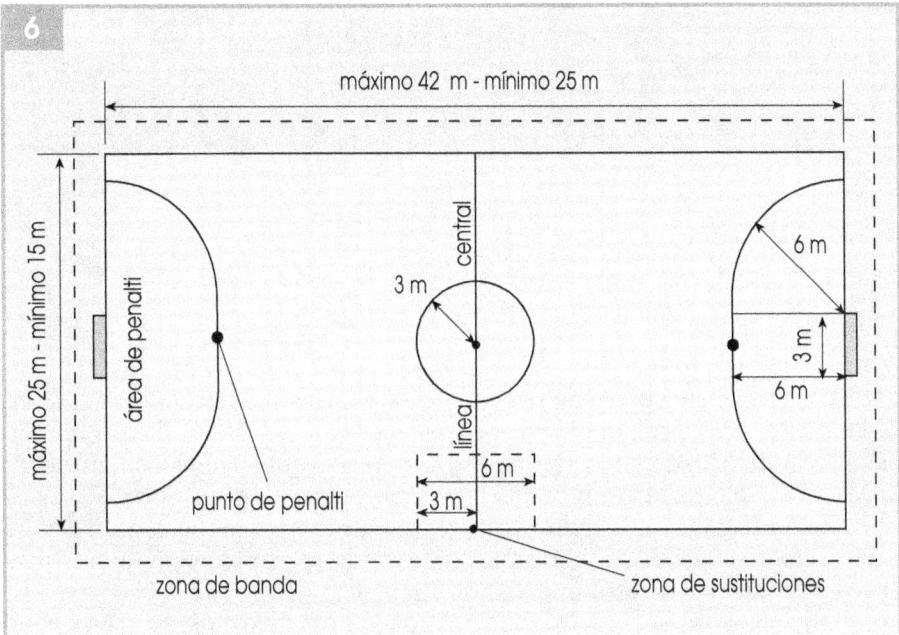

El campo «de cinco»

Cuando se trata de torneos de cinco jugadores, se habla de fútbol sala. El fútbol sala es un deporte que, más que identificarse con el fútbol, deriva de él: se basa en los mismos principios técnicos pero se rige por un reglamento diferente. El rectángulo de juego (fig. 6) debe estar libre de obstáculos. La longitud máxima es de 42 m, la mínima de 25 m (aunque en los partidos internacionales puede llegar a 38 m). La anchura puede variar de 15 a 25 m (18 y 22 m en los encuentros internacionales). Las líneas, además, superan los 8 cm de anchura.
La circunferencia del centro del campo tiene un radio de 3 m.

El área de penalti está delimitada, a diferencia del fútbol, por dos cuartos de circunferencia, que tienen el centro en cada poste y un radio de 6 m, unidos por una línea recta de 3 m. El punto de penalti está a 6 m del centro de la línea de portería. Perpendicularmente a la línea lateral, en el lado en el que están situados los banquillos, están trazadas dos líneas equidistantes de 80 cm de largo (36 cm en el interior de la superficie de juego, 8 cm sobre la línea lateral y 36 cm en el exterior) y situadas a 3 m de la línea central.

Cuando se produce una sustitución, el jugador que sale y el que entra deben atravesar la línea lateral por el tramo comprendido entre las dos líneas de 80 cm.

Las porterías tienen 3 m de ancho y 2 m de alto. Los postes y el travesaño tienen un espesor de 8 cm, y están pintados de blanco, blanco y rojo o blanco y negro, con tal de que contrasten con el ambiente y la superficie del campo. La zona de banda debe tener una anchura mínima de un metro.

REGLA 2: EL BALÓN

El balón para el encuentro debe facilitarlo el equipo local, que tiene la obligación de proporcionar tres balones para que el árbitro elija el que se utilizará durante el partido. El balón deber ser esférico y la capa externa de cuero o de otro material aprobado por la Federación. El peso debe estar comprendido entre los 410 g y 450 g, la circunferencia puede variar entre los 68 y 70 cm (fig. 7). Es preciso que esté hinchado a una presión variable entre 0,6 y 1,1 atmósferas. Para su confección no podrá utilizarse ningún material que pueda constituir un peligro para los jugadores.

Durante el encuentro no puede cambiarse el balón sin la autorización del árbitro; de hecho, tan sólo puede suceder en el caso en que el balón se deteriore y, por lo tanto, no pueda seguir siendo utilizado en el juego, o cuando salga del terreno de juego y no sea entregado por el público.

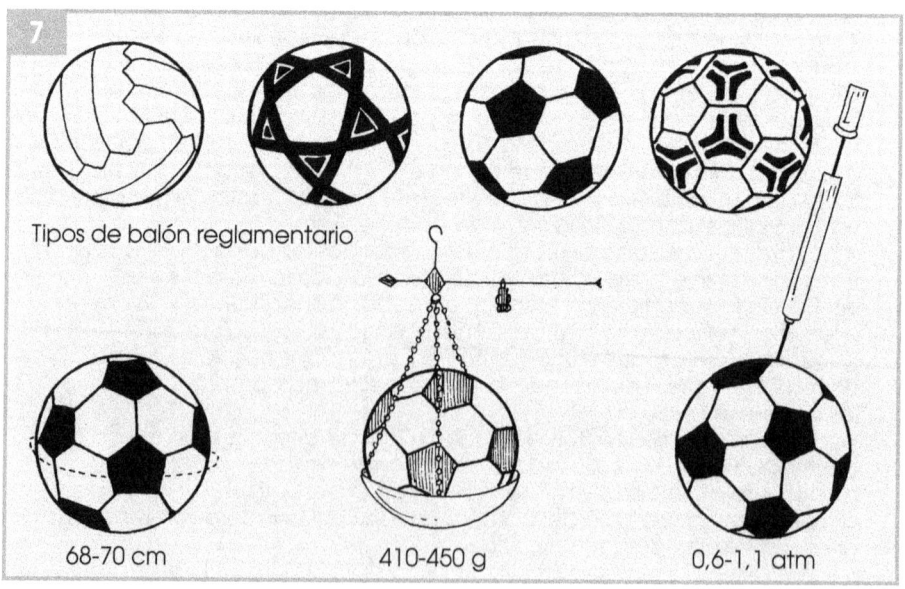

Tipos de balón reglamentario

68-70 cm   410-450 g   0,6-1,1 atm

REGLA 2: EL BALÓN

EL BALÓN Y SU HISTORIA

Los jóvenes cogen confianza muy pronto con cualquier pelota, pero en un partido hay que estar familiarizado con el balón reglamentario, que es tal cuando sus dimensiones están comprendidas entre los siguientes límites:

1. La circunferencia no tiene que superar los 70 cm y no puede ser inferior a los 68. Hasta 1995-1996 el límite estaba en un centímetro más: 71 y 68. Desde la temporada siguiente la FIFA, la Federación Internacional, decidió reducir el volumen de los balones: fue uno de los cambios introducidos en un paquete de novedades técnicas y disciplinarias pensadas y aplicadas para hacer siempre más imprevisible, espectacular y correcto el juego del fútbol.

2. También ha cambiado el peso máximo y mínimo entre el que debe estar el balón al principio del partido: 450 y 410 g, un margen más restringido respecto al anterior, que preveía 453 y 396 g. Es un cambio que viene de lejos: en los Mundiales de Argentina de 1978 se discutió la introducción de balones más ligeros, los famosos *Tango*, que no todos apreciaron porque se consideraban más difíciles de controlar.

3. No ha cambiado la presión que sigue entre 0,6 y 1,1 atmósferas, que es como decir de 600 a 1.100 g por centímetro cuadrado al nivel del mar.

Dos son los materiales utilizados para fabricar este tipo de balón: una capa de cuero recubierta por otra de plástico que impide que el agua y la tierra penetren en las costuras (fig. 8).

En un pasado ya lejano, cuando los trozos de cuero que componían el balón eran 12 en lugar de 32, las gruesas tiras que unían las amplias junturas podían herir a algún jugador si cabeceaba (fig. 9).

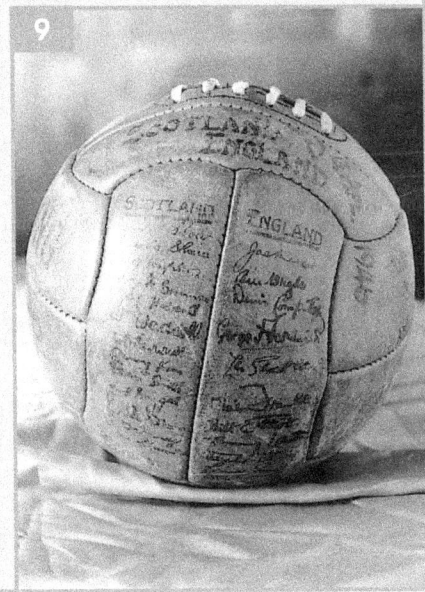

 **GUÍA PARA JUGAR AL FÚTBOL**

Los actuales revestimientos tienen una función protectora. La única interrupción en la homogeneidad de la superficie es un pequeño orificio en el que está inserta la válvula para hinchar y deshinchar el balón, enroscada a una bomba o con la pistola de un compresor.

El color predominante de los balones reglamentarios es el blanco, impreso con figuras geométricas o de fantasía de tinta negra (aunque no necesariamente) . La excepción es el balón rojo fosforescente, utilizado en el caso de terreno cubierto de nieve o cuando hay niebla, dos situaciones en las que el balón blanco no sería lo suficientemente visible.

Todo balón debe tener el sello de calidad de la FIFA, identificable sobre la superficie del balón a través de cualquiera de estas marcas:

— la expresión *FIFA approved* («aprobado por la FIFA»);
— la expresión *FIFA inspected* («controlado por la FIFA»);
— la expresión *International matchball standard* («balón oficial de competición internacional»).

Las reglas son menos severas para la categoría benjamín (de 8 a 9 años de edad), en la que se permite la utilización de balones de goma, con tal de que no pesen más de 350 g y la circunferencia no supere los 60 cm.

REGLA 3: EL NÚMERO DE JUGADORES

Jugadores y reservas

Controlar el número de jugadores, ya sean los presentes en el campo como los autorizados a sentarse en el banquillo, es muy importante. Parece una cuestión insignificante, porque todo el mundo sabe que en el campo se encuentran once jugadores por equipo, pero en el banquillo la cuenta es más elaborada. Es preciso por lo tanto entrar en el detalle de la regla para evitar errores de valoración.

En el terreno de juego entran once jugadores de cada equipo; uno de estos realizará las funciones de guardameta. Sin embargo existe también un número mínimo de jugadores para poder iniciar o continuar el partido: siete. Si un equipo se presenta con sólo seis jugadores, el encuentro no puede iniciarse y el juez deportivo o el Comité de Competición decidirán sobre si el equipo pierde el partido o se acuerda otra fecha para la celebración del mismo. Sucede lo mismo cuando un equipo, durante el partido, se encuentra con menos de siete jugadores en el campo (por expulsión o por lesión): el árbitro estará obligado a suspender el encuentro y el juez deportivo o el Comité de Competición decidirán. El número de reservas es variable y depende también del tipo de encuentro que se juegue: el máximo permitido es siete. También el número de sustituciones permitidas puede cambiar: en los partidos amistosos puede ser acordado por ambos equipos, mientras sea comunicado al árbitro ante del inicio del partido. En los partidos oficiales de categorías estatales, se aceptan sólo tres cambios por equipo, independientemente del papel de los jugadores; en categorías inferiores se suelen aceptar hasta cinco cambios, y a partir de la temporada 1999-2000, en categorías de cadetes e inferiores, se va a experimentar con cambios flotantes, es decir, como en baloncesto, sin límite de número de cambios y un jugador sustituido podrá volver a entrar en el terreno de juego con un nuevo cambio.

La identificación de los jugadores

En los partidos de 1.ª y de 2.ª División A, antes del inicio del encuentro, ambos equipos tienen la obligación de presentar al árbitro una hoja llamada *hoja del partido* (fig. 10), en la que, además del nombre del equipo,

GUÍA PARA JUGAR AL FÚTBOL

10

EQUIPO .... (sello)

ENCUENTRO DEL .... HORA .... CATEGORÍA ....

DISPUTADO EN .... PROVINCIA ....

ENTRE .... Y ....

CAMPO .... CALLE .... CIUDAD ....

N.º DE CAMISETA	APELLIDOS	NOMBRE	DOCUMENTO NACIONAL DE IDENTIDAD (DNI)
1			
2			
3			
4			
5			
6			
7			
8			
9			
10			
11			
12			
13			
14			
15			
16			

DIRECTIVO OFICIAL SR. .... DNI .... TARJETA PERS. N.º ....

MÉDICO SR. .... DNI .... TARJETA PERS. N.º ....

MASAJISTA SR. .... DNI .... TARJETA PERS. N.º ....

1.ᴱᴿ ENTRENADOR SR. .... DNI .... TARJETA PERS. N.º ....

2.º ENTRENADOR SR. .... DNI .... TARJETA PERS. N.º ....

EL DIRECTIVO OFICIAL   EL ÁRBITRO

....

REGLA 3: EL NÚMERO DE JUGADORES

fecha, hora, campo del encuentro, categoría y división, deben indicarse todos los jugadores por orden numérico con sus nombres y apellidos, y número del carné de identidad. Después deben indicarse el nombres del directivo acompañante oficial que debe firmar la hoja en calidad de representante de su propio equipo, y el nombre de los técnicos entrenadores, masajista y médico.

Este proceso, igual que sucede con el acta del partido, se encuentra en fase de informatización para los equipos de 1.ª y 2.ª División A.

El árbitro debe comprobar que los documentos correspondan a los indicados en la lista y firmar su propia copia que enviará enseguida al juez deportivo junto con el acta del partido. Es importante subrayar que cada equipo debe señalar en su propia hoja el número del capitán y el nombre del segundo capitán, puesto que el reglamento prescribe que durante el encuentro los equipos deben tener un capitán identificable.

Antes hemos hablado de los jugadores reservas: en efecto, a diferencia de un jugador que se haya retrasado que no estuviera inscrito en la lista entre los 11 primeros (el equipo juega con 10) que puede tomar parte en el encuentro en cualquier momento, previa aceptación e identificación por parte del árbitro, el jugador suplente que llegue tarde (que se presente con el partido ya iniciado) tiene derecho a tomar parte en el partido sólo si su nombre figura ya inscrito en la lista consignada al árbitro.

Quizá parezca superfluo recordar que para el reconocimiento de los jugadores son válidos los documentos provistos de fotografías y nombres y apellidos de la persona, expedidos por el ayuntamiento de la población de residencia, la comisaría o las autoridades competentes; las leyes permiten a su vez documentos de identificación que tengan no obstante valor sólo en los encuentros organizados por la misma liga.

Por último, se recuerda que se admite el conocimiento personal por parte del árbitro de los jugadores (no por técnicos y directivos) que han olvidado o extraviado su documento de identidad; el directivo de la competición asume en ese caso la responsabilidad.

Las sustituciones

Las sustituciones se realizan siguiendo un preciso procedimiento que presupone también una buena colaboración entre el árbitro y su asistente.

- El juez de línea debe llamar la atención al árbitro e indicarle la inminencia de la sustitución.

- El sustituto no puede entrar en el campo antes de que haya salido el jugador sustituido y sólo después de haber sido autorizado a entrar por el árbitro con una señal explícita. Previamente el asistente habrá controlado la regularidad del uniforme del jugador que entra. La entrada en el terreno de juego de un reserva sin la autorización del árbitro es sancionada mediante amonestación.

- La sustitución se produce siempre con el juego detenido y al nivel de la línea central del campo.

GUÍA PARA JUGAR AL FÚTBOL

LA SUSTITUCIÓN DEL GUARDAMETA

El guardameta, como se ha dicho, es un jugador que tiene el derecho de coger el balón con las manos en su propia área de castigo. Puede ser sustituido normalmente por otro guardameta, siempre que no se haya alcanzado el número de tres sustituciones. En este último caso, cuando el guardameta deba abandonar el terreno de juego porque ha sido expulsado o porque se haya lesionado, podrá ser sustituido en la portería por uno de los jugadores que permanezcan en el terreno de juego, siempre que el cambio de papel sea comunicado al árbitro y el sustituto del portero se ponga una camiseta que lo distinga de los demás jugadores.

• El jugador sustituido no puede volver a entrar en el campo.

• En su libreta personal el director del encuentro anotará los números de los jugadores, el minuto y el periodo (1.º o 2.º) durante el que se ha efectuado la sustitución.

A diferencia de otros deportes como el baloncesto o el hockey sobre hielo, en el fútbol un jugador que ha sido expulsado no puede ser sustituido (tampoco existen las expulsiones temporales), por lo que el equipo que padece la expulsión jugará el resto del partido con un hombre menos.

El tiempo de espera

El tiempo de espera es el periodo de tiempo que el reglamento concede en el caso de que un equipo encuentre dificultades imprevistas para alcanzar el terreno de juego; este lapso de tiempo es de 30 minutos.

Sin embargo, si un equipo, al finalizar el tiempo de espera, se presenta con el uniforme de juego y exhibiendo al árbitro los documentos de identificación de los jugadores (en condiciones por lo tanto de iniciar el partido), el director del partido puede retrasar nuevamente el inicio del encuentro para cumplimentar las formalidades de identificación de los jugadores.

¡ATENCIÓN!

Si un jugador, cansado de estar en el terreno de juego, quisiera irse aun sin ser sustituido, puede hacerlo, avisando no obstante al árbitro que, desde aquel momento, ya no considerará a ese jugador participante en el juego.

REGLA 4: EL EQUIPAMIENTO

El equipamiento básico obligatorio (fig. 11) consta de una camiseta de manga corta o larga estampada con el número, de manera que quede bien visible en la espalda, pantalones cortos, medias, espinilleras y zapatillas de fútbol, normalmente provistas de tacos.

Está en cambio prohibido llevar objetos peligrosos para los demás jugadores como anillos muy grandes, brazaletes pesados, etc. Lo mismo vale para partes del cuerpo enyesadas que puedan constituir un peligro. Los tacos de las zapatillas tampoco pueden ser perjudiciales para los demás jugadores.

Las espinilleras (fig. 12) son obligatorias en cualquier categoría, desde los niños a los profesionales, y se llevan debajo de las medias. El material (normalmente de goma o poliuretano) debe garantizar una protección suficiente de la parte anterior de la pierna.

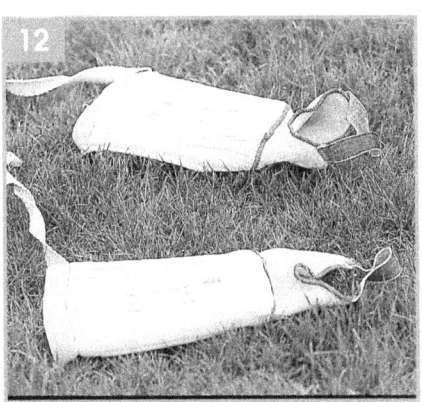

GUÍA PARA JUGAR AL FÚTBOL

El guardameta (fig. 13) debe llevar una indumentaria que pueda distinguirse de la del resto de jugadores y del árbitro. Es el único autorizado a llevar pantalón largo para protegerse las piernas de posibles abrasiones (fig. 14).

Los jugadores pueden llevar debajo de los pantalones unas bermudas o calienta músculos, mientras sean del mismo color que los pantalones cortos. Las bermudas no pueden llegar por debajo de la altura de la rodilla. El árbitro tiene la obligación de no permitir la participación en el partido de un jugador que no lleve el uniforme reglamentario.

El director del encuentro hará por lo tanto salir del terreno de juego a ese jugador y lo autorizará a regresar cuando su uniforme sea reglamentario. Durante toda su ausencia, el partido continuará regularmente y su equipo jugará con un hombre menos.

CUANDO LOS EQUIPOS DAN LOS NÚMEROS

No es obligatorio recurrir a la numeración clásica (el 1 para el guardameta, el 2 para el defensa derecho, 5 para el líbero, etc.). La asignación de los números no obedece a ningún plan determinado, si bien el jugador debe mantener el que le corresponde durante toda la temporada. Por ello, no es extraño ver, sobre todo en la primera división, atacantes con el número 3 o, incluso, algún jugador con uno que sea superior al 11.

REGLA 4: EL EQUIPAMIENTO

EL EQUIPAMIENTO

El fútbol es, desde siempre, un deporte popular porque enardece pasiones, exalta el apego a unos colores y aglutina a una ciudad, incluso a una nación, alrededor de un equipo. El fútbol, promovido y elevado a la categoría de gran espectáculo y de gran negocio por los europeos y los latinoamericanos, consigue atraer a las masas, ante todo, porque, a pesar de esta posición dominante en el panorama competitivo mundial, cuesta poco y no requiere material ni equipo especial. Para delimitar un primer terreno de juego es suficiente un pequeño solar. También podría ser un patio, una pequeña plaza o una playa, pero, hoy en día, las normas de convivencia civil son más severas y no permiten ni a los niños ni a los jóvenes jugar allí donde desearían, como les ocurría a sus padres, sobre todo si se tiene en cuenta que el tráfico automovilístico ha hecho muy peligrosas las calles, en las que los chicos corrían detrás de una pelota sin ningún cuidado. Tampoco hay que hacer demasiado gasto. Para jugar es suficiente el equipo básico: camiseta, pantalones cortos y mallas para calentar los músculos en la época de frío y medias (fig. 15). Como mucho, es recomendable la utilización de espinilleras para las piernas, sujetas debajo de las medias y constituidas por una superficie rígida de plástico y un relleno interior de goma o material sintético, y, si es necesario, de protectores para los tobillos, en forma de vendajes rígidos o de elementos acolchados.

A pesar de que pueda parecer excesivo, la protección de los tobillos es necesaria. De hecho, los modelos de botas modernos quedan por debajo de la articulación.

Las botas son la herramienta básica de la indumentaria de un futbolista. Veamos cómo debe calzarse.

Es conveniente prescindir de cualquier tipo de calzado que pueda ser útil para la preparación atlética —como el que tiene la suela y el empeine acolchados— y limitarse a las botas específicamente pensadas para el fútbol, las cuales deben ser cómodas y cumplir con un requisito: tener una forma que asegure la estabilidad del jugador, sea cual sea el estado del terreno, y que mejore la sensibilidad del pie,

GUÍA PARA JUGAR AL FÚTBOL

un factor decisivo para lograr el buen control del balón. No es una casualidad que los brasileños sean famosos por jugar torneos con los pies desnudos en la playa de Copacabana.

El calzado para el fútbol es ligero, se ajusta al pie y está provisto, en la parte anterior del empeine, de un suave protector para los dedos (fig. 16), destinado a mejorar la sensibilidad de la extremidad, además del sólido refuerzo de cuero típico de los antiguos modelos de botas (fig. 17), cuando —dice la leyenda— los profesionales preferían un número menos que el de sus zapatos de calle y, para alargarlas hasta la medida deseada, las sumergían en agua caliente después de habérselas calzado.

Tal vez estas costumbres nos hagan sonreír. Pero, en cambio, no se puede bromear en cuanto a los aspectos reglamentarios. La suela, marcada por unas tiras y provista de tacos (fig. 18), es la parte que caracteriza a las botas de fútbol (llamadas también *botas de tacos*) y puede resultar un instrumento peligroso si se transgreden las normas de seguridad dictadas por la Federación.

Tres son las normas que deben respetarse:

1. Las tiras pueden ser de cuero o de goma, transversales y planas; con una anchura mínima de 12,7 mm y con los bordes redondeados, tienen que extenderse a lo largo de toda la anchura de la suela.

2. Los tacos recambiables, acoplados en las suelas,

REGLA 4: EL EQUIPAMIENTO

pueden ser de cuero, goma, aluminio, plástico o materiales similares y homologados, y tienen que ser macizos. A excepción de la parte que constituye la base, que no podrá sobresalir de la suela más de 6 o 6,35 mm, los tacos tienen que ser circulares (por lo tanto lisos), con la punta lisa, redondeada en los bordes y de un diámetro que no debe ser inferior a 12,7 mm, la medida mínima a la que tiene que ajustarse el diámetro de la extremidad que sobresale en el caso de los tacos de forma cónica. Están prohibidas, por tanto, las puntas afiladas. Si los tacos recambiables se fijan a unas láminas metálicas, estas tienen que estar incorporadas a la suela y cada tornillo debe formar un solo cuerpo con el taco que sujeta. No se permite, además de la lámina para atornillar los tacos, ningún otro tipo de placa metálica, aunque esté recubierta de cuero o goma, ni tampoco los tacos fileteados que se atornillan a una tuerca fijada en la suela, ni los que, a excepción de la base, tengan salientes de cualquier tipo.

3. Los tacos fijos, que están moldeados de manera que son parte integral de las suelas, y por tanto no recambiables, tienen que ser de goma, plástico, poliuretano o materiales blandos parecidos. No tiene que haber menos de diez en cada suela y el diámetro no puede ser inferior a 10 mm (fig. 19).

Aclaradas la forma, la consistencia y la anchura de los tacos (los recambiables son por lo menos, seis por suela, aunque hay empresas de fabricación que han añadido el séptimo a la altura del pulgar para mejorar el equilibrio del jugador), hay que preguntarse cuál debe de ser la longitud de estos elementos salientes.

Se pueden encontrar de 6, de 12, y de 18 mm.

Estas tres medidas garantizan la estabilidad del futbolista en función de las condiciones del terreno; cuanto más blando sea este, más largos deberán ser los tacos, y viceversa.

Si nos equivocamos en la elección de los tacos (o no los cambiamos cuando se han gastado demasiado), se corre el riesgo de moverse con poco equilibrio y aumentar la posibilidad de lesionarse seriamente. Una rápida inspección del campo antes de empezar el partido no es nunca una pérdida de tiempo.

En los campos de entrenamiento y en los artificiales se utilizan también calzados con suela irregular, o bien recubierta de pequeños elementos de goma, que hacen la función de los tacos y facilitan, así, la adherencia a la superficie (fig. 20).

En los campeonatos de categoría benjamín (de 8 y 9 años) y alevín (de 10 y 11 años), se permite la utilización de zapatillas de tela, un tejido muy adecuado para mejorar la sensibilidad del pie y aún más ligero que el cuero, idóneo para la edad de estos jugadores así como para favorecer una mayor transpiración.

Cuando los pies están muy a gusto suele decirse que los zapatos son «cómodos como guantes». Sin embargo, en ciertas ocasiones ni siquiera el producto de un trabajo cuidadoso es suficiente para evitar la formación de ampollas en los pies, sobre todo si no se han atado bien las botas antes de jugar. En este caso, los expertos aconsejan untar el pie con vaselina (igual que se hace en la montaña, antes de esquiar o de caminar).

Las botas de fútbol requieren el mismo cuidado, si no mayor, que los zapatos que llevamos diariamente cuando no hacemos deporte. Durante el juego sufren golpes, presiones y roces, se mojan, retienen la hierba y el barro. Maltratadas en la competición, hay que tratarlas bien después de habérselas quitado.

Con un cepillo y agua limpia se quitan las incrustaciones. Después, se ponen a secar en un lugar a buena temperatura, pero nunca cerca de una fuente de calor (radiador, estufa o chimenea) porque la piel podría encogerse, secarse o estropearse.

Cuando están secas, es conveniente lustrarlas o aplicarles una capa de grasa para proteger y mantener suave el empeine, que así durará mucho más. Los más cuidadosos incluso les ponen una horma.

Un aficionado debe conocer de memoria estas pequeñas obligaciones. En los clubes profesionales hay un encargado de tener en orden la vestimenta de los jugadores (el utillero), pero no faltan futbolistas que se ocupan de sus botas: uno de estos fue Ruud Krol, líbero del Nápoles durante muchos años, y antes defensor de aquella magnífica selección de Holanda que acabó dos veces en segundo lugar en los Campeonatos del Mundo, de 1974 en Alemania y de 1978 en Argentina.

El diseño de los años noventa ha traído un toque de frivolidad incluso a la confección de las botas de fútbol. Ya fuesen de realización artesanal o industrial, estábamos acostumbrados a las botas rigurosamente negras, como mucho adornadas con bandas o símbolos distintivos de la marca.

Pues bien, desde hace algunas temporadas se ha modificado esta tradición con el lanzamiento de nuevos colores: en un primer momento creó en todos una cierta sorpresa ver al entonces jugador del Milán Marco Simone corretear con botas blancas, a su compañero de equipo, el liberiano George Weah, con otras rojas y al entonces jugador del Atalanta Gigi Lentini con unas azules, sólo por citar algunos jugadores de categoría internacional. Una simpática, y probablemente eficaz, ocurrencia publicitaria, pero que no convertirá nunca a un penco en un campeón. Cenicienta sólo ha habido una.

REGLA 5: EL ÁRBITRO

El árbitro (fig. 21) debe velar por la aplicación del reglamento en el transcurso del partido. Su autoridad y el ejercicio de los poderes que le han sido concedidos empiezan en el momento en que llega al campo de juego (una hora antes del inicio). El árbitro puede infligir sanciones también por las infracciones cometidas durante la interrupción del juego e incluso cuando el balón no está en juego. Las decisiones tomadas por cuestiones relativas a factores del juego son inapelables en cuanto al resultado del encuentro. Por otra parte, cuando se reanuda el juego, el árbitro tampoco podrá anular las decisiones tomadas con anterioridad.

GUÍA PARA JUGAR AL FÚTBOL

ANTES DEL ENCUENTRO

Como ya hemos dicho, el árbitro «comienza a trabajar» en el mismo momento de su llegada al lugar de desarrollo del encuentro.
 Llegar con antelación es muy importante (aunque no es obligatorio), porque le esperan una serie de deberes delicados, previos al inicio del partido.
 Se trata, de hecho, de examinar el estado del terreno de juego, la existencia de las salidas de emergencia, asegurarse la llegada de sus propios asistentes, comprobar la disponibilidad para sí mismo y sus asistentes de un vestuario separado del de los dos equipos. Ya hemos hablado de la obligación de comprobar la identidad de los jugadores.

Los deberes del árbitro

Veamos en particular lo que debe hacer el árbitro durante un partido:

— aplicar el reglamento, con la colaboración de los asistentes y del cuarto árbitro;
— controlar la regularidad del balón y del equipamiento de los jugadores;
— abstenerse de interrumpir el juego en el caso de que, al hacerlo, resultara ventajoso para el equipo que ha cometido la infracción;
— desarrollar las funciones de cronometrador, controlar que el encuentro tenga la duración establecida, prolongar el partido para recuperar todo el tiempo perdido por incidentes o por cualquier otra causa;
— interrumpir el juego por cualquier infracción a las reglas y suspender definitivamente el encuentro siempre que sea necesario a causa de las condicio-nes atmosféricas, de la eventual intrusión en el terreno de juego de espontáneos o por otras causas;
— interrumpir el juego si observa que un jugador está gravemente lesionado, hacerlo transportar fuera del terreno de juego lo más rápidamente posible y reanudar el juego de inmediato. Si un jugador se lesiona ligeramente, el juego no debe ser interrumpido hasta que el balón no deje de estar en juego. Un jugador que esté en condiciones de ir hasta la línea de banda o la línea de meta, no puede de ningún modo recibir los cuidados en el terreno de juego. Un jugador que ha salido fuera del terreno de juego para recibir atención médica, sólo podrá volver a entrar tras recibir el permiso del árbitro;
— interrumpir el juego en el caso de que sea necesario tomar disposiciones en una confrontación entre jugadores, a menos que la interrupción favorezca al equipo del jugador culpable;
— amonestar, mostrando la tarjeta amarilla, a cualquier jugador culpable de conducta incorrecta

REGLA 5: EL ÁRBITRO

LA REGLA DE LA VENTAJA

El árbitro puede tomar, a su discreción, la decisión de conceder una «ventaja» al equipo que sufre la falta, sin interrumpir el juego, permitiendo, en cambio, que este prosiga, tras darse cuenta de que la acción podría concretarse en algo importante. Después, con el juego detenido, podrá intervenir desde el punto de vista disciplinario (amonestación y expulsión). Es preciso puntualizar que si la eventual ventaja no se concretizara de inmediato, el árbitro deberá detener el juego y castigar la falta inicial, con las amonestaciones necesarias si ello es preciso. La regla tiene la finalidad de no favorecer, interrumpiendo el juego, al equipo que ha cometido la falta y beneficiar, en cambio, al que la ha padecido. Naturalmente, para que se concreten las condiciones de aplicación de una ventaja, es necesario que el balón siga en posesión del equipo que ha sufrido la infracción, y, normalmente, que la ventaja sea evidente, como en el caso de una clara ocasión de gol.

La concesión de la ventaja también debe indicarse con gestos o palabras, para que quede claro que el árbitro del encuentro ha visto la infracción precedente, que no castiga solamente porque quiere favorecer así al equipo que la ha sufrido.

o antideportiva, tanto si se encuentra entre los once jugadores del campo, como si está sentado en el banquillo;
— expulsar definitivamente del terreno de juego, mostrando la tarjeta roja, a cualquier jugador que a su juicio realice actos de conducta violenta, de conducta gravemente desleal, o pronuncie frases vulgares, injuriosas o blasfeme o, por último, sea culpable de una infracción que conlleve una segunda amonestación;
— tomar inmediatamente nota de cualquier disposición adoptada en los enfrentamientos entre jugadores, así como de cualquier sustitución, señalando el número del jugador y el minuto del cambio;
— impedir que personas ajenas a los jugadores y asistentes del árbitro entren en el terreno de juego sin su autorización;
— reprender y, si procede, alejar a los directivos y a todas las personas admitidas en el terreno de juego que tengan una conducta no autorizada durante el desarrollo del encuentro;
— controlar que los jugadores sustituidos o expulsados abandonen definitivamente el terreno de juego;
— dar la señal de reanudación del juego cuando esté previsto, tras cualquier interrupción.

Algunos casos particulares

Tras realizar la lista de los deberes del árbitro, consideraremos lo que sucede en la práctica al árbitro de un partido.

GUÍA PARA JUGAR AL FÚTBOL

Al inicio del encuentro, el árbitro se colocará en el centro del campo con los capitanes de ambos equipos (fig. 22) para efectuar el sorteo de elección del campo.

Durante el partido, el árbitro debe aplicar y hacer aplicar el reglamento de juego, silbando las faltas, amonestando, expulsando, permitiendo las sustituciones; no obstante, existe un caso en el que el árbitro, para continuar arbitrando el partido hasta su término, puede acabarlo sólo «proforma».

Ello sucede muy raramente: sin embargo es posible que confluyan un conjunto de condiciones, ya sea en el terreno de juego como en todo el campo (amenazas físicas, invasión de campo), que pueden inducir al árbitro a temer por su propia integridad física.

En el preciso momento en que toma conciencia de ello, es facultad suya dar por acabado el encuentro y continuarlo, sin comunicárselo a nadie, sólo para aplacar los ánimos de los más agitados. Se trata obviamente de una decisión límite que debe ser bien ponderada.

Otra situación que puede darse durante un encuentro es el rechazo a abandonar el campo por parte de un jugador expulsado.

REGLA 5: EL ÁRBITRO

EL CAPITÁN

La presencia de un capitán es obligatoria para toda la duración del encuentro. Por ello, si el capitán abandona el terreno de juego, debe ser sustituido en el campo por un compañero del equipo. El papel del capitán es muy importante porque es el único jugador autorizado a dirigirse al árbitro para comunicarle sustituciones (fig. 23) y, por lo tanto, debe indicarse quién es al principio del partido. Por otra parte, para distinguir al capitán de los demás jugadores, llevará en un brazo un brazalete de un color distinto al de la camiseta (fig. 24).

GUÍA PARA JUGAR AL FÚTBOL

¿Cómo comportarse? Lo que nunca debe hacer el árbitro es colocar sus manos en el pecho del jugador y empujarlo fuera del campo (fig. 25), o bien tomarlo por el brazo y arrastrarlo fuera del terreno de juego (fig. 26).

El árbitro del encuentro debe por lo tanto invitar al jugador, tras haberle mostrado la tarjeta roja, a abandonar el terreno de juego.

En caso de rechazo, el árbitro debe llamar al capitán del equipo al que pertenece el jugador para que obligue a salir a su propio compañero y, en caso de fracaso, expulsará al capitán. Si el capitán rechazara a su vez abandonar el campo, se seguirá el mismo procedimiento con su segundo capitán y así sucesivamente, hasta el límite máximo de cuatro expulsiones, tras las que se suspenderá definitivamente el partido.

REGLA 5: EL ÁRBITRO

¿PUEDE EL ÁRBITRO MARCAR UN GOL?

Cuando el balón golpea accidentalmente al árbitro durante el encuentro, la acción continúa regularmente, con lo que, si el balón, tras golpear al árbitro, entra en la portería (fig. 27), el gol debe considerarse válido.

GUÍA PARA JUGAR AL FÚTBOL

Los requisitos

Para convertirse en árbitro de fútbol es preciso inscribirse en un curso específico que organiza periódicamente el Comité Técnico de Árbitros (CTA) de la Federación Autonómica de Fútbol de la comunidad donde se resida. Estos Comités poseen delegaciones provinciales y comarcales repartidas por toda la geografía española, de modo que cualquier persona interesada tendrá con toda probabilidad una escuela de arbitraje relativamente cerca de la localidad donde habite.

El reglamento permite la inscripción a hombres y mujeres con una edad comprendida entre los 14 y los 35 años. Obviamente los menores de 18 años precisan una declaración que les dé permiso por parte de uno de los padres.

Por otra parte, es facultad de cada Comité Territorial rebajar el límite de edad para los aspirantes, según sus necesidades, efectuando de ese modo una primera selección de los candidatos a través de la edad.

En el momento de hacer la inscripción al curso, todos los aspirantes a árbitro deberán presentar una fotografía con un formato idéntico a las utilizadas para el DNI y el título de estudios (se requiere al menos el Graduado Escolar). Cada aspirante deberá rellenar un impreso donde se reflejarán los datos significativos, incluidos la dirección y el teléfono. En el momento de cumplimentar el impreso de solicitud es imprescindible ser muy preci-sos, comunicando obligatoriamente cualquier cambio eventual de domicilio, porque el árbitro debe garantizar siempre su localización en caso de necesidad.

En el acto de inscripción, el candidato deberá también presentar el certificado médico pertinente para el desarrollo de una actividad deportiva.

El curso concluye con un examen final que, naturalmente, es preciso superar. En ese momento, el «nuevo árbitro», antes de iniciar su propia carrera arbitral, deberá obligatoriamente presentar el certificado médico de idoneidad a la práctica deportiva competitiva expedido por algún centro de medicina autorizado.

Este certificado tiene una validez anual. Una vez dentro del arbitraje en activo, cada año se deberá pasar la revisión médica que realiza la Mutualidad de Futbolistas Españoles. Debe recordarse además que la actividad arbitral en el seno de la Real Federación Española de Fútbol se considera, en cualquier nivel, una actividad competitiva.

EL CERTIFICADO MÉDICO

El arbitraje se considera una actividad competitiva a todos los efectos. El certificado médico de aptitud para la práctica deportiva competitiva es absolutamente indispensable, porque está prohibido desarrollar una actividad de estas características sin dicho certificado.

REGLA 5: EL ÁRBITRO

El equipamiento

El árbitro debe llevar un uniforme que le proporcionará el CTA (Comité Técnico de Árbitros), compuesto por una camiseta de manga corta o larga con un pequeño bolsillo en el pecho; un par de pantalones cortos con bolsillos laterales o posteriores; un par de medias (fig. 28).

El instrumento de trabajo del árbitro por excelencia es el silbato. Existen en el mercado dos modelos principales de silbato: uno que incorpora una bolita en su interior y otro que no la tiene. Se aconseja el segundo modelo por su mejor sonoridad y porque causa menor fatiga al silbar.

El árbitro llevará en el bolsillo una libreta (fig. 29) en el que anotará los acontecimientos ocurridos durante el encuentro.

Dentro de la libreta deben encontrarse las dos tarjetas que el árbitro extrae cuando quiere amonestar (amarilla) o expulsar (roja) a un jugador.

No debe olvidarse que el árbitro de fútbol es el único juez del encuentro; es decir, el único que controla el tiempo de juego. Eso significa que deberá llevar por lo menos un reloj con cronómetro. Además, dado que al inicio de cada partido deberá efectuar el sorteo entre ambos capitanes de los dos equipos para escoger el campo, será importante llevar siempre una moneda para efectuar el clásico «cara o cruz».

Una última sugerencia: el árbitro deberá correr mucho durante el encuentro en el terreno de juego y por ello debe llevar zapatillas (o botas) de fútbol. Existe gran variedad de

GUÍA PARA JUGAR AL FÚTBOL

> **LAS HERRAMIENTAS DE TRABAJO**
>
> - Uniforme (proporcionado por el CTA).
> - Silbato.
> - Libreta de anotaciones.
> - Dos tarjetas (amarilla y roja).
> - Moneda.
> - Zapatillas de fútbol.

modelos y precios, pero se aconseja elegir las zapatillas atendiendo a su comodidad y no a la moda. Se encuentran también algunas marcas artesanales que ofrecen productos muy cuidados a precios asequibles.

La zapatilla ideal debe aportar un buen grado de comodidad al pie, sin comprimirlo, y disponer de tacos fijos o cambiables: es aconsejable que un árbitro lleve el primer tipo de zapatillas, porque crean menos problemas a los que tienen una planta del pie delicada, o en el caso de apoyar el pie incorrectamente en la carrera.

El curso de arbitraje

El curso para ser árbitro de fútbol federado, está organizado por los Comités Técnicos de Árbitros de cada comunidad autónoma y dura de dos a tres meses según el número de horas semanales, aunque una vez que el candidato supera los exámenes y empieza a arbitrar, debe continuar asistiendo a cursos de perfeccionamiento. Los cursos se imparten en las delegaciones provinciales o comarcales para evitar que los cursillistas deban hacer grandes desplazamientos, y el coste del curso, al igual que el material didáctico, es mínimo y en muchos casos gratuito.

El curso prevé una parte teórica y el examen final.

La parte teórica

La parte teórica está constituida por sesiones con ex árbitros y árbitros en activo de categorías importantes que, con sus amplios conocimientos en reglamento y experiencia en el arbitraje, analizan las 17 reglas del fútbol que se exponen en este libro.

El examen final

La comisión examinadora está formada por miembros del departamento de capacitación del CTA.

Consiste en tests de respuestas múltiples sobre el reglamento. Todos los candidatos que sean aptos en el examen recibirán un certificado de mérito.

Una vez pasado el examen, el alumno se convierte en árbitro y recibe el uniforme, el silbato y las tarjetas. El carné federativo, que da derecho a entrar en los estadios de fútbol, es muy deseado por todos los árbitros.

El acta del partido

El acta del partido es el documento oficial que el árbitro debe rellenar al término del encuentro, escribiendo todo lo acontecido en el transcurso del mismo. Se trata por lo tanto de

REGLA 5: EL ÁRBITRO

uno de los temas sobre los que más se insiste en el curso de árbitro porque es muy importante evitar errores cuando se cumplimenta.

Por ello es también oportuno analizar el informe casilla por casilla (fig. 30).

Existen distintos modelos de actas, ya que normalmente cada Federación Autonómica diseña la suya, pero en competiciones Estatales (a partir de 3.ª División) se utiliza el modelo de la RFEF, que aquí analizamos. De todos modos las actas de las federaciones autonómicas guardan gran similitud en el contenido, variando únicamente la distribución del texto, o el tamaño o color del papel, o el idioma del acta.

Aunque el ejemplo que comentamos corresponde al modelo en papel, debemos señalar que en los partidos de 1.ª y 2.ª División A este proceso se encuentra informatizado y que el árbitro, después de introducir los datos en su ordenador portátil, trasmite el acta a la Federación vía módem.

En la primera página, aparece en primer lugar el espacio para reseñar la TEMPORADA en curso, así como la categoría del encuentro al lado de la voz CAMPEONATO.

Después los datos referentes a la fecha del partido, y el municipio, nombre del terreno de juego, y el del árbitro y los asistentes, junto con el Comité Autonómico al que pertenecen.

Posteriormente, aparece un recuadro donde se deben consignar las alineaciones de los equipos contendientes y los jugadores suplentes. En los márgenes izquierdo y derecho existe un espacio para anotar al lado del jugador el número de goles que ha conseguido en el encuentro. Y por fin, en la parte inferior del recuadro de las alineaciones, un espacio para consignar el nombre del entrenador y su auxiliar.

En la parte inferior de esta primera página aparece el espacio para el RESULTADO y la HORA DE COMIENZO de cada una de las dos partes del partido, y un espacio para la firma del capitán y entrenador de cada equipo y también del delegado de campo.

En la segunda página tenemos en primer lugar bajo SUSTITUCIONES EFECTUADAS el lugar para anotar los cambios efectuados, debiendo anotar el dorsal del jugador entrante, el minuto de la sustitución y el dorsal del jugador que se retira. Bajo este deberán firmar los delegados de los equipos.

El apartado de INCIDENCIAS que ocupa gran parte de la segunda página y la tercera y la cuarta en su totalidad, está subdividido en secciones referentes a los JUGADORES, donde se deberán anotar las AMONESTACIONES, es decir, tarjetas amarillas, detallando el dorsal del jugador, el equipo al que pertenece, el nombre del jugador, el minuto de la amonestación en tiempo total (es decir, el minuto 16 de la segunda parte se consignará como minuto 61) y la causa de la amonestación. El mismo procedimiento se seguirá con las EXPULSIONES, es decir, las tarjetas rojas. Bajo el título OTRAS INCIDENCIAS deberán explicarse únicamente hechos destacados que no aparezcan en los apartados anteriores, como pudiera ser una aglomeración de jugadores peleándose, etcétera.

GUÍA PARA JUGAR AL FÚTBOL

REAL FEDERACIÓN ESPAÑOLA DE FÚTBOL
COMITÉ TÉCNICO DE ÁRBITROS

Temporada .... - .... Campeonato ....

ACTA del partido celebrado el .... de .... , en ....
Clubes: .... , en ....
.... , en ....
Campo: .... , en ....
Árbitro: .... Comité ....
Árbitro Asistente: .... Comité ....
Árbitro Asistente: .... Comité ....

GOLES	Equipo	Equipo	GOLES
	(Escríbase con letras **MAYÚSCULAS**)		
	1.	1.	
	2.	2.	
	3.	3.	
	4.	4.	
	5.	5.	
	6.	6.	
	7.	7.	
	8.	8.	
	9.	9.	
	10.	10.	
	11.	11.	
	Jugadores suplentes		
	12.	12.	
	13.	13.	
	14.	14.	
	15.	15.	
	16.	16.	

Entrenador: .... Lic. n.° ......   Entrenador: .... Lic. n.° ......
Auxiliar: .... Lic. n.° ......   Auxiliar: .... Lic. n.° ......

        PRIMER TIEMPO   FINAL   1.ª parte
Resultado .... ( ) .... ( ) Hora de comienzo
                                                                                                 2.ª parte

El capitán   El capitán
y el entrenador del ....   y el entrenador del ....

El Delegado campo .... de .... de ....

Las actas originales para la Federación española y CTA se enviarán inmediatamente por el primer correo con sello de urgencia, y las copias para los Clubes se entregarán a los delegados de los mismos, una vez terminado el partido y en el propio campo. Si hubiese anexo posterior, este deberá remitirse con idéntica urgencia, tanto a los mencionados órganos como a los dos Clubes interesados.

Asimismo, se remitirá copia de idéntica documentación a las Federaciones Territoriales a que pertenezcan los Clubes y al Comité de Árbitros.

REGLA 5: EL ÁRBITRO

Las secciones de DIRECTIVOS Y TÉCNICOS y la de PÚBLICO, como en el caso anterior deberán consignarse únicamente si hay alguna anomalía o hecho destacable, como amonestación al técnico, auxiliar, masajista, o mala conducta de los directivos en el camino a los vestuarios, o en el caso del público, invasión del terreno de juego, o lanzamiento de objetos.

Finalmente el árbitro dispone de una sección (OTRAS OBSERVACIONES O AMPLIACIONES DE LAS ANTERIORES) para ampliar alguno de los puntos anteriores y otra para resaltar si hubiera encontrado alguna DEFICIENCIA EN EL TERRENO DE JUEGO O INSTALACIONES.

Es importante y necesario acordarse de firmar el acta antes de entregar una copia a cada club y otra al Comité Técnico de Árbitros, así como el original a la Federación de la que dependa la competición (desde 1.ª División hasta 3.ª División la RFEF, y las categorías inferiores a la Federación Autonómica correspondiente).

El informador arbitral

El delicado deber de juzgar el trabajo del árbitro durante el encuentro y por lo tanto de decidir su promoción a categorías superiores se confía al informador arbitral (en 1.ª y 2.ª División A se le denomina *delegado de partido*). Esta tarea se encomienda a un antiguo árbitro que al haber llegado al límite de edad no desarrolla ya su actividad. Sucede así bastante a menudo que al término de la carrera deportiva los árbitros decidan continuar su propia relación con el CTA como informadores, calificación que se obtiene superando un examen posterior. El deber del informador no es sólo juzgar al árbitro, sino también —y sobre todo— ayudarle a mejorar.

Una vez designado para dirigir un determinado encuentro, de la categoría que sea, el árbitro acude al terreno de juego, desarrolla su deber y regresa a los vestuarios. Pero durante el encuentro, es posible que en la grada hubiera un informador que habrá valorado su actuación y entregará un informe escrito al CTA.

Se trata de valorar la preparación física y atlética del árbitro en su capacidad de encontrarse siempre cerca del desarrollo del juego, que es el resultado de la excelencia o escasa consistencia de sus entrenamientos. El juicio toma en consideración también la resistencia durante la carrera, el estilo, la velocidad, el tiempo de reacción, la capacidad de cambiar el ritmo y la colocación en el terreno de juego.

Naturalmente se juzga también el conocimiento de las distintas partes del reglamento por parte del árbitro, que pueden poner en evidencia eventuales lagunas, ya sea en la dirección del juego, ya sea en la adopción de medidas disciplinarias (amonestaciones y expulsiones).

También se valora entonces la relación establecida con los jugadores en el terreno de juego y con los directivos en el banquillo, que debe basarse siempre en la corrección, la cordialidad y la educación. Es obvio que los casos de arrogancia y mala educación por parte del árbitro son juzgados severamente.

GUÍA PARA JUGAR AL FÚTBOL

31 REAL FEDERACIÓN ESPAÑOLA DE FÚTBOL
COMITÉ TÉCNICO DE ÁRBITROS

Informe de la actuación arbitral

1	Evaluación global del partido
	Partido A .... / B ....
	Lugar .... Fecha .... Hora ....
	Ciudad ....
	Resultado ....
	Primer tiempo A .... / B .... Final A .... / B ....
	Árbitro ....
	Árbitro asistente 1 ....
	Árbitro asistente 2 ....
	Conducta jugadores A ....
	Equipo ....
	Conducta jugadores B ....
	Equipo ....
	Condiciones meteorológicas ....
	Condiciones del terreno de juego ....

Este informe deberá ser remitido por el informador al CTA al día siguiente a la celebración del partido, debiendo obrar en la Vocalía de Información dentro de las 72 horas posteriores al encuentro.

El informador entrega al CTA un resumen del partido, la fecha y el horario, los nombres y apellidos del árbitro y del informador, y las secciones a las que pertenecen (fig. 31).

El CTA entrega a cada árbitro una copia del informe. En el transcurso del campeonato cada árbitro es «observado» más veces y al final de la temporada deportiva se calculan los méritos en cada categoría entre los directivos de los encuentros según los puntos y juicios obtenidos. Los mejores son promocionados a las categorías superiores y los peores, a las inferiores.

LA CARRERA DE ÁRBITRO

La primera categoría a la que se enfrenta un árbitro es la de los benjamines, le siguen los alevines, infantiles, cadetes, juveniles y Sub-21. La primera prueba comprometida es la tercera categoría regional (en algunas comunidades, depende del número de clubes inscritos, habrá más o menos categorías). Hasta ese punto la competencia pertenece a las delegaciones provinciales de los CTA autonómicos. La Territorial Preferente es la siguiente categoría y depende del CTA autonómico, al igual que la Tercera División (en Cataluña también la Primera Catalana, que está entre las dos últimas mencionadas). El siguiente paso ya es la Segunda División B, que depende del CTA de la RFEF, igual que la Segunda División A y la Primera División, estas dos consideradas profesionales y que pertenecen a la LFP (Liga de Fútbol Profesional).

REGLA 6:
EL ASISTENTE DEL ÁRBITRO

En cada partido deben designarse a dos asistentes del árbitro, que hasta hace poco eran llamados jueces de línea, término en realidad que todavía es usado tanto por los comentaristas deportivos como por los aficionados. La coordinación y el entendimiento entre el árbitro y sus asistentes es esencial para el buen éxito de la dirección del encuentro.

El asistente, con un banderín, actúa a lo largo de las líneas laterales (líneas de banda) del campo, siguiendo atentamente el desarrollo del juego. Tiene la obligación de ayudar al árbitro durante el encuentro y en particular debe indicarle si el balón ha salido completamente del terreno de juego. En tal caso señalará cuál es el equipo al que le corresponde el saque de esquina, de meta o de banda.

Al asistente también le toca señalar la demanda de sustitución, la eventual posición de fuera de juego de un jugador y todo evento que haya escapado al control arbitral, como un enfrentamiento entre jugadores.

Cada señalización es efectuada levantando el banderín e indicando la dirección de reanudación del juego. Existe por lo tanto una especie de lenguaje de señales que permite al árbitro y a sus colaboradores comunicarse entre sí y con los jugadores.

• Posición de fuera de juego: en un primer momento el asistente levanta su banderín con el brazo recto. Cuando el árbitro ha detenido el juego baja el banderín e indica el punto donde se encontraba el

EL BANDERÍN

Los asistentes emplean banderines reglamentarios (fig. 32) formados por una bandera cuadrada (45 ∞ 50 cm) de color anaranjado y amarillo, con un asta (60 cm).

GUÍA PARA JUGAR AL FÚTBOL

jugador en fuera de juego y desde donde debe lanzarse el golpe franco (figura 33).

• Saque de banda: el asistente indica cuándo el balón ha salido completamente de la banda y señala la dirección de reanudación del juego (fig. 34).

• Gol válido: el asistente regresa corriendo al centro del campo (fig. 35).

• El balón sale por completo por la línea de meta: el asistente debe indicar si se trata de un saque de esquina indicando con el propio banderín el córner (fig. 36), o un saque de puerta, manteniendo el banderín

REGLA 6: EL ASISTENTE DEL ÁRBITRO

horizontal y apuntando hacia la línea de meta (fig. 37).

- Sustitución: el asistente que está en la parte del banquillo llama la atención del árbitro levantando el banderín con ambas manos (fig. 38).

EL CUARTO ÁRBITRO

En algunas competiciones, el árbitro tiene la ayuda del llamado *cuarto árbitro*, que, sentado al borde del campo, tiene el deber de asistir al árbitro sobre todo en sus deberes administrativos, antes, durante y después del partido.

Él debe señalar el número del jugador que debe salir del campo y los minutos de recuperación al final del tiempo reglamentario; controlar el equipamiento de un jugador que está a punto de entrar en el campo, la duración del desarrollo del encuentro y que en el banquillo estén presentes sólo las personas autorizadas; vigilar lo que sucede en las gradas, desde la exposición de pancartas ofensivas o violentas hasta el comportamiento de los aficionados (lanzamiento de objetos, gritos injuriosos, etc.).

En el caso de que sea imposible que el árbitro o uno de sus asistentes comience o continúe el partido, el cuarto árbitro deberá sustituirlo de inmediato.

GUÍA PARA JUGAR AL FÚTBOL

- Infracción no percibida por el árbitro: el asistente mantiene el banderín bien levantado hasta que este le interpela (fig. 39).

El asistente y, en el ámbito internacional, el árbitro, en caso de lesión, pueden ser sustituidos por el cuarto árbitro.

REGLA 7: LA DURACIÓN DE UN ENCUENTRO

Cada partido de fútbol tiene una duración fija, subdividida en dos tiempos, entre los que se realiza un descanso que no puede superar los 15 minutos.

La duración del encuentro depende de la categoría: para los benjamines, cada tiempo de juego dura 25 minutos, 30 para los alevines, 35 para los infantiles y 40 para los cadetes. Para las demás categorías, desde los juveniles hasta la final de la Copa del Mundo, la duración de cada tiempo de juego es de 45 minutos. Eso es válido para los encuentros oficiales, mientras que en los torneos promovidos por los equipos o entidades, la organización puede fijar duraciones distintas.

Al tiempo reglamentario el árbitro debe añadir los minutos perdidos por eventuales incidentes en el campo, por las sustituciones o por la actitud obstruccionista de uno de los equipos, y prolongará así la duración de cada tiempo del partido.

Antes de que acabe el tiempo reglamentario, el árbitro comunicará al cuarto árbitro los minutos que tiene la intención de recuperar y este debe mostrar una pancarta o un objeto similar de manera que se

GUÍA PARA JUGAR AL FÚTBOL

> **EL GOL DE ORO**
>
> Recientemente se ha aprobado una regla que permite concluir la prórroga en el momento preciso en que uno de los dos equipos marca un gol. Cuando eso sucede el árbitro silba inmediatamente el final del encuentro, dando la victoria al equipo que ha marcado.

informe a todos los jugadores y al público la decisión tomada por el árbitro del encuentro (fig. 40).

Un caso particular lo constituyen los partidos de clasificación, de final de competición, o de un torneo, que no puede acabar con un resultado de empate, sino por eliminación directa. Si los tiempos reglamentarios no bastan para que uno de los dos equipos se proclame vencedor, es preciso disputar dos tiempos posteriores de juego, llamados *prórroga*, cuya duración es de 10 minutos o, en las series profesionales, de 15 minutos por tiempo. Antes de iniciar las prórrogas se prevé un descanso de 5 minutos, siempre que entre un tiempo y el otro no se prevé ningún descanso y se efectúa sólo el cambio de campo.

Naturalmente puede suceder que incluso los dos tiempos de las prórrogas terminen en empate: en ese caso se recurre a los lanzamientos de penaltis. Se inicia con una primera serie de cinco penaltis por equipo, lanzados alternativamente por jugadores de ambos equipos. Si al término de la serie el resultado es de empate, se continuará hasta que uno de los dos equipos falle.

El árbitro tiene el deber de declarar concluido el encuentro al término del tiempo reglamentario y lo señala al público y jugadores emitiendo tres silbidos (el final del primer tiempo se marca en cambio con un doble silbido). Pero es posible que, con el tiempo ya concluido, el juego tenga un desarrollo particularmente interesante, con una clara posibilidad para uno de los dos equipos de marcar: el árbitro deberá entonces decidir, según su propio parecer, si retrasa el silbido hasta el final de la acción o bien declara terminado el partido independientemente de la posición del balón. Sólo en el caso de que se haya señalado un penalti al acabar el tiempo reglamentario, será obligatorio prolongar el juego para permitir su ejecución.

> **SI EL ÁRBITRO SE DISTRAE**
>
> Puede suceder que el árbitro, convencido de que el encuentro ha terminado, silbe el final antes: los dos asistentes o el cuarto árbitro deberán entonces indicarle que queda todavía tiempo de juego. Entonces, reconociendo el propio error con los capitanes de ambos equipos, el árbitro reanudará el juego hasta el término del tiempo reglamentario. Un consejo: para evitar el embarazoso problema de la detención del cronómetro, es siempre mejor llevar uno de reserva.

REGLA 8: EL SAQUE DE SALIDA Y LA REANUDACIÓN DEL JUEGO

El saque de salida

Al inicio del encuentro el árbitro, con los dos capitanes, se coloca en el centro del campo (figura 41) para efectuar el sorteo (fig. 42), que permitirá al equipo ganador escoger la mitad del campo donde jugará la primera parte.

El equipo que ha perdido el sorteo será el que realizará el saque de salida.

Al inicio de la segunda parte, los dos equipos cambiarán de campo y el saque de salida lo realizará el equipo que no lo había lanzado antes.

El saque de salida consiste en la reanudación del juego y se repite, además de al inicio de los tiempos reglamentarios o prórrogas, también tras cada gol, en que debe ser ejecutado por un jugador del equipo que lo ha reci-

GUÍA PARA JUGAR AL FÚTBOL

bido. En el momento del saque de salida los jugadores de cada equipo deben estar todos en el interior de su propia mitad de campo y el balón debe estar colocado exactamente en el centro del campo. El equipo que no ejecuta el lanzamiento debe encontrarse a una distancia mínima de 9,15 m del balón (fig. 43). En ese momento el árbitro silba y un jugador lanza el balón hacia delante, hacia la mitad del campo opuesto, de modo que pase el balón a un compañero (figura 44). En el mismo momento en que el balón está en juego es cuando se inicia el partido. El jugador que debe realizar el saque no puede tocar dos veces el balón ni pasarlo hacia atrás, es decir a su propia mitad de campo (fig. 45): en el primer caso, si el jugador toca dos veces el balón, se castiga con un tiro libre indirecto; en el segundo caso, el saque de salida deberá repetirse. Hay que tener en cuenta que desde hace poco es posible marcar un gol directamente desde el saque de salida, con el primer toque.

> **¿QUIÉN ESCOGE CARA O CRUZ?**
>
> Es norma de cortesía que el capitán del equipo visitante escoja primero. Si el partido se juega en un campo neutral, la elección corresponde al equipo nombrado en segundo lugar. El sorteo para establecer, después de las prórrogas, quién empezará a lanzar los penaltis requiere un primer sorteo entre los capitanes para establecer quién debe escoger cara o cruz en el sorteo siguiente, que determinará la elección de tirar o parar.

REGLA 8: EL SAQUE DE SALIDA Y LA REANUDACIÓN DEL JUEGO

GUÍA PARA JUGAR AL FÚTBOL

La interrupción temporal

Además del saque de salida, existen otras ocasiones en las que el juego debe reanudarse después de hacer una breve pausa: se trata de las interrupciones temporales silbadas por el árbitro durante el desarrollo del encuentro tras una lesión, incidentes graves (como la expulsión de un jugador) irregularidades en el balón, e incluso puede suceder también que se pierda un silbato, etc. El árbitro del encuentro hará que se reanude el juego con un balón a tierra, dejándolo caer en el punto en el que se encontraba antes del momento de la interrupción (fig. 46).

Se considera que el balón está en juego desde que toca el suelo, y por lo tanto, antes de ese momento, ningún jugador puede tocarlo; si ello sucediera, el árbitro debe repetir la puesta en juego.

46

¿CUÁNDO PITAR?

Veamos ahora qué interrupciones y reanudaciones del juego debe pitar el árbitro. El árbitro del encuentro silbará en todos los casos en los que decida interrumpir el juego para decretar una sanción; para que se socorra a un jugador lesionado; para que se alejen del terreno de juego personas o cuerpos extraños; para validar un gol; para que se realice el saque de salida o la reanudación del juego tras la realización de un gol; para que se lance un penalti; por supuestas irregularidades del balón o del terreno de juego; al término de la primera parte y del segundo tiempo del encuentro o de las prórrogas; para que se observe, si está previsto, un minuto de silencio al inicio del encuentro.

El árbitro en cambio no debe silbar cuando el balón supera las líneas de banda o de meta; cuando el juego se reanuda con un golpe franco (siempre que la reanudación suceda de forma rápida y no haya sido exigido el respeto de la distancia); con un saque de banda; con un saque de esquina; con un saque de meta o bien con un balón a tierra.

REGLA 9: BALÓN EN JUEGO O NO

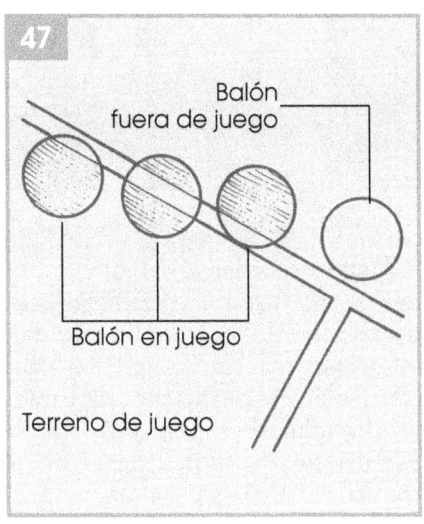

El balón deja de estar en juego cuando la esfera ha superado completamente, ya sea por tierra o por aire, una línea de banda o una línea de meta (fig. 47). Obviamente tampoco está en juego cuando este ha sido interrumpido por el árbitro.

El balón está por lo tanto en juego en cualquier otro momento, desde el inicio hasta el final del encuentro, incluidos los siguientes casos:

• Regresa al terreno de juego tras golpear un poste o el travesaño de la portería o el mástil de un banderín de córner (fig. 48).

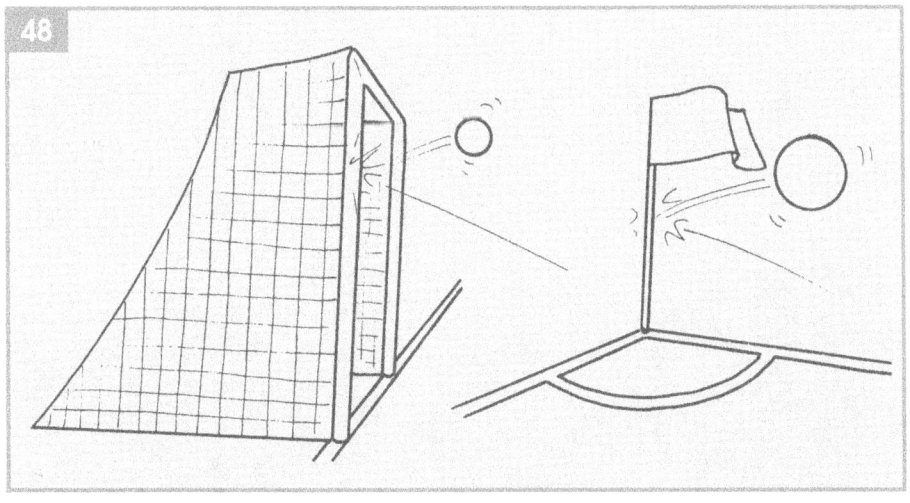

- Regresa al terreno de juego tras golpear al árbitro o a uno de sus asistentes que se encuentre en el interior del mismo (fig. 49).

- En caso de una presunta infracción cometida, hasta que el árbitro no intervenga.

Debe recordarse también que, mientras el balón se encuentra fuera del terreno de juego o durante una interrupción del juego, pueden infligirse solamente sanciones de carácter disciplinario (amonestaciones o expulsiones) y nunca de carácter técnico (castigos o penaltis).

REGLA 10: EL GOL

El gol es la finalidad misma de un partido de fútbol (fig. 50) y por lo tanto, además de ser el momento más crítico, es también el más discutido y contestado. Para que un gol sea validado reglamentariamente, es preciso que el balón haya superado completamente la línea de meta (figura 51), entre los palos y debajo del travesaño, siempre que esto no

GUÍA PARA JUGAR AL FÚTBOL

haya sido precedido por una infracción al reglamento por parte de un jugador del equipo que ha marcado.

Si la infracción ha sido cometida por el equipo que ha recibido el gol, se aplica la ley de la ventaja. Si el balón no ha superado completamente la línea de meta, no habrá gol (fig. 52).

Se ha de ecordar también que el gol no es válido cuando un golpe franco indirecto (señalado por el árbitro con el brazo alzado) es lanzado como directo (fig. 53).

El equipo que marque el mayor número de goles, ganará el partido.

Si no se han marcado goles o los equipos marcan el mismo número de goles, el resultado será un empate.

UNA REGLA CONTRA EL AUTOGOL

No es válido un gol marcado directamente en propia puerta por un jugador que disfruta de un golpe franco, ya sea directo o indirecto. Si ello sucediera, el juego debe reanudarse con un saque de esquina a favor del otro equipo.

REGLA 11: EL FUERA DE JUEGO

El fuera de juego constituye probablemente una de las reglas futbolísticas más difíciles que el árbitro debe aplicar y, al mismo tiempo, una de las que creará una mayor polémica entre los jugadores, los periodistas y los aficionados, ya que la interpretación de las acciones de los jugadores que han sido amonestados, presuntamente antirreglamentarias, por el árbitro y sus asistentes, desempeña un papel decisivo para el resultado de un partido, ya que puede interrumpir un ataque que tal vez habría acabado con un gol.

Por ello, es preciso detenernos y estudiar detalladamente las causas que determinan que el árbitro decida detener el avance y dictaminar el fuera de juego.

Ante todo, es conveniente precisar que un jugador está en posición de fuera de juego si se encuentra más cerca de la línea de meta contraria que el balón y el penúltimo defensa.

UN POCO DE HISTORIA
(Texto de Bernard Lebourg,
Leçons de football, Editions De Vecchi, 1999)

1866   Nacimiento de la regla del fuera de juego *(offside)*.
       Para dictaminarlo es necesario que haya tres jugadores entre el
       primer jugador atacante y la línea de meta contraria en el
       momento preciso del pase.

1925   Primera modificación: bastan dos jugadores entre el primer
       jugador atacante y la línea de meta contraria para que se
       produzca el fuera de juego.

1990   Segunda modificación: no se considera en fuera de juego
       el jugador atacante que esté en línea con el penúltimo
       defensa respecto a la línea de meta contraria en el momento
       del pase.

GUÍA PARA JUGAR AL FÚTBOL

Existen algunas excepciones:

• Si el jugador se encuentra en su propio medio campo (fig. 54).

• Si el jugador se encuentra en línea con el penúltimo contrario o si se encuentra en línea con los últimos defensas contrarios respecto a su línea de meta (fig. 55).

REGLA 11: EL FUERA DE JUEGO

- Si el jugador recibe directamente el balón del córner (fig. 56), tras un saque de meta (fig. 57) o tras un saque de banda (fig. 58).

El hecho de encontrarse en fuera de juego no es suficiente para determinar la infracción, ya que es posible que el jugador en fuera de juego no participe activamente en el ataque. Puede suceder por el contrario que un atacante pase el balón a su compañero que no está en fuera de juego, mientras otro jugador del equipo se encuentra en fuera de juego. La posición de este último será determinante: si participa en la acción, el fuera de juego debe considerarse activo y ser sancionado; en el caso en que el jugador no participe en la acción en curso se hablará de *fuera de juego pasivo* o *posicional*, que debe ser señalado por el árbitro asistente o juez de línea pero no silbado por el árbitro (fig. 59).

Por lo tanto, se considerará que un jugador está en fuera de juego y será sancionado por ello sólo si, en el momento en que el balón es tocado o jugado por un compañero suyo, este, a juicio del árbitro, participa activamente en la acción del juego. Eso puede suceder:

— interfiriendo en el juego;
— influyendo a un contrario;
— recibiendo ventaja del hecho de estar en aquella posición.

Cuando el árbitro silba un fuera de juego se concede un golpe franco indirecto en el punto donde se ha cometido la infracción, a menos que esta última haya sucedido en el interior del área de meta contraria, en cuyo caso el tiro libre indirecto deberá lanzarse desde un punto cualquiera en el interior de la misma área de meta.

Se debe recordar por último que una reciente innovación ha establecido que ya no se considera que está en fuera de juego al jugador que se halla en línea con el penúltimo contrario (fig. 60) o con los dos últimos contrarios (fig. 61).

REGLA 11: EL FUERA DE JUEGO

 GUÍA PARA JUGAR AL FÚTBOL

¿QUÉ PUEDE HACER EL JUGADOR QUE SE DA CUENTA DE QUE ESTÁ EN FUERA DE JUEGO?

El atacante que se da cuenta de que está en posición de fuera de juego puede recuperar la posición reglamentaria entrando en la portería contraria (fig. 62).
De ese modo, sale del terreno de juego y, si un compañero marca un gol, este deberá ser validado, ya que el jugador, por el hecho de haber entrado en la portería, no ha molestado de ningún modo a sus contrarios.

Dada la particular dificultad de la noción del fuera de juego nos ha parecido útil integrar la explicación de la regla con una serie de esquemas (figs. 63-98, texto de Bernard Lebourg, *Leçons de football*, Editions de Vecchi, 1999), correspondientes a las distintas situaciones que un árbitro puede encontrar en el transcurso de un partido.

REGLA 11: EL FUERA DE JUEGO

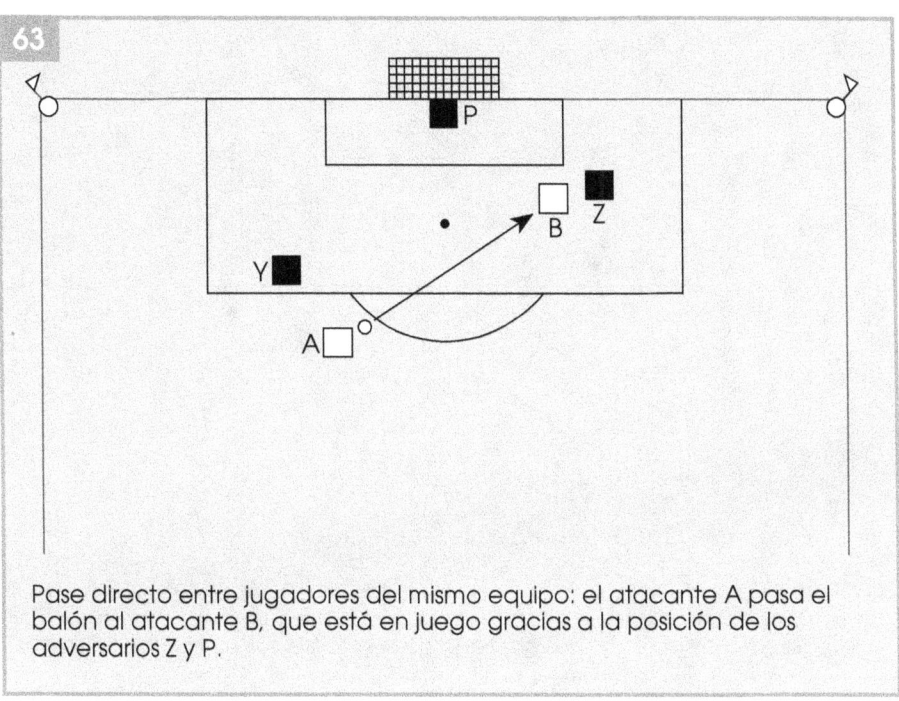

Pase directo entre jugadores del mismo equipo: el atacante A pasa el balón al atacante B, que está en juego gracias a la posición de los adversarios Z y P.

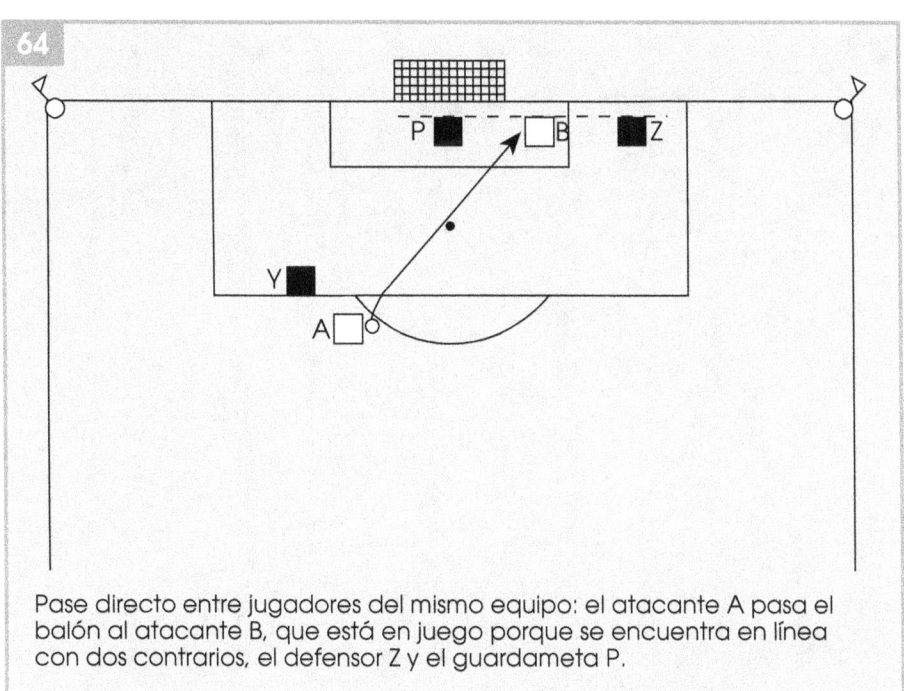

Pase directo entre jugadores del mismo equipo: el atacante A pasa el balón al atacante B, que está en juego porque se encuentra en línea con dos contrarios, el defensor Z y el guardameta P.

GUÍA PARA JUGAR AL FÚTBOL

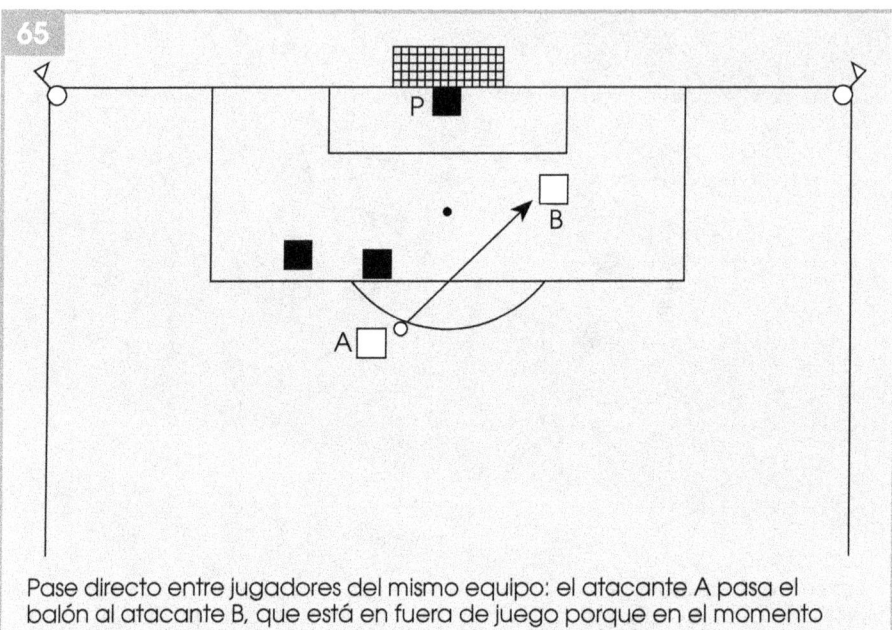

Pase directo entre jugadores del mismo equipo: el atacante A pasa el balón al atacante B, que está en fuera de juego porque en el momento del pase está delante del balón y tiene delante de él sólo al guardameta P.

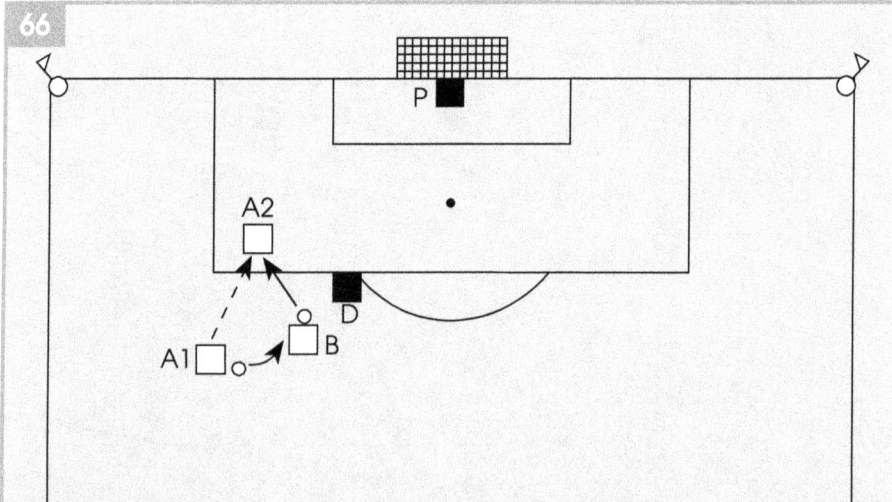

El atacante A (en posición A1) pasa el balón a su compañero B, que está en juego gracias a los jugadores D y P. B devuelve al balón a A, que ha seguido adelante (en posición A2), colocándose en fuera de juego.

REGLA 11: EL FUERA DE JUEGO

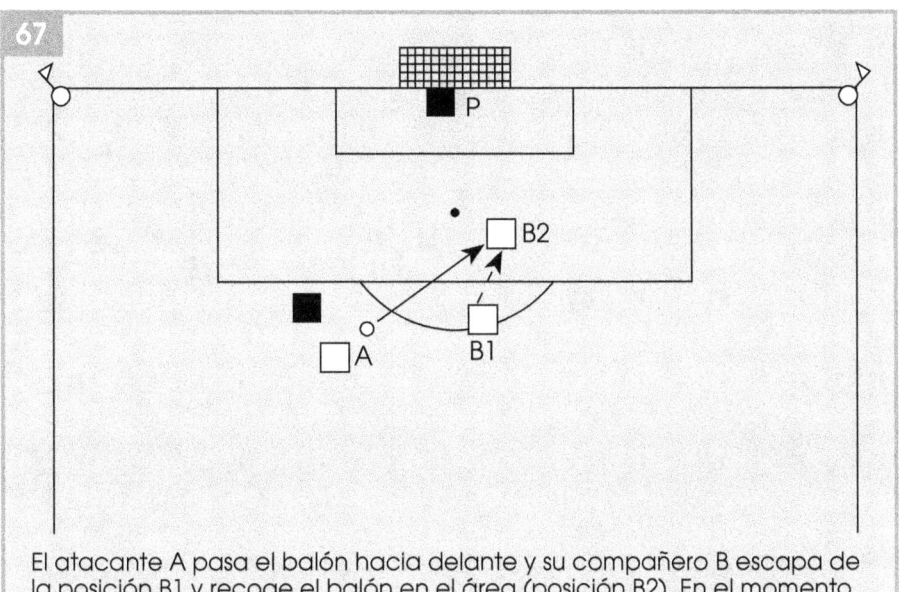

El atacante A pasa el balón hacia delante y su compañero B escapa de la posición B1 y recoge el balón en el área (posición B2). En el momento del pase B estaba en juego (B1) al tener a un defensor y al guardameta contrarios delante, por lo que la acción es válida.

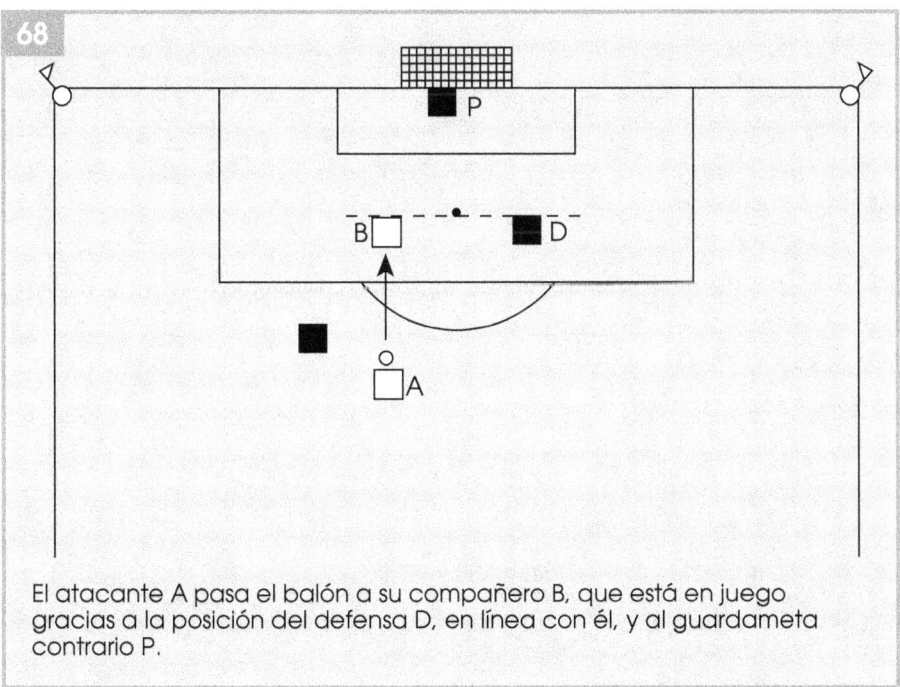

El atacante A pasa el balón a su compañero B, que está en juego gracias a la posición del defensa D, en línea con él, y al guardameta contrario P.

GUÍA PARA JUGAR AL FÚTBOL

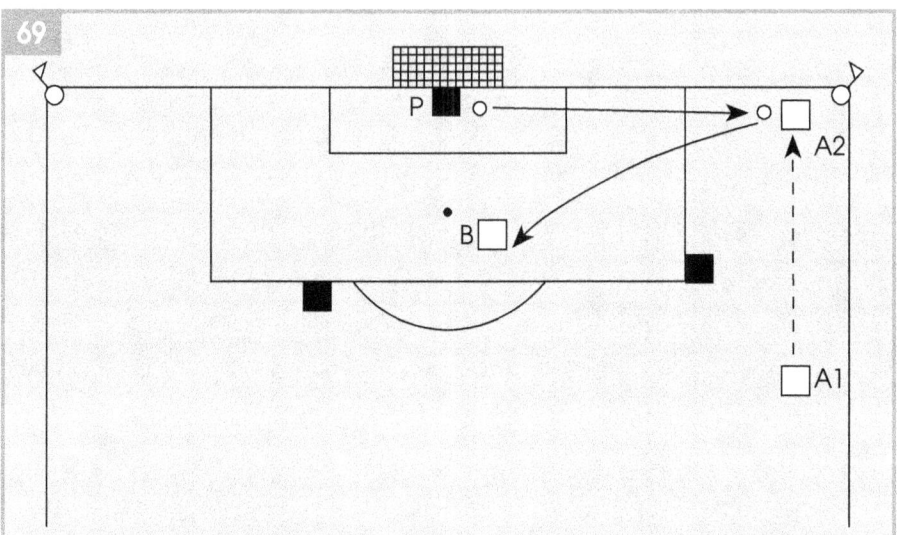

El atacante A, saliendo de la posición A1 recupera el balón cerca de la línea de meta (A2) y se lo pasa al compañero B, que está en juego, porque, aunque no haya dos jugadores entre él y la portería, en el momento del pase estaba detrás del balón.

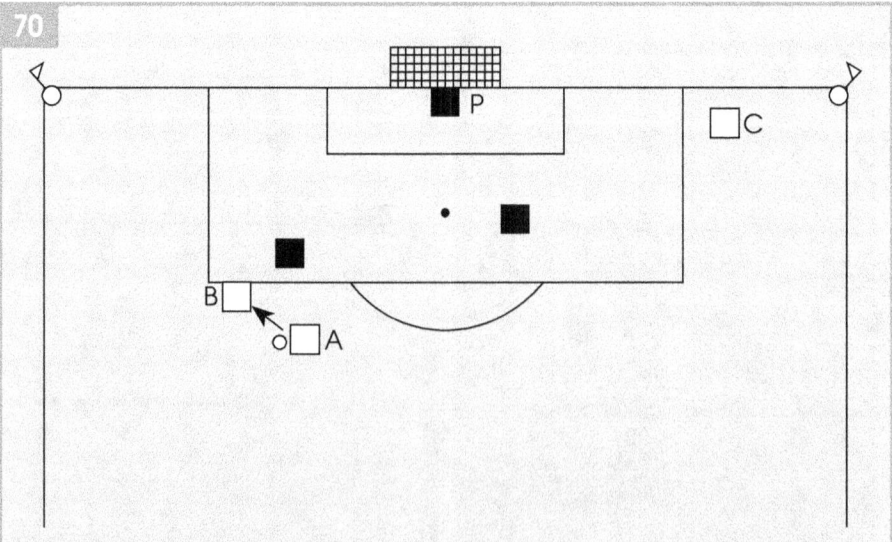

El atacante A pasa el balón a B, que está en juego gracias a la posición de tres contrarios. En el mismo momento el atacante C está en fuera de juego. Sin embargo, al no participar en la acción, su posición es un fuera de juego posicional y la acción es válida.

REGLA 11: EL FUERA DE JUEGO

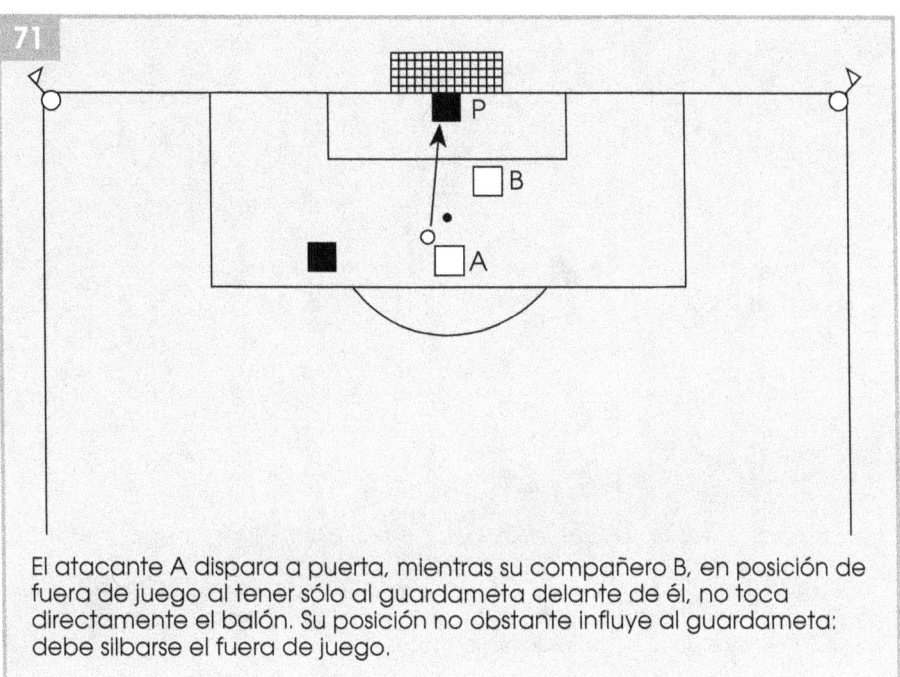

El atacante A dispara a puerta, mientras su compañero B, en posición de fuera de juego al tener sólo al guardameta delante de él, no toca directamente el balón. Su posición no obstante influye al guardameta: debe silbarse el fuera de juego.

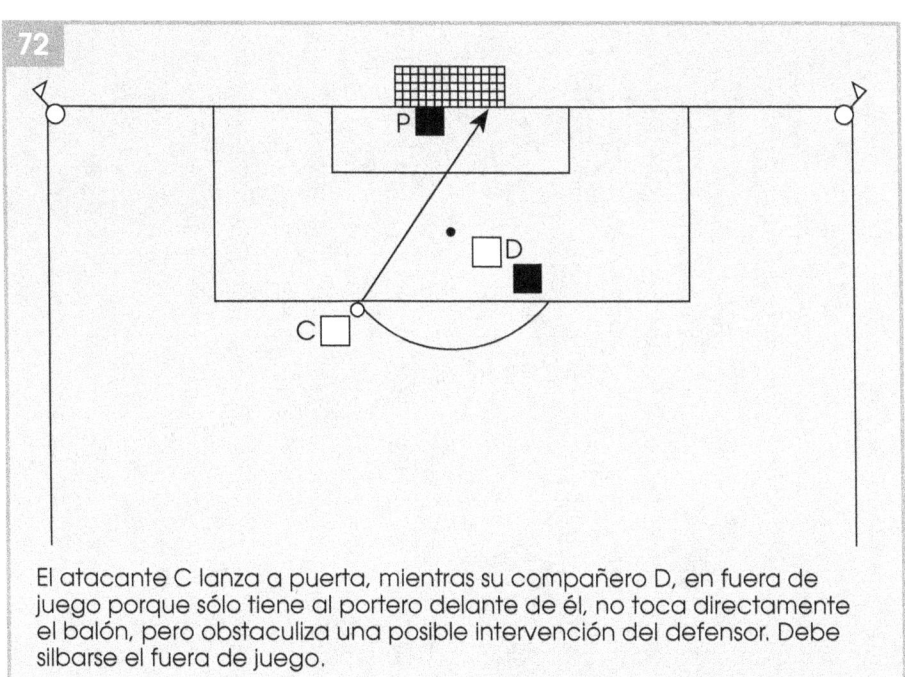

El atacante C lanza a puerta, mientras su compañero D, en fuera de juego porque sólo tiene al portero delante de él, no toca directamente el balón, pero obstaculiza una posible intervención del defensor. Debe silbarse el fuera de juego.

GUÍA PARA JUGAR AL FÚTBOL

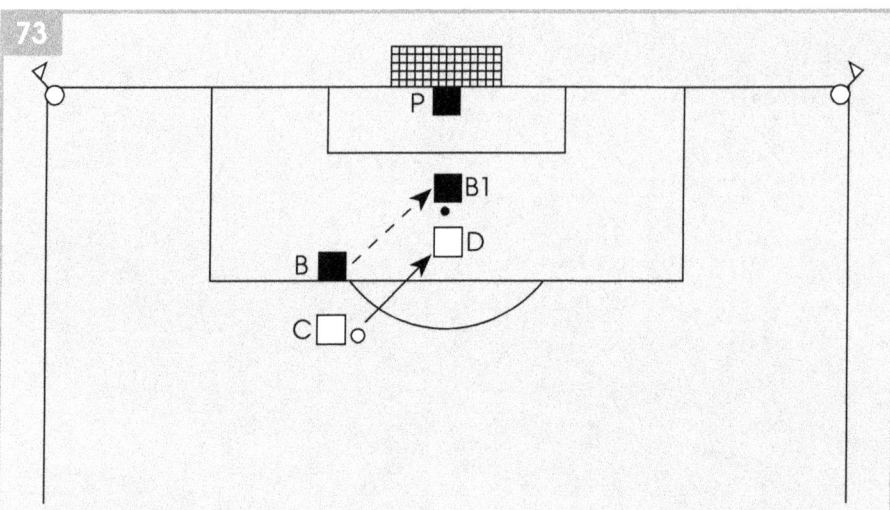

El atacante C pasa el balón en dirección a su compañero D, que está en fuera de juego porque delante de él no se encuentran dos contrarios y está delante del balón. D permanece inmóvil y el defensa B recupera el balón (posición B1). La acción debe detenerse sin embargo, porque la posición inicial de D ha influido en el juego.

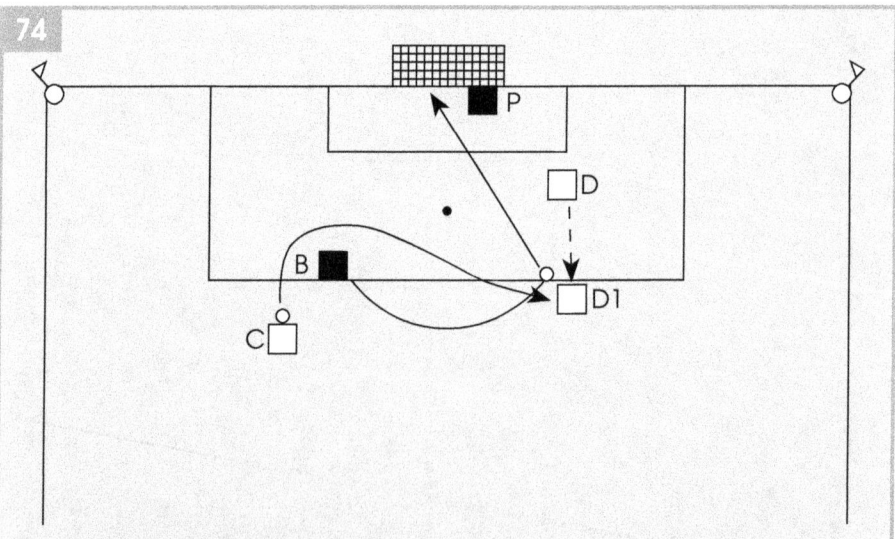

El atacante C dispara a puerta, pero el lanzamiento, a causa del viento o del efecto, regresa hacia atrás, permitiendo a D, que sin embargo estaba en fuera de juego en el momento del disparo de C, recuperar el balón retrocediendo a la posición D1. Debe silbarse el fuera de juego.

REGLA 11: EL FUERA DE JUEGO

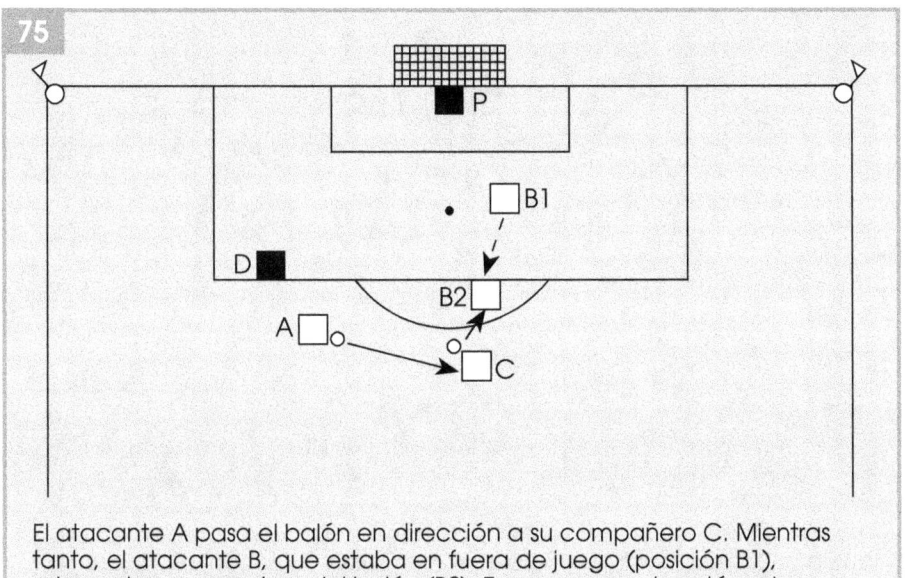

El atacante A pasa el balón en dirección a su compañero C. Mientras tanto, el atacante B, que estaba en fuera de juego (posición B1), retrocede y se apodera del balón (B2). En ese momento está en juego gracias a la posición de los contrarios D y P, pero en el pase de A estaba en fuera de juego, por lo que la acción debe ser interrumpida.

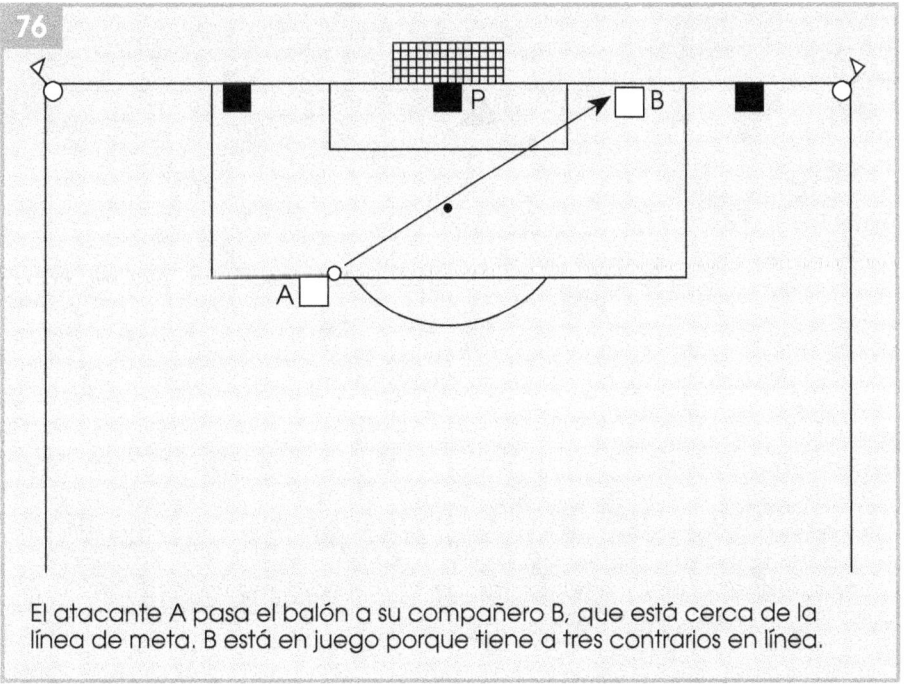

El atacante A pasa el balón a su compañero B, que está cerca de la línea de meta. B está en juego porque tiene a tres contrarios en línea.

GUÍA PARA JUGAR AL FÚTBOL

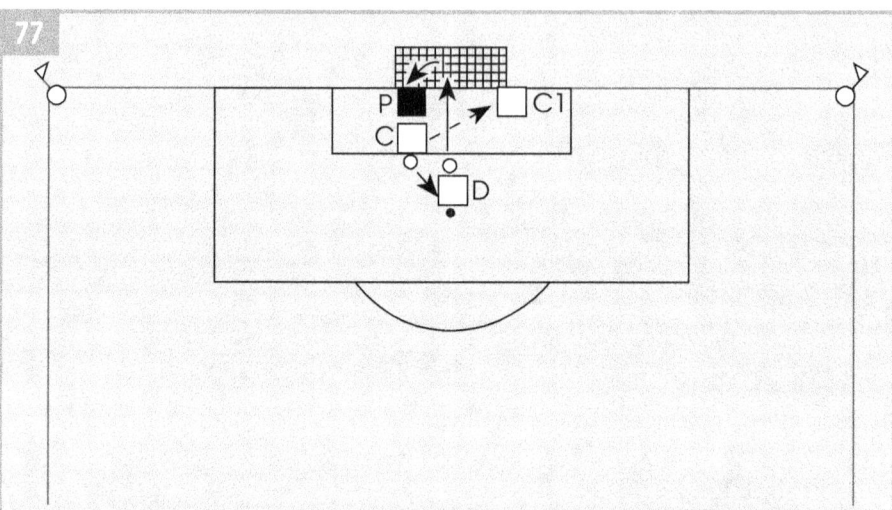

El portero P sale al encuentro del atacante C, que ya ha pasado el balón a su compañero D (en juego porque está detrás del balón). D lanza a puerta, mientras que C (posición C1) ha acabado en fuera de juego, sin influir en la acción. El gol es válido porque C está en fuera de juego posicional.

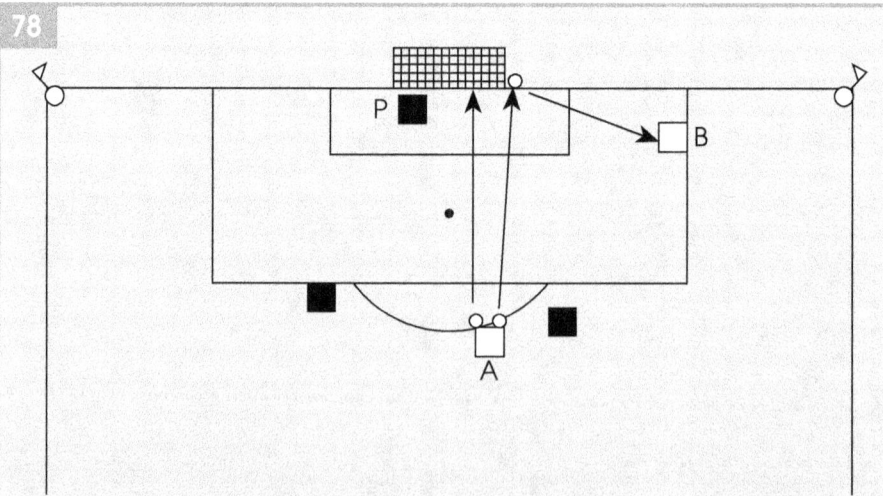

El atacante A lanza a puerta, mientras su compañero B está en fuera de juego, aunque su posición está fuera del tiro directo. Si A marca, B debe considerarse en fuera de juego posicional y el gol debe concederse. Si el balón golpea el palo y llega a B, su posición de fuera de juego influye activamente en la acción, que debe detenerse.

REGLA 11: EL FUERA DE JUEGO

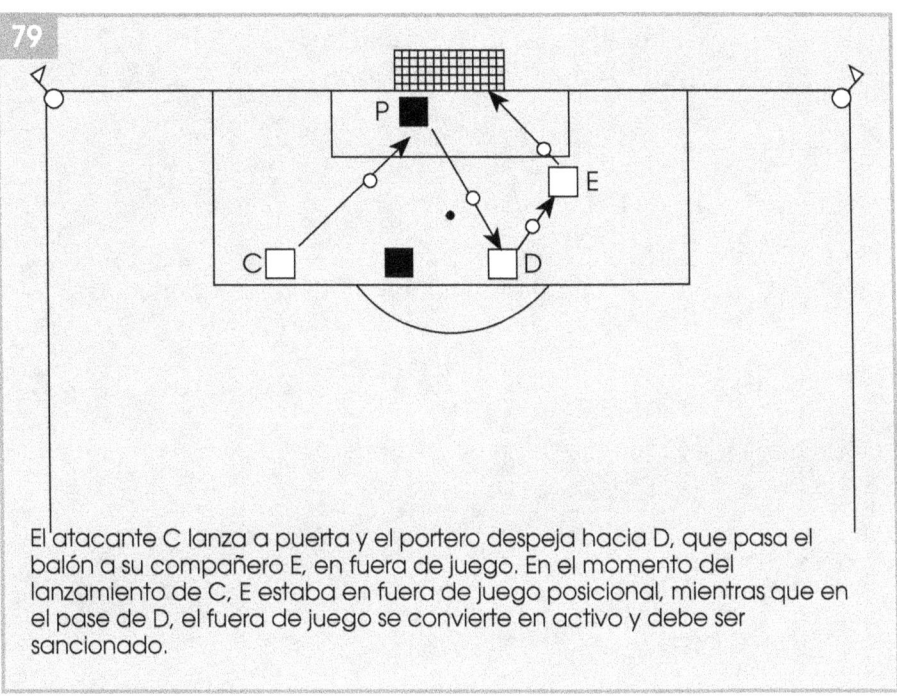

El atacante C lanza a puerta y el portero despeja hacia D, que pasa el balón a su compañero E, en fuera de juego. En el momento del lanzamiento de C, E estaba en fuera de juego posicional, mientras que en el pase de D, el fuera de juego se convierte en activo y debe ser sancionado.

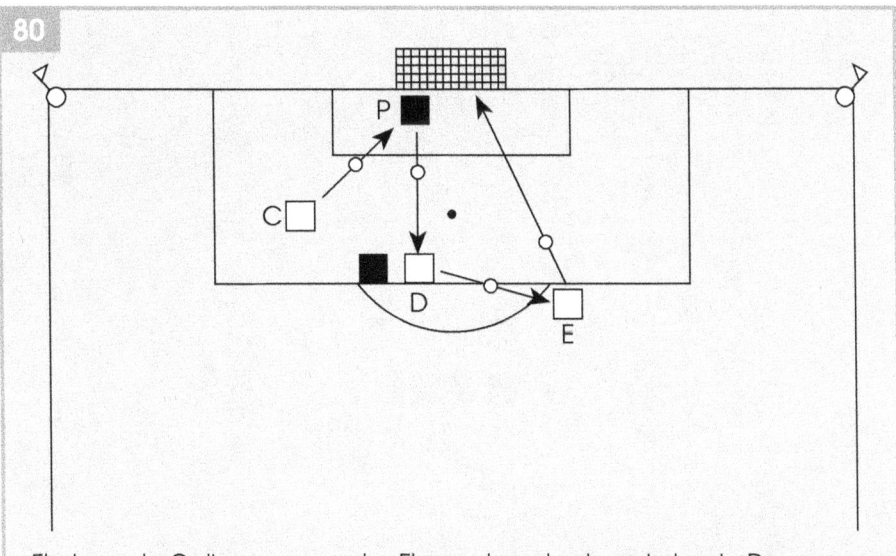

El atacante C dispara a puerta. El guardameta despeja hacia D, que está en juego, porque está detrás del balón en el momento del lanzamiento. D pasa el balón a E, que está en juego gracias a los dos contrarios y porque está detrás del balón en el momento del pase.

GUÍA PARA JUGAR AL FÚTBOL

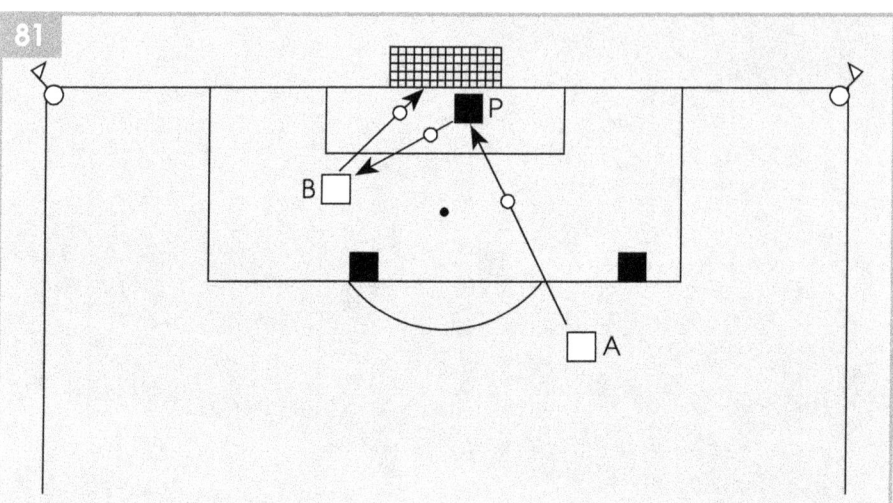

Tras un despeje del guardameta P, el atacante A lanza a portería. El portero rechaza el balón, pero el atacante B, en fuera de juego, lo retiene y marca. El gol debe ser anulado si el árbitro considera que la posición de fuera de juego de B en el momento del lanzamiento de A ha influido en el juego.

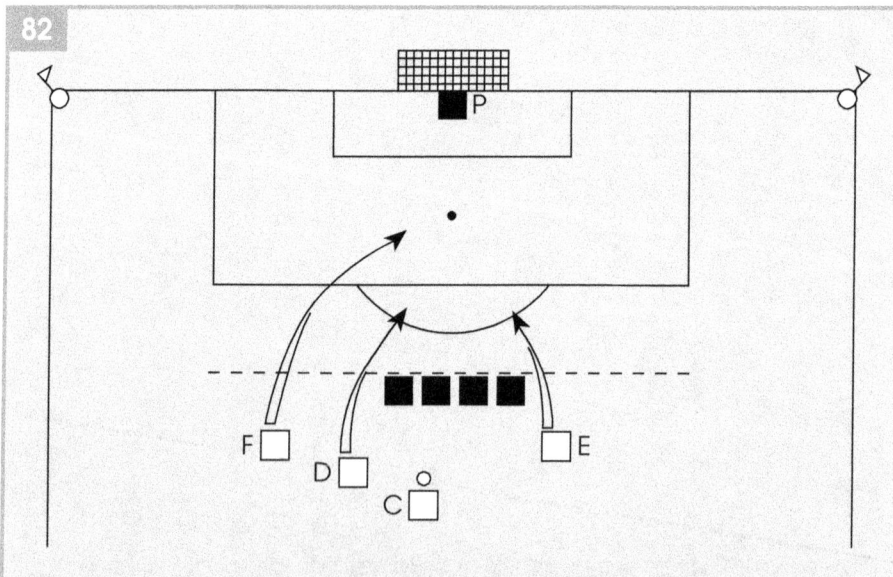

El atacante C está preparado para lanzar un tiro libre. Antes del lanzamiento, sus compañeros F, D y E salen adelante, superando la línea de defensas. Su posición de fuera de juego debe ser silbada.

REGLA 11: EL FUERA DE JUEGO

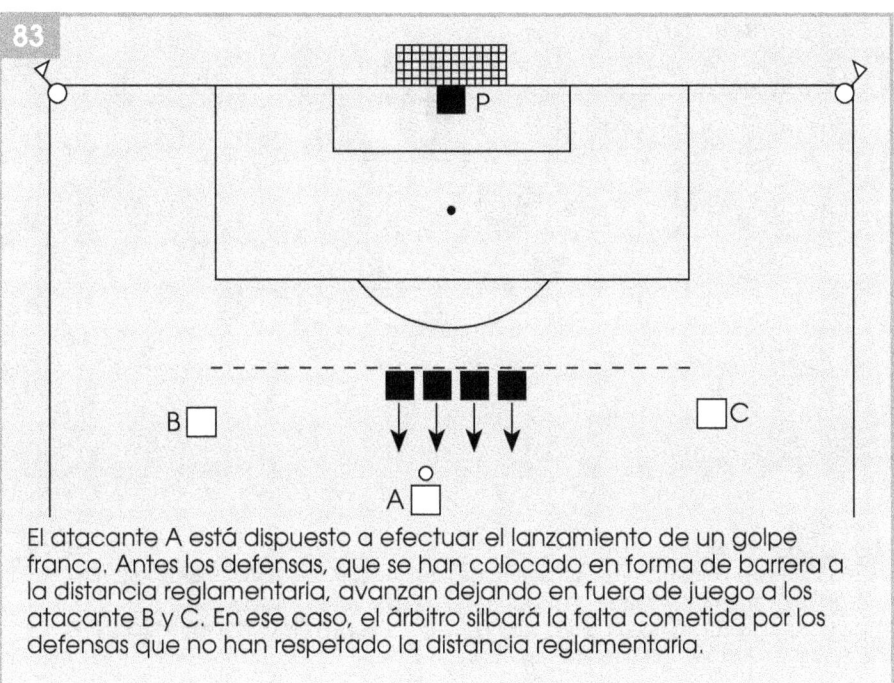

El atacante A está dispuesto a efectuar el lanzamiento de un golpe franco. Antes los defensas, que se han colocado en forma de barrera a la distancia reglamentaria, avanzan dejando en fuera de juego a los atacante B y C. En ese caso, el árbitro silbará la falta cometida por los defensas que no han respetado la distancia reglamentaria.

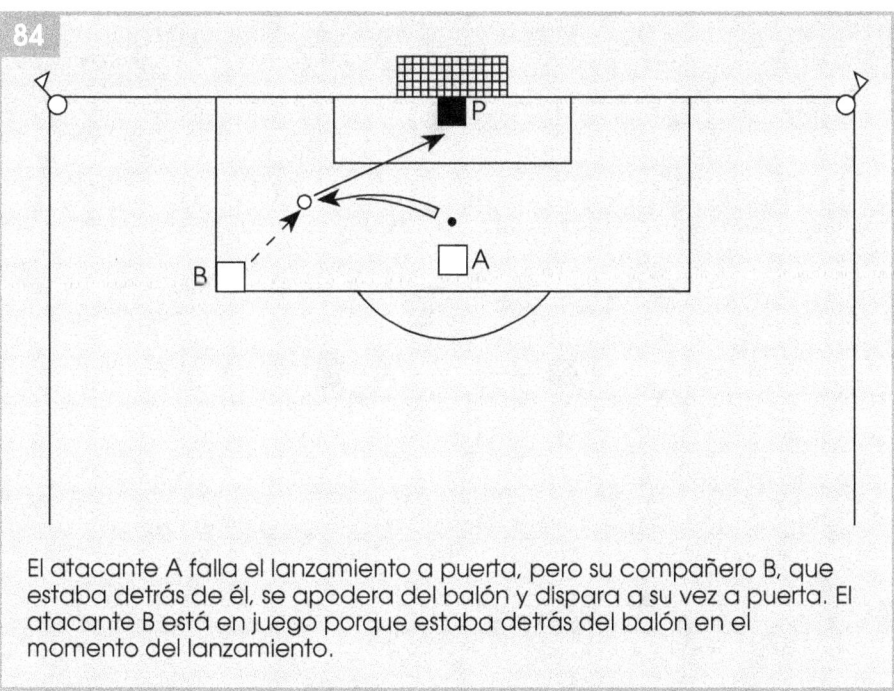

El atacante A falla el lanzamiento a puerta, pero su compañero B, que estaba detrás de él, se apodera del balón y dispara a su vez a puerta. El atacante B está en juego porque estaba detrás del balón en el momento del lanzamiento.

# GUÍA PARA JUGAR AL FÚTBOL

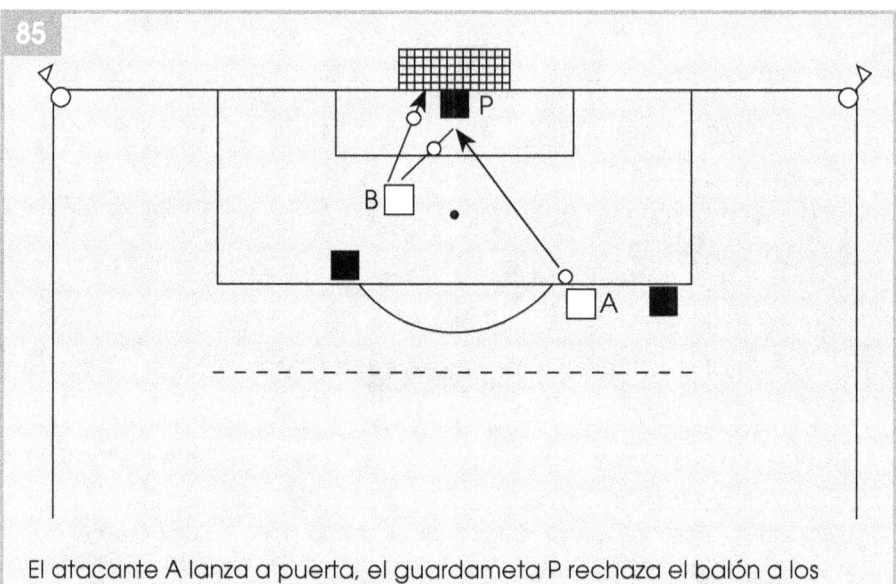

El atacante A lanza a puerta, el guardameta P rechaza el balón a los pies del atacante B que marca. El gol debe ser anulado porque la posición de B, en fuera de juego en el momento del lanzamiento de A, influye en la acción y le da ventaja.

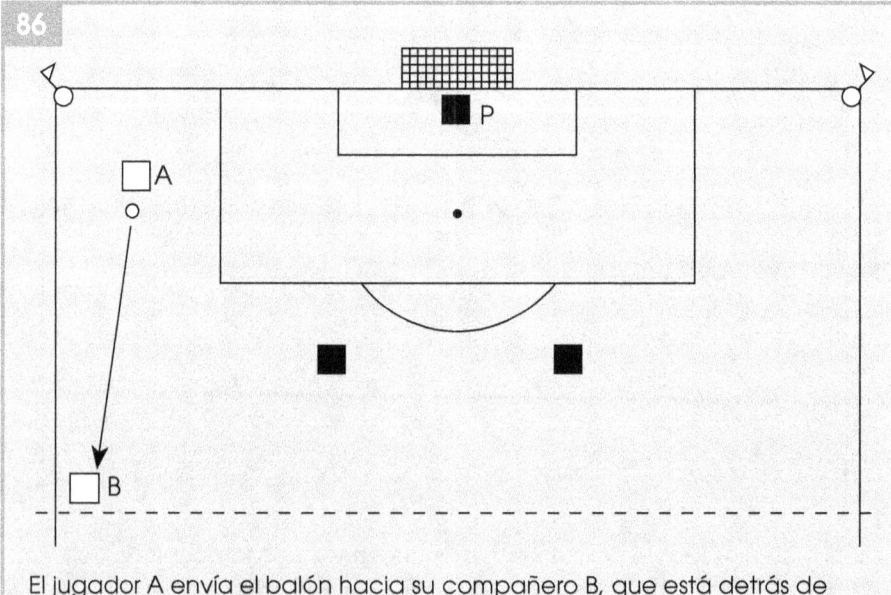

El jugador A envía el balón hacia su compañero B, que está detrás de todos los contrarios. B está en juego, porque en el momento del pase de A aún está en su propia mitad de campo.

REGLA 11: EL FUERA DE JUEGO

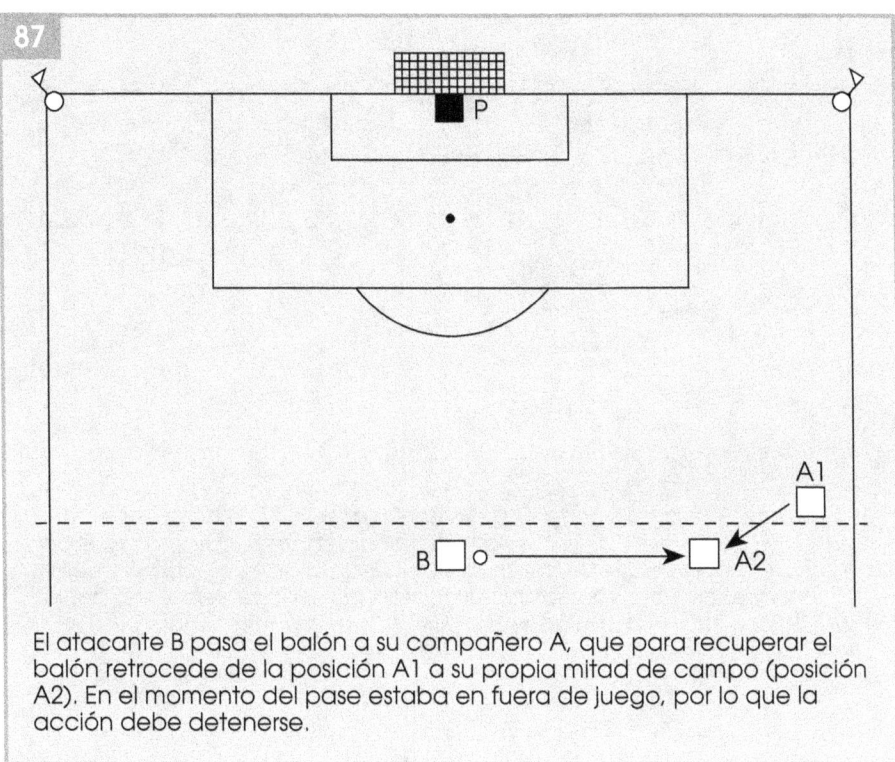

El atacante B pasa el balón a su compañero A, que para recuperar el balón retrocede de la posición A1 a su propia mitad de campo (posición A2). En el momento del pase estaba en fuera de juego, por lo que la acción debe detenerse.

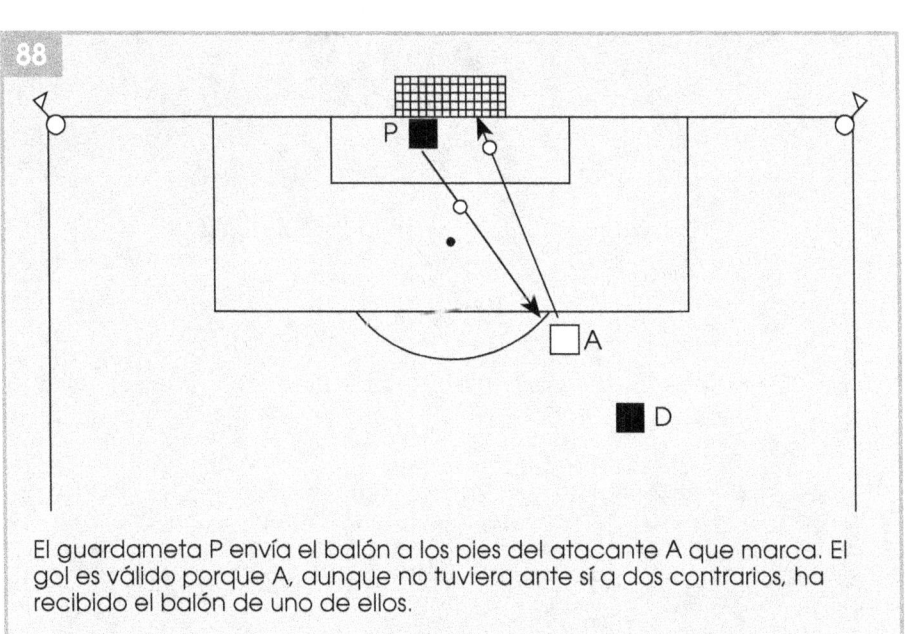

El guardameta P envía el balón a los pies del atacante A que marca. El gol es válido porque A, aunque no tuviera ante sí a dos contrarios, ha recibido el balón de uno de ellos.

GUÍA PARA JUGAR AL FÚTBOL

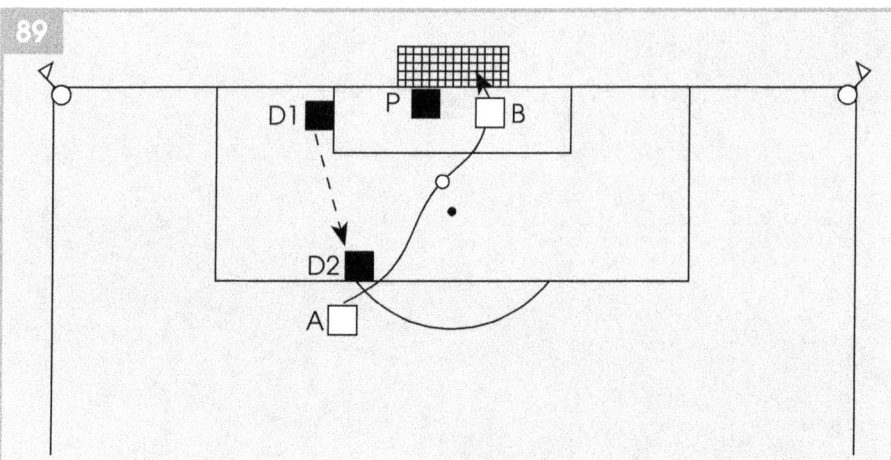

El atacante A lanza a puerta. El defensor D (posición D1) va al encuentro del balón (posición D2) y lo desvía hacia el atacante B, que marca. El gol no es válido porque B, en el momento del disparo de A, estaba en fuera de juego y su posición molestaba al guardameta. No es suficiente, por lo tanto, la desviación de un contrario para volver a poner el balón en juego.

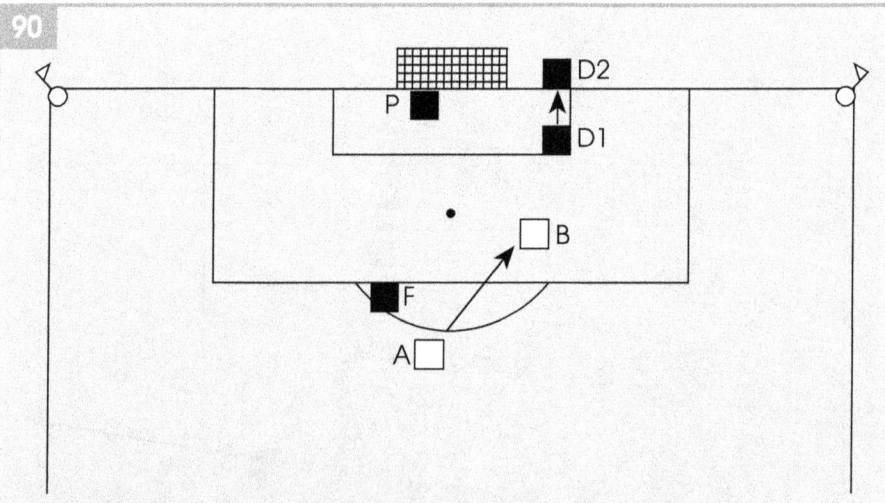

El defensa D, previendo el pase del atacante A a su compañero B, sale del campo (posición D2) para dejar en fuera de juego al contrario B. El árbitro debe considerar igualmente a D como participando en el juego. En consecuencia, B está en juego gracias a D y el guardameta P y la acción es válida.

REGLA 11: EL FUERA DE JUEGO

91

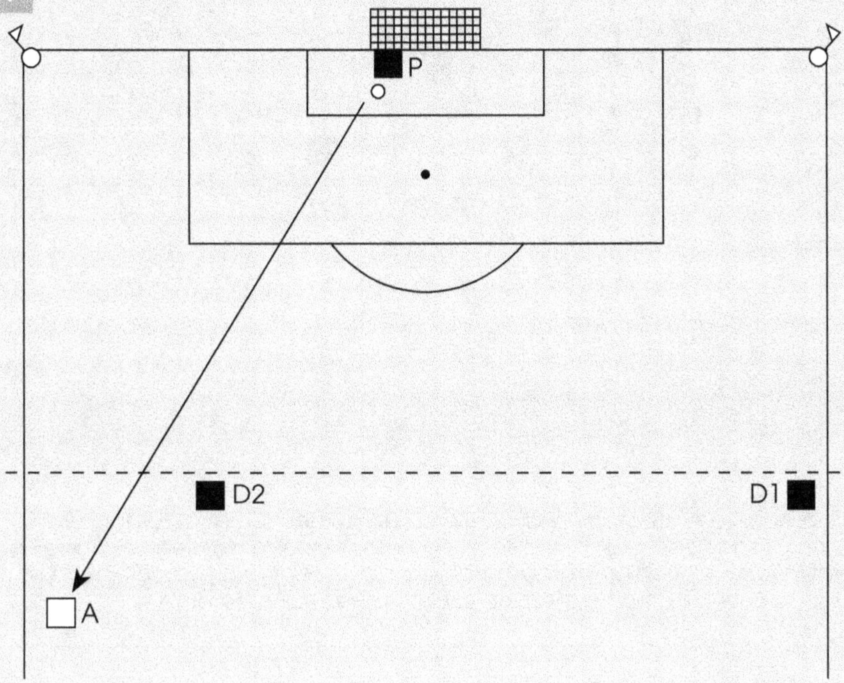

El guardameta P envía directamente el balón a su compañero A, que está después de los defensas contrarios y en la mitad de campo contraria. La acción es válida porque A ha recibido el balón directamente de un saque de meta.

92

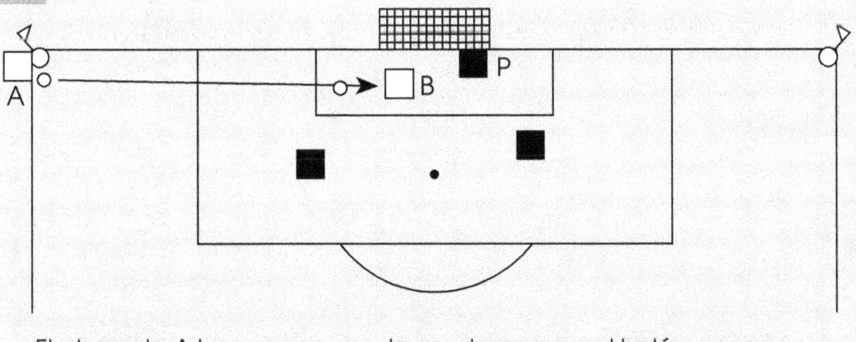

El atacante A lanza un saque de esquina y pasa el balón a su compañero B, que no tiene ante sí a dos contrarios. La acción es reglamentaria porque B ha recibido el balón directamente del córner.

GUÍA PARA JUGAR AL FÚTBOL

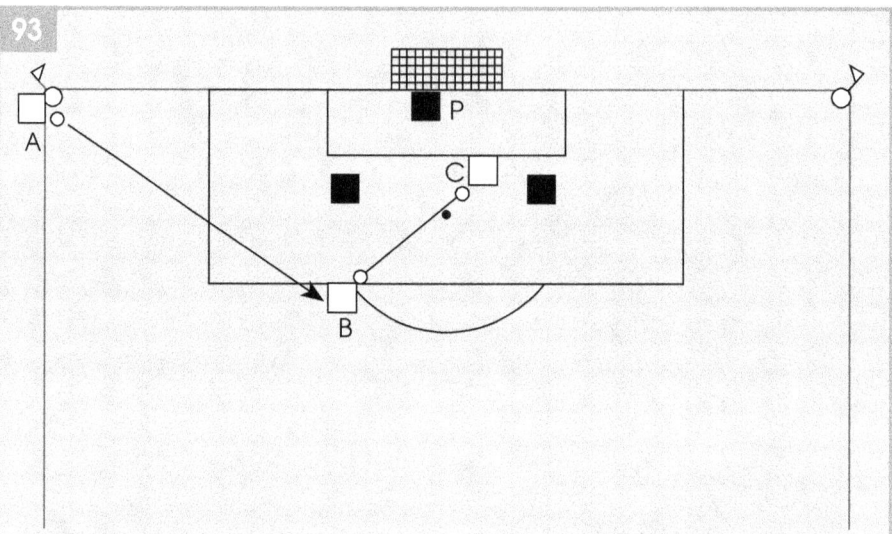

El atacante A efectúa un lanzamiento de córner hacia su compañero B, que pasa el balón al atacante C, que está en fuera de juego, porque no está detrás del balón y no tiene ante sí a dos contrarios. La acción no es válida porque C no ha recibido el balón directamente de A.

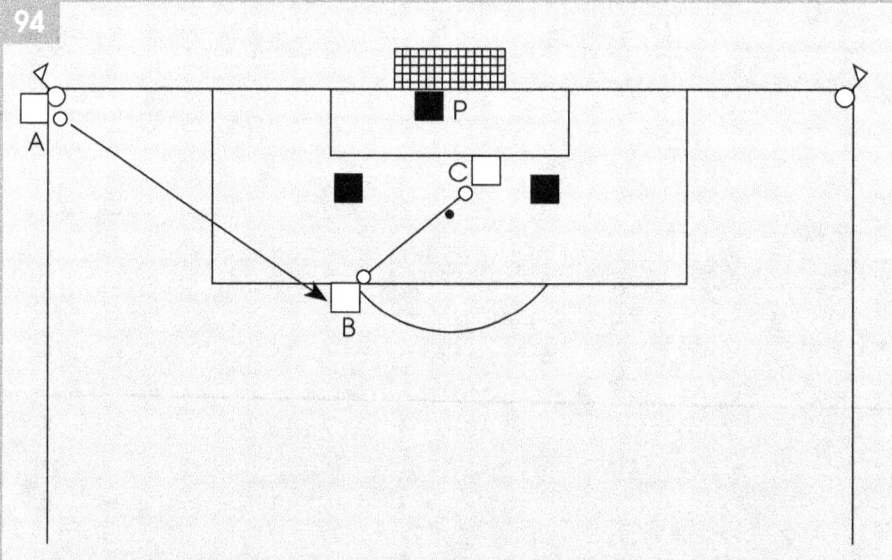

El atacante A efectúa un lanzamiento de córner y el balón, desviado por el defensa D, llega al atacante B que tiene delante de sí sólo al guardameta. La acción es válida.

REGLA 11: EL FUERA DE JUEGO

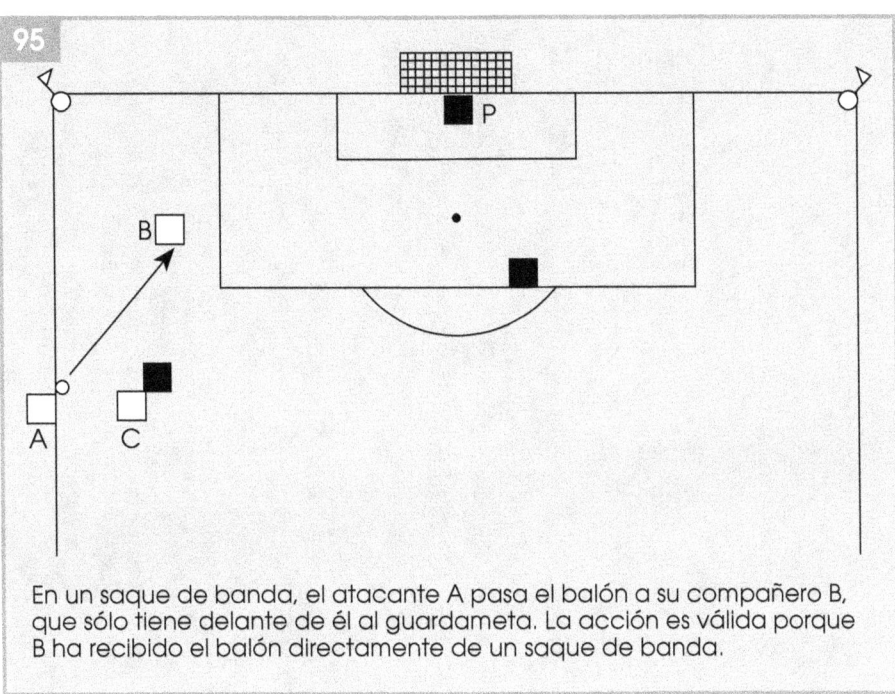

En un saque de banda, el atacante A pasa el balón a su compañero B, que sólo tiene delante de él al guardameta. La acción es válida porque B ha recibido el balón directamente de un saque de banda.

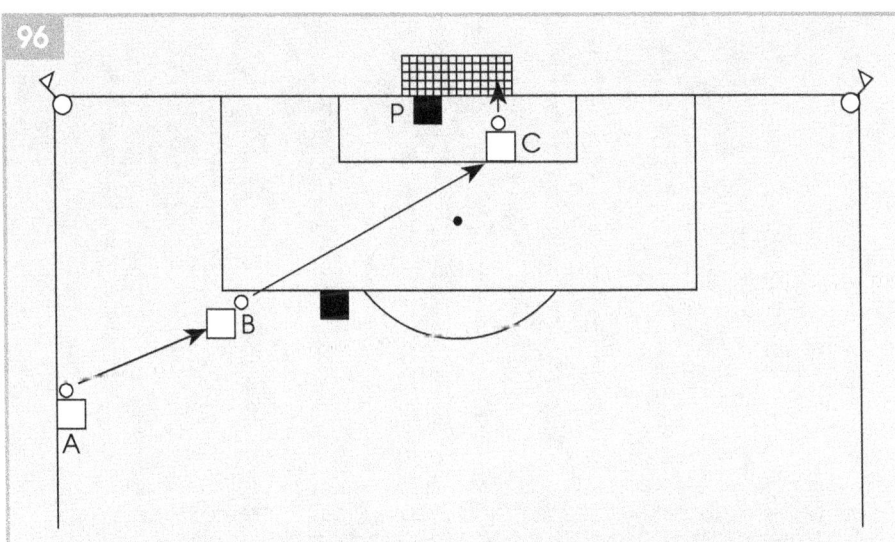

En un saque de banda, el atacante A pasa el balón a su compañero B, que lo envía al atacante C, solo ante el guardameta. La acción no es válida y C está en fuera de juego porque no ha recibido el balón directamente de un saque de banda.

GUÍA PARA JUGAR AL FÚTBOL

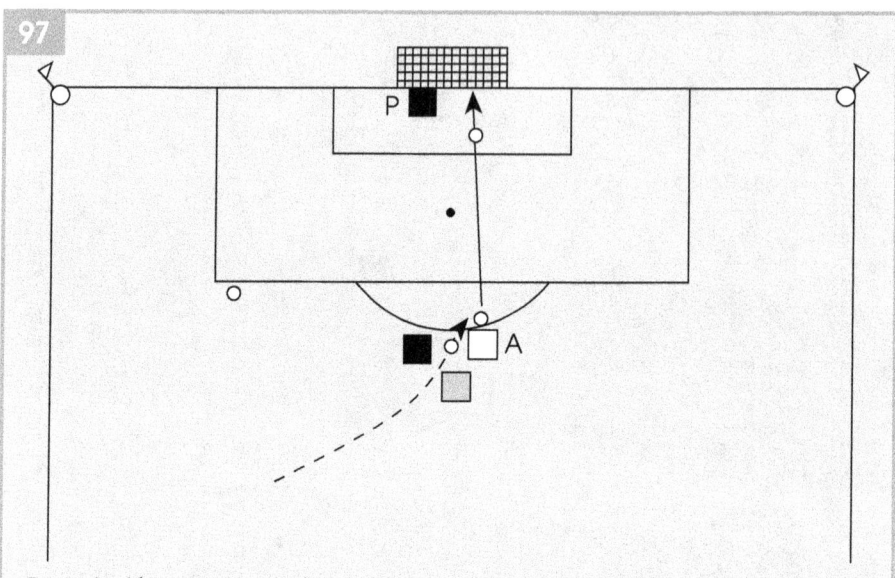

En un balón a tierra, el atacante A se apodera del balón correctamente y dispara a puerta. La acción es válida porque A ha recibido el balón directamente del árbitro.

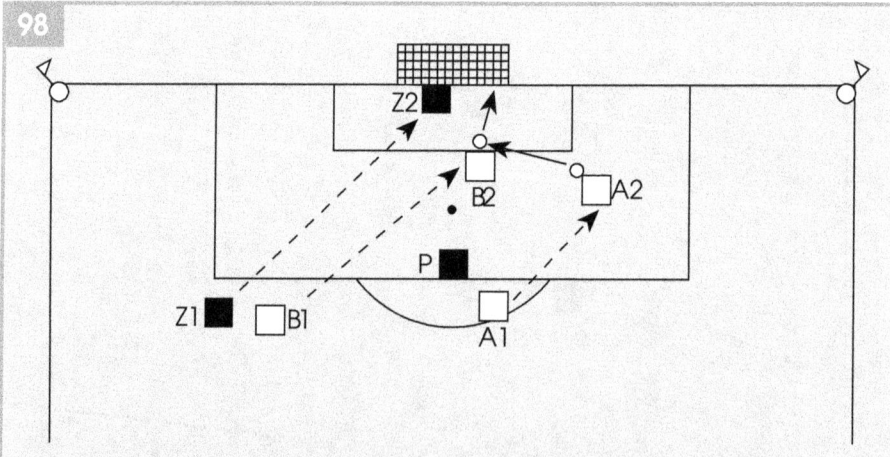

El atacante A (posición A1) se presenta solo delante del portero p, que sale a su encuentro. A lo evita colocándose lateralmente (posición A2). Mientras tanto el defensa Z (posición Z1) se precipita hacia la puerta seguido del atacante B (posición B1). A le pasa el balón y B marca (posición B2). La acción no es válida porque B, en el momento del pase, está en fuera de juego, al estar delante del balón y tener ante sí a un único jugador contrario.

REGLA 12: FALTAS Y COMPORTAMIENTOS ANTIDEPORTIVOS

Se trata de otro punto crucial del reglamento que el árbitro debe hacer respetar, tomando las decisiones más apropiadas y dando el tratamiento más oportuno según las circunstancias (para las definiciones del tiro libre directo e indirecto —o golpes francos—, véase la regla 13).

> **SANCIONES TÉCNICAS Y DISCIPLINARIAS**
>
> Recuérdese que por sanciones técnicas se entienden los golpes francos directos o indirectos y los penaltis, mientras que las sanciones disciplinarias están representadas por la amonestación y la expulsión.

Faltas castigadas con un tiro libre directo

Debe castigarse con un tiro libre directo, concedido al equipo contrario, cualquier jugador que cometa una de las siguientes faltas por negligencia, por imprudencia (negligencia en el contacto con un jugador contrario en una acción) o por exceso de vigor en la intervención (utilización de fuerza física desproporcionada respecto a la normal en el contacto con un contrario):

— dar o intentar dar un puntapié a un contrario;
— hacer la zancadilla a un contrario;
— saltar sobre un contrario;
— cargar a un contrario;
— empujar a un contrario;
— golpear o intentar golpear a un contrario.

A estos seis casos deben añadirse los siguientes cuatro, que se diferencian de los precedentes porque deben castigarse con un tiro libre directo sólo si se cometen voluntariamente (los primeros seis son sancionados con independencia de la intención del jugador al cometer la falta):

— tener contacto con un jugador contrario y tocarlo antes de que el balón haya sido jugado;
— escupir sobre un contrario;
— retener a un contrario;
— jugar voluntariamente el balón con las manos o los brazos (excepto si el guardameta se encuentra en el interior de su área de penalti).

GUÍA PARA JUGAR AL FÚTBOL

El tiro libre directo (o golpe franco directo) será lanzado desde el punto donde se ha cometido la falta, a menos que esta haya sido provocada por el atacante en el área de meta contraria. En ese caso, el golpe franco será lanzado desde un punto cualquiera de la misma área de meta.

No obstante si un jugador del equipo defensor comete una de las diez faltas sancionables en el interior de su propia área de castigo, la falta será castigada con un penalti.

Faltas castigadas con un tiro libre indirecto

Se concede un golpe franco indirecto, en cambio, al equipo que recibe una de las faltas siguientes:

— juego peligroso (por ejemplo, intentar golpear el balón que ya está en posesión del guardameta);
— obstrucción, es decir, impedir la progresión de un adversario sin tocar el balón, sino interponiéndose para que el contrariono llegue a él;
— impedir al portero lanzar el balón con las manos;
— cometer una falta no mencionada más arriba que conlleve la detención del juego para amonestar o expulsar a un jugador.

Aunque no se encuentran incluidas en las reglas del juego actuales, se siguen castigando con libre indirecto las siguientes acciones:

— carga legal (hombro contra hombro), cuando el balón está a cierta distancia de los jugadores de referencia que no tienen una clara posibilidad de jugarlo;
— carga sobre el guardameta, salvo cuando este tiene el balón entre las manos, molesta u obstaculiza a un contrario, o bien se encuentre fuera de su propia área de meta.

Por otra parte se concede un tiro libre indirecto al equipo contrario del guardameta que, encontrándose en su área de penalti, comete una de las siguientes cinco faltas:

— realizar más de cuatro pasos con el balón antes de lanzarlo;
— tocar de nuevo el balón con las manos tras haberlo lanzado sin que el balón haya sido tocado por otro jugador;
— tocar el balón con las manos después de que este le haya sido entregado deliberadamente con los pies por un compañero;
— tocar con las manos el balón que se ha recibido directamente de un saque de banda de un compañero;
— perder tiempo intencionalmente, reteniendo el balón con las manos durante más de cinco o seis segundos.

Amonestaciones y expulsiones

El reglamento explica también en base a qué causas el árbitro debe amonestar (tarjeta amarilla) o expulsar (tarjeta roja) a un jugador.

La amonestación se decreta cuando, tras el inicio del partido,

REGLA 12: FALTAS Y COMPORTAMIENTOS ANTIDEPORTIVOS

> **LOS CONCEPTOS DE CONDUCTA INCORRECTA, VIOLENTA Y GRAVEMENTE DESLEAL**
>
> Conducta incorrecta: actos, gestos o actitudes contrarios al espíritu del juego o contra los árbitros del encuentro.
>
> Conducta violenta: actos o gestos que producen o tiendan a producir a cualquiera un daño físico o moral.
>
> Conducta gravemente desleal: actos efectuados para impedir, por cualquier medio ilícito, una oportunidad evidente del equipo contrario de marcar un gol.

uno de los jugadores entra o sale del terreno de juego o se aleja de él sin haber recibido el obligatorio gesto de aceptación por parte del árbitro.

Lo mismo sucede si un jugador incumple repetidamente el reglamento, si es culpable de una conducta incorrecta o bien si manifiesta con palabras o gestos de disentimiento una decisión arbitral, sobre todo si lo hace de forma grosera.

Un jugador debe ser expulsado en aquellos casos en que sea culpable de conducta violenta o de conducta gravemente desleal. También incurre en la misma sanción si tiene una actitud injuriosa o gravemente ofensiva.

Naturalmente, el jugador culpable de una falta merecedora de una amonestación tras haber recibido una tarjeta amarilla será expulsado por doble amonestación.

Tras haberse detenido en el enunciado de la regla, es el momento de recapitular, con la ayuda de las imágenes,

99

 **GUÍA PARA JUGAR AL FÚTBOL**

las faltas que requieren como disposición disciplinaria la expulsión y como procedimiento técnico un tiro libre directo o un penalti.

REGLA 12: FALTAS Y COMPORTAMIENTOS ANTIDEPORTIVOS

- Escupir a un contrario (fig. 99).
- Golpear (o incluso intentar golpear) a un contrario con un puntapié (figura 100), dar un puñetazo (figura 101) o un codazo (fig. 102).
- Provocar una falta por detrás sin ninguna posibilidad de tocar el balón (figura 103).
- Efectuar una plancha de manera violenta (fig. 104).

LA PLANCHA

La plancha es una intervención defensiva que se efectúa deslizándose y tiene por objeto arrebatar el balón a un jugador contrario o llevarlo lejos de una zona peligrosa. Se trata de un gesto técnico que requiere notable elección del tiempo, coraje y coordinación, y puede efectuarse ya sea frontal o lateralmente.

 **GUÍA PARA JUGAR AL FÚTBOL**

Veamos ahora qué faltas, sin tener en cuenta las referidas a la expulsión, prevén como disposición disciplinaria la amonestación (salvo también la disposición técnica): realizar una falta por detrás con la posibilidad de coger el balón (fig. 105) y efectuar una plancha sobre un adversario de manera peligrosa, pero no violenta (fig. 106).

REGLA 12: FALTAS Y COMPORTAMIENTOS ANTIDEPORTIVOS

Algunas faltas prevén la sanción técnica, es decir el golpe franco directo o el penalti: el empujón a un contrario con las manos (fig. 107); retener a un adversario por la camiseta (fig. 108), que, si es particularmente evidente, debe sancionarse con la amonestación; el llamado *sándwich*, con el que el adversario es obstaculizado hasta el punto de

GUÍA PARA JUGAR AL FÚTBOL

impedirle jugar el balón (fig. 109); saltar sobre un contrario apoyándose sobre sus hombros (fig. 110).

Las protestas violentas que pueda hacer un jugador durante un enfrentamiento con el árbitro serán sancionadas con un tiro libre directo (figuras 111-113) y con la expulsión del culpable.

Cuando la protesta de la decisión del árbitro se manifiesta de manera incorrecta, puede hacerse una amonestación y un tiro libre indirecto (figura 114).

Por otra parte, existe otro tipo de faltas sancionables, como ya hemos explicado, con un tiro libre indirecto:

REGLA 12: FALTAS Y COMPORTAMIENTOS ANTIDEPORTIVOS

 GUÍA PARA JUGAR AL FÚTBOL

- El juego peligroso (fig. 115).

- La carga hombro contra hombro, que es legal cuando el balón está cerca (fig. 116) e ilegal si el balón está a cierta distancia del juego (fig. 117).

REGLA 12: FALTAS Y COMPORTAMIENTOS ANTIDEPORTIVOS

• La simulación de una falta, que también es castigada con la amonestación para el simulador (fig. 118).

- El juego desde el suelo, que consiste en retener intencionadamente el balón con las piernas, desde el suelo (fig. 119).

Un tiro libre directo o un penalti castiga cada falta de manos silbada por el árbitro. La sanción disciplinaria varía, en cambio, según la gravedad de la falta.

La falta de manos que no impide el desarrollo de una acción importante (fig. 120) es castigada sólo con una sanción técnica; la falta de manos que impide al balón entrar en la portería en el área de castigo

REGLA 12: FALTAS Y COMPORTAMIENTOS ANTIDEPORTIVOS

(figura 121) conlleva también, además de la concesión de un penalti, la expulsión del jugador culpable. Si la trayectoria del balón no era penetrar en la portería (fig. 122), también debe silbarse el penalti, pero el culpable sólo será amonestado.

Las manos no siempre constituyen una violación del reglamento: de hecho la voluntariedad de la intervención es una condición necesaria para que sean sancionadas. Las manos involuntarias son particularmente evidentes cuando el jugador se protege con las manos el rostro (fig. 123) o el bajo vientre (fig. 124).

 **GUÍA PARA JUGAR AL FÚTBOL**

Un caso particular lo constituyen las faltas cometidas por el guardameta sobre un jugador contrario que se encuentra dentro de su propia área de castigo: a la concesión del penalti se añadirá una sanción disciplinaria (amonestación o expulsión) según la posición del jugador sobre el que se ha cometido la falta, cuya trayectoria podía ser directa hacia la

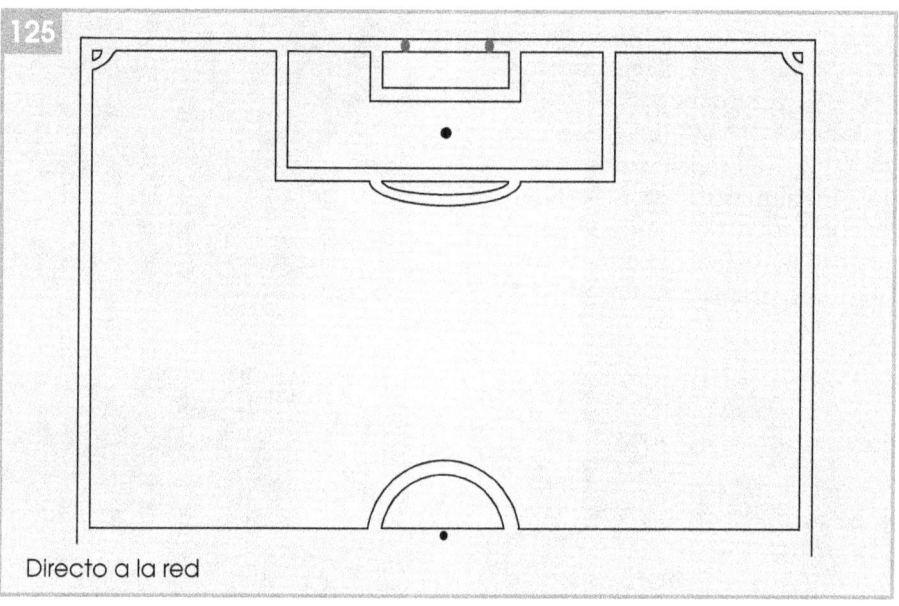
Directo a la red

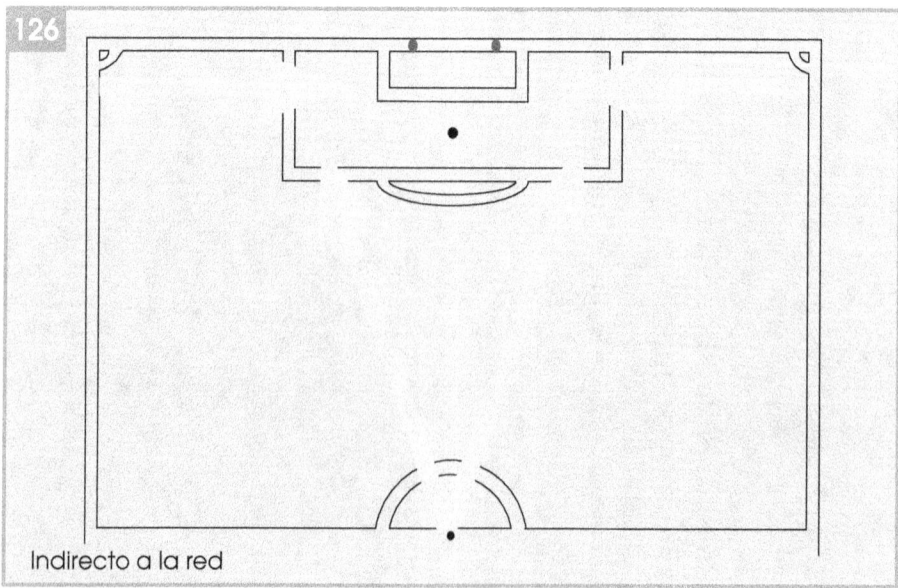
Indirecto a la red

REGLA 12: FALTAS Y COMPORTAMIENTOS ANTIDEPORTIVOS

portería (fig. 125) o hacia una zona más lateral (fig. 126).

Si el jugador atacante es derribado tras haber superado al guardameta, y se dirige con el balón hacia la portería, el guardameta será expulsado (fig. 127). Si todo ello sucede en una trayectoria más lateral respecto a la meta (fig. 128) se prevé solamente la amonestación.

GUÍA PARA JUGAR AL FÚTBOL

Obviamente, en ambos casos la sanción técnica, o sea el penalti, debe silbarse. La sanción técnica castiga, en cambio, el encuentro que se produce de manera inevitable entre un jugador y el guardameta, que habrá salido al encuentro del jugador atacante (fig. 129).

EL PASE AL PORTERO

En caso de pase con los pies efectuado voluntariamente por un compañero del equipo al guardameta, este último no puede coger el balón con las manos. La falta se castiga con un tiro libre indirecto. Si el pase no es intencionado (una desviación), o si no se efectúa con los pies (cabeza, pecho, muslo, rodilla) del defensor, entonces el portero puede coger el balón con las manos. Si el pase al portero sucede en un saque de banda, el portero no puede coger el balón con las manos.

REGLA 13: EL TIRO LIBRE

Los tiros libres pueden ser directos e indirectos. La casuística de las faltas sancionadas de los dos modos se expone en la regla 12.

Los tiros libres directos e indirectos: diferencias

El tiro libre directo permite el lanzamiento directo hacia la portería del equipo que ha cometido la falta:

— eso significa que el jugador que disfruta del lanzamiento de la falta puede lanzar de inmediato y directamente hacia la portería contraria, sea cual sea la parte del terreno de juego donde se haya cometido la falta;
— la única excepción (regla 14) está representada por la eventualidad de que la falta sancionable con un tiro libre directo haya sido cometida en el área de penalti. En ese caso, se sanciona con un penalti a favor del equipo contra el que se ha cometido la falta.

El libre indirecto se diferencia del precedente por el hecho de que un gol no puede subir al marcador si el balón, antes de superar la línea de meta, no ha sido tocado o jugado por un jugador diferente del que ha lanzado la falta. En la práctica, eso significa que, antes de que el balón entre en la portería, es necesario que haya sido tocado por dos jugadores. En el caso contrario, un eventual gol marcado directamente en el primer lanzamiento deberá ser anulado, y el juego se reanudará con un saque de meta a favor del equipo defensor.

> **LA FUNCIONES DEL ÁRBITRO**
>
> En el momento en que se produce una violación del reglamento punible con un tiro libre, el árbitro debe cumplir algunas funciones:
>
> • dirigirse rápidamente al lugar desde el que debe lanzarse el tiro libre;
> • indicar el tiro libre indirecto manteniendo el brazo alzado por encima de la cabeza hasta que un segundo jugador haya tocado el balón;
> • comprobar la distancia en el caso de que sea requerido por el jugador que lanza la falta y silbar, entonces, la reanudación del juego.

 GUÍA PARA JUGAR AL FÚTBOL

Los dos tipos de tiros libres difieren también por el tipo de señalización arbitral: el árbitro del encuentro, en el caso de un tiro libre indirecto, debe levantar un brazo por encima de la cabeza, y mantener esa posición hasta que el balón haya sido tocado o jugado por un segundo jugador (fig. 130).

Un caso particular de tiro libre indirecto se produce cuando es concedido al equipo atacante en el interior del área de meta contraria: si ello sucede, el castigo será lanzado desde la línea del área de meta paralela a la línea de meta, en el punto más cercano al lugar donde se haya cometido la falta (fig. 131).

Los tiros libres directos e indirectos: analogías

Obviamente existen numerosas analogías que, desde el punto de vista arbitral, tienen en común ambos tipos de tiros libres, que a partir de este punto consideraremos juntos. Existe una distancia obligatoria de 9,15 m (fig. 132) para que se coloquen los

REGLA 13: EL TIRO LIBRE

jugadores del equipo defensor entre el balón y la propia portería (la conocida barrera). Quien lanza la falta debe obtener el respeto de la distancia y pedir al árbitro que la controle (fig. 133). Si ello sucede, el árbitro interrumpirá el juego para comprobar la distancia y luego autorizará la reanudación del encuentro emitiendo un segundo pitido.

En este caso el juego puede por lo tanto reanudarse solamente mediante un pitido del árbitro del encuentro; si, no obstante, el atacante no pide la comprobación de la distancia, puede lanzar en cualquier momento sin esperar el silbido arbitral. Los defensores que no se sitúen a una distancia reglamentaria del balón (9,15 m) o salgan anticipadamente de la barrera (fig. 134) para ir al encuentro del balón antes de que sea lanzada la falta, deben ser amonestados por conducta incorrecta y, si reinciden, expulsados.

El respeto a la distancia reglamentaria de la barrera tiene una sola excepción: en el caso en que se lance un tiro libre indirecto contra el equipo

defensor en el interior de su área de castigo y a una distancia inferior a los 9,15 m de la meta, los defensores no podrán nada más que colocarse en la línea de meta bajo los palos (fig. 135).

También es importante recordar que no se puede lanzar un tiro libre con el balón en movimiento, sólo puede efectuarse con el balón parado. Por otra parte está prohibido, cuando se dispone de un tiro libre a favor, marcar directamente un gol en propia meta, en cuyo caso el juego se reanudará con un saque de esquina a favor del equipo contrario.

No debe olvidarse que, cuando un jugador lanza un tiro libre en el interior de su propia área de castigo, todos los jugadores contrarios deben encontrarse a una distancia reglamentaria (9,15 m) del balón y deben permanecer fuera del área de castigo hasta que el balón se haya lanzado fuera. Si el balón no ha sido puesto en juego, es decir no ha salido fuera del área de castigo, el tiro libre deberá ser repetido.

CÓMO SE LANZA UN TIRO LIBRE

Cuando el árbitro pita la falta, el jugador del equipo que la ha recibido puede lanzar inmediatamente el tiro libre si lo desea, sin esperar una señal posterior arbitral, a menos que decida pedir la comprobación de la distancia.

El balón debe estar quieto, y no en movimiento.

El jugador que lanza el tiro libre no puede tocar el balón dos veces consecutivas.

Los jugadores contrarios deben respetar la distancia reglamentaria al balón (9,15 m).

REGLA 14: EL PENALTI

Cuando el árbitro concede un penalti (fig. 136) es ciertamente uno de los momentos más emocionantes y decisivos de un partido de fútbol.

GUÍA PARA JUGAR AL FÚTBOL

La ejecución

El penalti debe ser lanzado obligatoriamente desde el punto de penalti (fig. 137), que está a una distancia de 11 m del centro de la línea de meta y está marcado de modo bien visible en el terreno de juego.

Por consiguiente, incluso en el caso de malas condiciones del terreno de juego (por ejemplo por la acción de la lluvia o la nieve), el jugador encargado de lanzar el penalti no puede colocar el balón en otro lugar (fig. 138).

El lanzamiento del penalti debe ser autorizado por el árbitro del partido mediante un silbido. En ese momento todos los jugadores, salvo el guardameta contrario y el lanzador, deben mantenerse en el interior del terreno de juego pero fuera del área de penalti, al menos a 9,15 m del punto de penalti (figura 139).

REGLA 14: EL PENALTI

El guardameta contrario debe encontrarse en su propia línea de meta, entre los postes de la portería (fig. 140) y puede moverse sólo en sentido lateral, y sin mover nunca los pies en la línea mientras no le sea permitido avanzar al encuentro del balón hasta que este último haya sido tocado por el jugador al que se le haya encargado el lanzamiento.

Por otra parte, el jugador que lanza la falta no puede interrumpir su propia carrera para engañar al portero.

Como ya se ha dicho, si un penalti se concede al término de uno de los tiempos reglamentarios o prórrogas, el partido se prolongará para la ejecución del penalti. El gol será considerado válido incluso si el balón toca uno de los postes de la portería o el travesaño, al guardameta o una combinación de dichos elementos, siempre que no se haya cometido ninguna infracción con anterioridad.

GUÍA PARA JUGAR AL FÚTBOL

En caso de infracción

Durante la ejecución del penalti se realizan a menudo infracciones al reglamento, que el árbitro debe sancionar de inmediato.

• Si la infracción ha sido cometida por el equipo defensor, el penalti debe ser repetido, a menos que se haya concedido el gol (fig. 141).

• Si la infracción ha sido cometida por un jugador del equipo atacante que no es el que ha lanzado el balón, el eventual gol será anulado y el penalti será repetido. Si el atacante en cambio hubiera fallado el penalti, el juego continuará normalmente (fig. 142).

• Si la infracción ha sido cometida por el jugador que ha lanzado el penalti y la falta se ha cometido con el balón en juego, el equipo contrario debe lanzar un tiro libre indirecto.

Debe precisarse que, con las nuevas disposiciones, los jugadores que entran en el área antes de que se juegue le balón, ya no deben ser amonestados, sino sólo avisados verbalmente. Por otra parte, si un árbitro pide que se repita un penalti, puede lanzarlo cualquier jugador.

REGLA 15: EL SAQUE DE BANDA

El saque de banda lateral (fig. 143), que es también una regla definida, presenta aspectos que deben valorarse con atención por parte del árbitro del encuentro.

El saque de banda se concede cuando el balón cruza completamente, ya sea por tierra o por aire, una línea de banda. Debe ejecutarlo un jugador contrario al que ha tocado el balón en el último momento. Cualquier jugador, portero incluido (figura 144), puede efectuar el saque de banda.

El encargado debe colocarse de frente al terreno de juego, usar ambas manos para lanzar el balón, manteniéndolo atrás y por encima de la cabeza.

No es posible marcar un gol directamente de un saque de banda.

GUÍA PARA JUGAR AL FÚTBOL

Si un jugador no efectúa correctamente el saque de banda, el árbitro debe hacer que se repita, aunque tendrá que realizarlo un jugador del equipo contrario.

Si, por casualidad, un jugador, tras realizar el saque de banda, toca una segunda vez el balón antes de que este sea tocado por otro jugador, el árbitro del encuentro conce-

derá un tiro libre indirecto al equipo contrario.

Por último, durante un saque de banda, el reglamento no prescribe el respeto de una distancia mínima por parte de los jugadores contrarios. En consecuencia, pueden estar en aquel lugar del terreno de juego que deseen mientras no molesten al que efectúa el saque (fig. 145). Sin embargo no se permitirá a un jugador gesticular frente al contrario para obstaculizarle distraerlo durante el saque (fig. 146). Quien así lo haga, deberá ser amonestado por el árbitro a causa de su conducta incorrecta.

REGLA 16:
EL SAQUE DE META

El saque de meta (fig. 147) se concede a favor del equipo defensor cuando un atacante toca el último el balón y este atraviesa completamente la línea de meta, ya sea por aire o por tierra, obviamente fuera del lugar comprendido entre los palos de la portería.

 GUÍA PARA JUGAR AL FÚTBOL

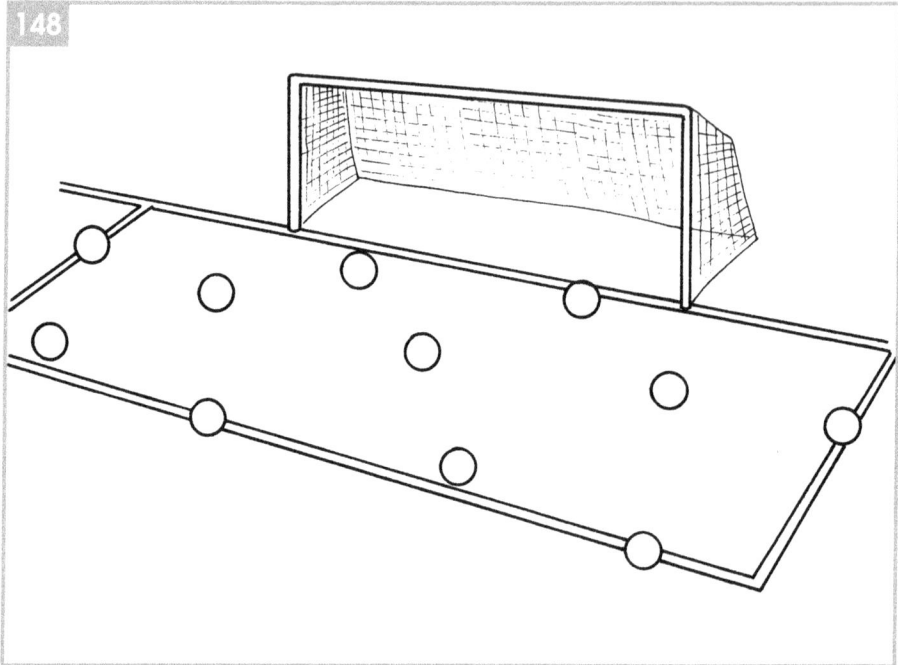

En ese caso el balón puede ser colocado en cualquier punto del área de meta (fig. 148) para ser puesto en juego directamente, fuera del área de penalti.

El saque de meta implica el respeto de algunas reglas.

• El portero no puede usar las manos en el saque de meta, para volver a poner el balón en juego.

• Si el balón no ha sido lanzado fuera del área de penalti (es decir, directamente en juego), el saque de meta debe repetirse. Lo mismo sucede si el balón es tocado por otro jugador antes de que salga del área.

• Los jugadores contrarios del equipo que lanza el saque de meta deben estar fuera del área de penalti hasta que el balón haya sido lanzado fuera de la misma.

• Si el jugador que ha lanzado el saque de meta juega una segunda vez el balón antes de que sea tocado o jugado por otro jugador, se concede un golpe franco indirecto al equipo contrario.

MARCAR A PARTIR DE UN SAQUE DE META

Un gol que se ha marcado directamente a partir de un saque de puerta, aunque se trate de algo difícil teniendo en cuenta la distancia, debe ser considerado válido, como prescribe una modificación al reglamento introducida en 1998.

REGLA 17: EL SAQUE DE ESQUINA

Cuando un jugador del equipo defensor toca el balón y provoca la salida del mismo del terreno de juego por la propia línea de meta, el equipo atacante lanzará un saque de esquina (córner).

El balón será por lo tanto colocado en el interior del cuarto de círculo diseñado en el terreno de juego (figura 149) y el córner podrá ser lanzado directamente hacia la portería (el gol sería válido). Los jugadores contrarios deben mantenerse a una distancia mínima de 9,15 m del balón, hasta que se ponga en juego.

El jugador que lanza el córner no puede apartar el banderín del córner y, si lo hiciera, el árbitro debería amonestarle. Por otra parte, tampoco puede jugar una segunda vez el balón antes de que este haya sido tocado por otro jugador; si ello sucediera se señalará un tiro libre indirecto a favor de los contrarios.

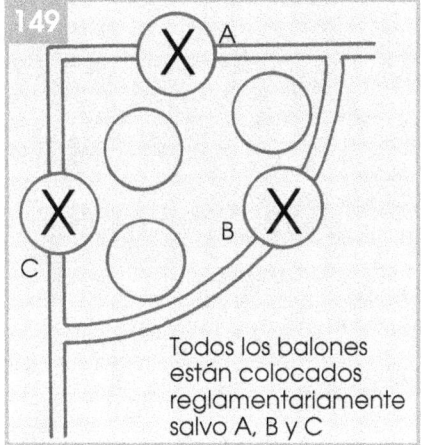

Todos los balones están colocados reglamentariamente salvo A, B y C

LA POSICIÓN DEL ÁRBITRO

En un saque de esquina, el árbitro se colocará en el lado opuesto al córner desde el que se saca el balón, dentro del área de castigo, de frente y no de espaldas al balón. Eso permitirá al director del juego observar muy atentamente todo lo que suceda en el interior del área y sobre todo podrá valorar de cerca la validez de un posible gol. El saque de esquina, de hecho, es una acción de juego potencialmente peligrosa, donde es fácil que se produzcan contactos entre los jugadores, faltas y episodios discutidos: la atención del árbitro del encuentro y de sus asistentes deberá ser por lo tanto máxima.

Segunda parte

EL PIE Y LA APROXIMACIÓN AL BALÓN

EL PIE

Golpear el balón es un gesto instintivo, casi innato si observamos a un niño en su primer contacto con él. Se puede decir que el ser humano aprende a utilizar los pies antes de conocerlos. Sin embargo, es importante saber cuáles son las partes de las que consta el pie y cuáles son las funciones que puede desarrollar cada una de ellas cuando se juega a fútbol. Desde luego, saberlo no nos va a convertir en campeones, pero sí que puede sernos muy útil a la hora de desarrollar nuestra técnica. Es verdad que la naturaleza favorece a los atletas con el pie pequeño, más adecuado para domar el balón y para golpearlo con la tensión oportuna. No obstante, la dedicación constante corrige también los pies grandes y ayuda a mejorar el movimiento.

Las partes del pie y sus funciones

Observemos las figuras 150 y 151, en las que hemos dividido el pie del futbolista en siete partes:

— empeine superior;
— interior;
— empeine interior;
— empeine exterior;

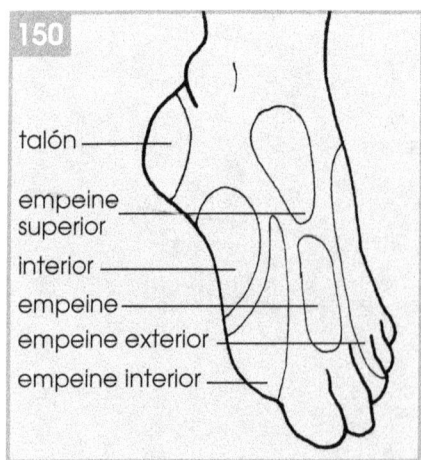

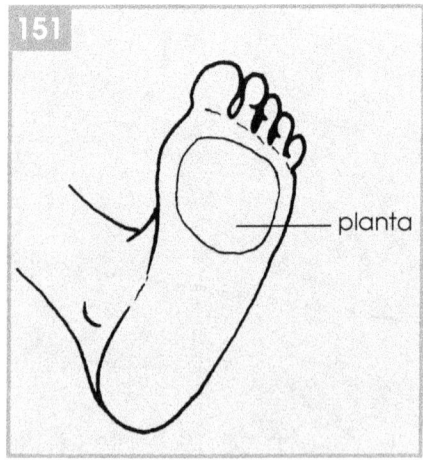

EL PIE

— empeine;
— talón;
— planta.

Hay quien prefiere subdividir aún más la zona del empeine del pie, especificando también el empeine interior medio y el empeine exterior medio, y distingue el empeine interior (parte superior del interior del pie) de la paleta interior (parte inferior) así como el empeine exterior (parte superior del exterior del pie) de la paleta exterior (parte inferior).

Establecido el criterio, veamos para qué tipos de toques sirven, sin olvidar nunca que cada una de ellas tiene una sensibilidad propia, diferente de las otras: por ejemplo, cuando se habla de control con la parte inferior del empeine o control con el talón hay que entender una amortiguación más que una parada en seco del balón.

• El empeine interior permite:

— conducir el balón;
— regatear (superar al adversario);
— pasar;
— tirar.

• El interior permite:

— parar el balón;
— pasar;
— tirar.

• El empeine exterior permite:

— controlar el balón;
— conducir;
— regatear;
— pasar;
— tirar.

• El empeine permite:

— controlar el balón;
— pasar;
— tirar balones bombeados.

• El empeine superior permite:

— conducir el balón;
— tirar.

• El talón permite:

— controlar el balón;
— pasar;
— desviar.

• La planta permite:

— controlar el balón;
— conducir.

Ejercicios para favorecer la agilidad del pie (tobillo)

Hablar de la sensibilidad del pie no significa prescindir de la movilidad de las articulaciones. Deriva de la soltura de los tendones y los ligamentos del tobillo. Algunos ejercicios ayudan a mantener los tobillos en perfecto estado, y son útiles para restablecer la funcionalidad de tendones y ligamentos después de una lesión. Permiten potenciar el aparato muscular y ligamentoso del pie y aumentar la estabilidad articular del tobillo, siempre en relación con las diferentes superficies. La mejora en la movilidad permite amortiguar el peso del cuerpo, ofreciendo elasticidad y soltura a los movimientos. Los beneficios que aporta este tipo

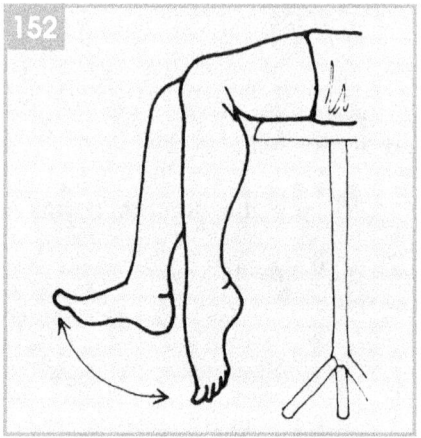

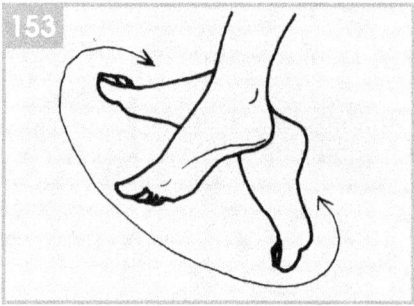

de gimnasia también pueden interesar a otras partes del cuerpo para recuperar posturas y movimientos.

• Sentados, doblaremos y estiraremos los pies (fig. 152) para reforzar los tendones dorsales y los posteriores.

• Giraremos los pies en ambos sentidos para soltar los músculos al máximo (fig. 153).

• Empezando en posición erguida con los brazos estirados hacia arriba, los bajaremos y flexionaremos las piernas (figs. 154 y 155); después de dos flexiones de rodillas, volveremos a la posición inicial.

EL PIE

...os, preferiblemente ... puntillas como en la fi-..., con las puntas de los pies h... dentro (fig. 157); con las puntas de los pies hacia fuera (fig. 158); sobre los talones (fig. 159); sobre el interior (fig. 160) y sobre el exterior de los pies (fig. 161).

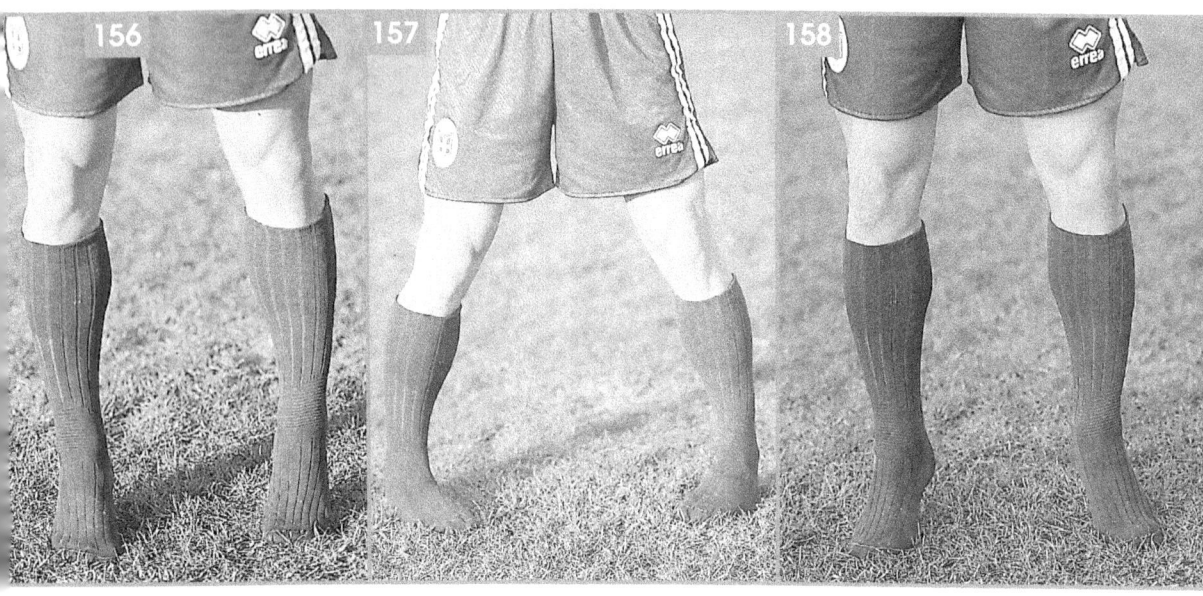

GUÍA PARA JUGAR AL FÚTBOL

• Haremos un poco de *stretching* (que implica un estiramiento y una tensión muscular: véase pág. 388) para mantener la flexibilidad y la elasticidad de los músculos de la pantorrilla y del tendón de Aquiles (fig. 162). Hay que empezar gradualmente, sin prisa y con regularidad.

Debe practicarse por la mañana, aunque también permite descargar la tensión nerviosa después de haber pasado un buen rato de pie.

Correlación con las rodillas y la columna vertebral

Los pies, las rodillas y la columna vertebral deben tener una alineación correcta. Cuando una de las tres partes no está en la línea natural se acaban creando paramorfismos a los que tienden a adaptarse las líneas de carga. Los paramorfismos son posiciones incorrectas que suelen manifestarse entre los 12 y los 13 años y que pueden remediarse, al contrario de los dimorfismos, que, por lo común, se mantienen hasta la edad adulta. Por ejemplo, los pies planos provocan las rodillas zambas, mientras que el pie cóncavo provoca las rodillas estevadas (piernas arqueadas). Las rodillas valgas, a su vez, provocan un desnivel de la pelvis. Todo esto produce la desviación de la columna sobre el plano frontal, como en el caso de la escoliosis, y sagital, como en los casos de la lordosis y del dorso inclinado (véase la disposición de los ejes en la figura 163). Imaginemos un esqueleto sujeto por tirantes: si se debilita uno, se deformará la estructura de sujeción.

EL PIE

163 · plano sagital · eje vertical · planto frontal · eje transversal · eje sagital · plano horizontal

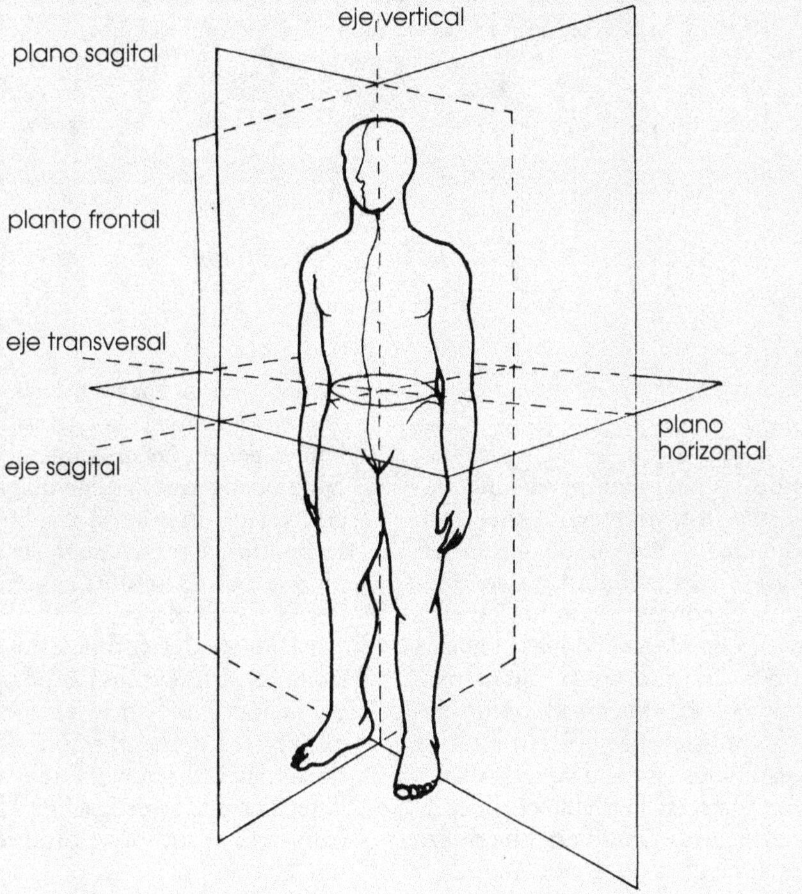

Las anomalías que pueden encontrarse

Ya a una edad más avanzada se pueden encontrar anomalías como los pies planos, los pies cóncavos, la rodilla valga y la rodilla estevada (parte inferior de la pierna hacia el exterior o hacia el interior).

A veces, además de estas aparecen malformaciones o disfunciones que, si son diagnosticadas a tiempo, se pueden curar con la gimnasia correctiva. Tal es el caso de la escoliosis (curvamiento), o desviación lateral de la columna a la que, a menudo, se le asocia una rotación de las vértebras sobre el eje longitudinal, causada por la artrosis, los defectos congénitos, la parálisis de los músculos del tronco o las posiciones estáticas defectuosas.

Las anomalías se descubren observando asimetrías, movimientos incorrectos y posturas viciadas, que provocan un defectuoso restablecimiento de los segmentos corpóreos, los músculos y los huesos.

LA APROXIMACIÓN AL JUEGO

La capacidad de aprendizaje

Desde su nacimiento, el niño demuestra instintivamente una gran curiosidad y deseos de aprender; progresa con facilidad, ya sea mediante el contacto con los objetos con los que juega o con las personas junto a las que crece. Su pensamiento se orienta en todas direcciones y está siempre abierto a todos los estímulos. Tiene a su disposición cinco puertas: la vista, el oído, el tacto, el gusto y el olfato, que utiliza para aumentar sus conocimientos y desarrollar sus capacidades. Absorbe una enorme cantidad de datos sin el mínimo esfuerzo y después los organiza a su manera para resolver problemas y situaciones. Está demostrado que el niño, si se le estimula oportunamente, tiene una gran capacidad para encontrar soluciones. Más que ser convergente, es decir propenso a encontrar la solución correcta, es divergente, proclive a encontrar soluciones personales y originales, una característica que está en la base del pensamiento creativo. Puede resultar beneficiado si vive en un ambiente en el que haya diversión, disponibilidad, confianza y colaboración. Para el niño pequeño jugar es aprender; la curiosidad sin límites es una de sus características. Se le puede enseñar cualquier cosa, con tal de que se le explique de forma clara y precisa; el colegio empieza a los seis años y el aprendizaje desde el nacimiento.

El juego del fútbol está sujeto siempre a innovaciones porque su evolución y la ciencia ofrecen mucho, ya sea desde el punto de vista de la metodología y del trabajo o de la técnica y la investigación. El acercamiento al fútbol se produce por una elección personal o, a menudo, por una decisión del padre. El niño también se aplica en el deporte con el deseo de destacar. Naturalmente es necesario tener pasión y predisposición, motivación y temperamento, pero sobre todo, un don instintivo que habitualmente se denomina *destreza*, cualidad que viene claramente favorecida por determinadas estructuras musculares y por una buena coordinación entre la mente y las piernas. En el fútbol, también se puede trabajar la capacidad mnemónica, porque el deporte, como otras actividades, requiere una gran concentración. Se pueden conseguir mejores prestaciones con el ejercicio de la

LA APROXIMACIÓN AL JUEGO

INTELIGENCIA Y MEMORIA

La memoria, en cuanto facultad para conservar y recuperar experiencias y conocimientos pasados, se puede considerar como el archivo del cerebro, no visto únicamente como un simple contenedor, sino como un elemento dinámico que está en continua transformación y renovación.

Memorizar y retener son los efectos consecutivos y persistentes de un proceso de aprendizaje y, por tanto, deben ser estimulados y potenciados. La capacidad de retener es, en los adultos, potencialmente ilimitada, así como en los niños, que tienden a adquirir y a hacer suyo todo tipo de conocimientos y experiencias. Por ello, el adulto debe favorecerlos y ayudarlos en este proceso, transmitiendo mensajes sencillos, inequívocos y claros para no confundir, ni crear nociones falsas o equivocadas.

Todo esto es válido también para las actividades lúdicas y deportivas, que deben realizarse con cuidado y conocimiento.

---

memoria, sincronizando la mente y los músculos en un trabajo no demasiado riguroso pero continuo si uno se aplica desde muy joven. En consecuencia, es importante que se repita un movimiento para que un determinado recurso se vuelva automático. De esta manera se activa el área premotora, identificada como la que se activa poco antes de efectuar el movimiento mismo.

Hipótesis de trabajo

El fútbol es una actividad dinámica en grupo que presupone un juego abierto y espectacular. Sobre todo tendría que ser una disciplina de alto contenido técnico.

Hay que actuar de una forma razonable y respetuosa, sabiendo que los niños entre 6 y 12 años son muy receptivos, al encontrarse en el periodo de vida más indicado para ser educados, criados y moldeados (pero no plagiados). Por lo tanto, lo más oportuno es promover formas de conocimiento y de diversión en una programación basada en orientaciones muy cuidadosas.

Teniendo en cuenta estas premisas y la disponibilidad de los niños para aprender, resulta que, aun asignándoles una zona del campo donde desarrollar diferentes funciones según sus aptitudes, lo mejor es dirigirlos desde el principio hacia un juego libre, sin frenos y sin límites, para acostumbrarlos, de este modo, a jugar con espíritu ganador, intentando recuperar el balón del adversario y después a manejarlo con mentalidad ofensiva, lo cual es ya una característica del fútbol, pero también lo es de los niños, que en cada competición participan para ganar.

Del individuo al grupo

En primer lugar, el sentimiento de territorialidad exalta el grupo y mejora al individuo, haciéndolo fuerte en la colectividad. Es una manera de estar más integrados en un grupo y de sentirse más fuertes. ¿Con qué objetivo? La gestión del territorio

GUÍA PARA JUGAR AL FÚTBOL

implica una especialización de los individuos que lo ocupan, lo que significa una mejor distribución de las responsabilidades y del cansancio, pero también una mayor implicación psicológica (atención, concentración, memorización). En el campo deportivo, el entrenador debe preparar a los niños para que se adapten a todas las zonas del campo y resuelvan las distintas situaciones, además de ofrecer un marco de juego creativo, lleno de vivacidad, proponiendo una formación diferente y sin prejuicios. De este modo, los niños tocan más el balón, aumentan su sensibilidad y adquieren mejor movilidad y agilidad, sin reprimir nunca su iniciativa y su imaginación.

Los jóvenes no suelen ser demasiado seguros ni dinámicos con el balón en el momento de enfrentarse a un adversario o en regate. Hoy en día también se exige al defensor los llamados *pies buenos*, para que asuma el papel de creador y constructor de una jugada, sepa atacar y esté en disposición de interpretar el partido con un alto nivel técnico. Practicando este sistema, el chico adquiere muchos conocimientos y, por lo tanto, estará en condiciones de actuar tanto de forma individual como colectiva.

Los esquemas, la táctica y la organización de juego se enseñarán en un segundo momento, cuando los niños se conviertan en chicos de trece o catorce años y se haya formado ese espíritu de grupo para jugar con un único objetivo: el éxito del equipo (entendido como forma de juego antes que como resultado final), y no el lucimiento personal.

En conclusión, es positivo encauzar a los niños hacia el fútbol cuando tienen seis años, para que a los doce o trece estén dotados de capacidades técnicas similares a las de los jugadores de dieciséis. Para madurar no existen reglas fijas: en cada persona varía el proceso de aprendizaje, ya que depende de muchos factores. Tampoco pueden faltar la capacidad, la experiencia y la paciencia de los instructores. Además, es necesario que los padres tengan serenidad y discreción y no intervengan en el trabajo del club.

Al niño, al alumno, al entrenador e instructor, al padre

El deporte para niños resulta ya de por sí muy positivo: es un divertido paréntesis, una válvula de escape, un elemento para el desarrollo de la personalidad, una oportunidad para cultivar la fantasía y la creatividad, un apoyo útil para el estudio, una práctica saludable, una ocasión para socializar y vivir con los demás una experiencia de grupo.

Para una franja de edad más elevada, el fútbol no es sólo una distracción o una agradable interrupción en las tareas del estudio o del trabajo, sino participación constante, sacrificio y renuncia.

Los jóvenes que practican esta disciplina deben ser conscientes de su importancia, tanto desde un punto de vista lúdico como formativo, porque el fútbol ayuda al desarrollo físico y templa el carácter mediante el respeto de las reglas, de uno mismo y de los demás.

Un buen entrenador es aquel que posee dotes de técnico, de psicólogo

LA APROXIMACIÓN AL JUEGO

y de educador; es aquel que, aplicando sus propios métodos, no presta tanta atención a los resultados inmediatos como a la mejora gradual del jugador. Debe de tener un comportamiento flexible y reconfortante, adecuado a la edad de los alumnos, poseer un entusiasmo notable y mucha paciencia, para evitar la exasperación del juego y la especialización obsesiva en la edad infantil. Es importante también que el tono de la voz sea sosegado y estimulante, y el comportamiento, tolerante y comprensivo.

Compete a los instructores, además, el deber de conducir a los jóvenes hasta una dimensión más humana y menos esquematizada, dejando más espacio a la fantasía y a la libertad de acción.

Los adultos deben ser conscientes de la complejidad de la tarea de los chicos y tratarlos con equilibrio y coherencia, de manera que lo que se espera de ellos no se convierta en una obsesión.

Evitar la improvisación

Cuando se prepara un partido entre amigos todo está permitido, incluso jugar siete contra once y hasta sin portero, pero, en cambio, si se organiza un club de verdad, no se debe nunca actuar de cualquier manera como desgraciadamente todavía está muy extendido. El primer paso para evitar la improvisación es nombrar un responsable ejecutivo de las secciones inferiores, un dirigente competente para la actividad técnica y para la programación que sirva de mediador entre técnicos y directivos del club. La persona que coordina el trabajo de los empleados, los planes de actuación y los métodos de entrenamiento. La figura que sugiere los objetivos y se ocupa de los controles y las valoraciones.

El responsable de la cantera está llamado a instaurar una relación de estrecha colaboración con todos los directivos y a pedirles un compromiso que vaya más allá de la administración ordinaria, esperando que cada uno encuentre gratificación y satisfacción. Por otra parte, vigila el comportamiento de los socios, para no permitir que caigan en inútiles polémicas. Seguro de su buen sentido y de su carisma, interviene en relación a aquellas personas que expresan su propio y recíproco malestar.

Saber dirigir un grupo no requiere solamente tener capacidad operativa, sino fuerza moral, autoridad para convencer y habilidad para persuadir, siempre con formas agradables, claras y demostrativas. Prudente en los juicios y en los proyectos, un hombre de esta responsabilidad tiene que interesarse por todo pero sin excederse. En concreto, es un directivo que se convierte en portavoz del club, toma decisiones y tiene el conocimiento y la intuición necesarias para mantener una buena relación con los técnicos y los jugadores. Inevitablemente, en su camino comete errores, pero siempre debe aprender de ellos. Lo importante es garantizar credibilidad y continuidad.

El voluntariado, aunque esté alimentado por el entusiasmo y por las buenas intenciones, hoy en día no es suficiente. El servicio que los colaboradores ofrecen con pasión, pero al mismo tiempo con escasa

GUÍA PARA JUGAR AL FÚTBOL

competencia es preciso que esté coordinado por personas cualificadas, capaces de mantener al día a todos los voluntarios (e incluso a los dirigentes). El camino a seguir es el de la formación continua, conducida por un encargado que pertenezca al club, ya que evita la búsqueda de jugadores en otras escuelas o cursos.

Una elección que revaloriza la competencia, mejora a cada uno de los integrantes y consolida todo el club. No será poco si se tiene éxito en la tarea.

Con la misma seriedad hay que coordinar un grupo especial de observadores (a los que habitualmente se les conoce como *cazatalentos*), concentrados preferentemente en la provincia y en la región. Los componentes de esta unidad operativa, que se ocupa de descubrir nuevos jugadores, tienen la tarea de verificar las informaciones de asistentes y colaboradores, que pueden formar parte de una red externa de informadores o estar encargados oficialmente por el club.

Para evitar juicios apresurados e incompletos sobre los candidatos, conviene contrastar los informes recibidos. ¿Pero qué requisitos debe tener un buen cazador de talentos? Tiene que conocer el fútbol, haberlo practicado en el campo como jugador y desde el banquillo como entrenador. Por ello es necesario estar al día, no dudar del propio olfato y estar predispuesto a la colaboración, a fin de ganarse toda la confianza con el resto de componentes del club, puesto que el esfuerzo colectivo siempre da buenos resultados. Nunca hay que estar desprevenidos. Como existen distintos términos de comparación y de valoración, es necesario ser prudentes, tanto en los juicios como en la selección.

Para entendernos, el observador debe poseer cuatro virtudes: la seguridad, la decisión, la paciencia y la capacidad de reflexión.

Aprender también del fútbol femenino

Que programación y organización están en la base del éxito técnico seguro, desde la escuela de fútbol hasta los resultados atléticos, está demostrado por los clubes que han sabido consolidar a un alto nivel el propio trabajo, llegando a ser ganadores. Pero, con esfuerzo, no es nunca demasiado tarde para ponerse al nivel de los mejores sin necesitar para ello demasiados años.

El ejemplo más impactante procede del fútbol femenino, todavía hoy menospreciado culturalmente, y de un país en el que el fútbol masculino no tiene el éxito que se le reconoce en Europa y en América del Sur. En los campus universitarios, donde seis millones y medio de chicas practican lo que allí se llama *soccer* (porque con el nombre *football*, como todos saben, se hace referencia a otra disciplina), nació uno de los más grandes proyectos futbolísticos del siglo: en seis años se formó y entrenó la selección que en 1991, en China, ganó el campeonato del mundo femenino, batiendo a la cotizada y experta selección de Noruega.

En 1985, cuando en Dallas, capital del fútbol *(soccer)* femenino (se disputó el torneo juvenil más

LA APROXIMACIÓN AL JUEGO

importante del mundo con 100 equipos americanos y 50 extranjeros), el técnico Anson Dorrance se puso manos a la obra y, ya que no existía ningún equipo nacional, comenzó desde cero. Estas estudiantes han dado al mundo del balón una gran lección de pasión y de constancia. «Porque es necesario amar con locura este juego, —declaró a la *Gazzetta dello Sport*—, es necesario vivirlo día y noche al precio de sacrificarse y renunciar.»

El éxito de las mujeres ha enseñado otra cosa aún más importante: el fútbol es una disciplina apta para todos, sea cual sea la talla atlética; seguir afirmando que es un juego masculino es absurdo.

Se quiere añadir que gusta tanto al sexo débil porque es dinámico como las jóvenes modernas. Pero además de un lugar común sería una injusticia delante de la historia. Baste saber que cuando en España el fútbol era todavía una cuestión de pioneros, en Inglaterra, en 1895 un grupo de mujeres muy valientes y emancipadas fundó el British Ladies' Football Club. Jugaron el primer partido oficial en Crounch End, ciudad al norte de Londres. Quizás estaban ridículas con las cofias de noche para recoger sus cabellos y los largos vestidos que impedían los movimientos ágiles, pero se dice que acudieron diez mil espectadores para verlas.

Citar a las mujeres, que sufren tabúes y prejuicios tan arraigados todavía en la opinión pública, es un acto de respeto hacia las muchas practicantes que juegan al fútbol, todas animadas por el mismo fuego que las emprendedoras estudiantes de las universidades norteamericanas. ¿Quién ha dicho que hasta el más viril de los jugadores no puede aprender algo de su tenacidad y su espíritu de lucha?

LA APROXIMACIÓN AL BALÓN: COORDINACIÓN Y SENSIBILIDAD

Para desarrollar la seguridad con el balón y perfeccionar la técnica no hay que limitarse a los tradicionales entrenamientos individuales y de equipo basados en movimientos del balón. Estos tienen que estar respaldados por una actividad específica para mejorar la coordinación de los movimientos y la sensibilidad corporal, gracias a la cual el jugador es capaz, en cada momento, de establecer sin un control visual la posición exacta de las articulaciones. Es como decir que es consciente de las sensaciones exactas que proceden de su propio cuerpo.

Se puede adquirir una buena capacidad motriz, es decir, la posibilidad de afrontar las distintas situaciones del juego con desenvoltura y presteza, requisitos imprescindibles para un perfecto control del balón.

El grado de dificultad de los ejercicios habrá que adecuarlo a la capacidad técnica alcanzada por el jugador, encauzado principalmente hacia los siguientes factores psicomotrices:

— la coordinación dinámica general y el equilibrio;
— la coordinación ojo-mano;
— la coordinación ojo-pie;
— la lateralidad.

Coordinación dinámica general y equilibrio

Es la capacidad para efectuar adecuadamente los movimientos, de modo que los grupos musculares que se utilizan respondan en sintonía. En el fútbol es necesario saber correr y saltar. Corriendo, sea cual sea el paso, el movimiento de piernas y brazos siempre tiene que ser suelto y el tronco debe estar inclinado hacia delante, pero sin desequilibrar nunca la estabilidad del cuerpo (fig. 164).

Los pasos tienen que ser cortos y frecuentes, nunca largos ni realizados levantando demasiado las rodillas, puesto que de este modo se pierde adherencia al suelo. La figura 165 muestra un ejercicio válido para corregir una zancada demasiado amplia: es el *skip*, término técnico de origen inglés que indica pasos especiales en carrera efectuados sobre el sitio de forma coordinada. En la práctica es un ejercicio que se realiza hasta llegar casi a la exasperación y que mejora tanto la postura como la calidad del movimiento. Se puede realizar con un movimiento dinámico hacia delante («en transformación»), como se muestra en la figura 166.

LA APROXIMACIÓN AL BALÓN: COORDINACIÓN Y SENSIBILIDAD

El futbolista no es un *sprinter* que recorre una pista de atletismo de superficie homogénea. El futbolista se mueve sobre terrenos que pueden presentar asperezas y las botas con tacos no tienen el mismo agarre que las de clavos, ya que el juego impone continuos cambios de dirección, paradas y arranques. A menudo, hay que hacer dos cosas al mismo tiempo, por no hablar de las dificultades que puede provocar el el adversario.

En definitiva, distintas situaciones pueden entorpecer el equilibrio del jugador. Saltando a la cuerda, en el sitio y en movimiento, con un pie o con los dos a la vez (fig. 167), se realiza uno de los ejercicios más completos, por cuanto favorece la coordinación y el equilibrio, además de estimular el tono muscular de los miembros articulados y la actividad cardiaca.

Coordinación oculomanual (ojo-mano)

La dinámica de los brazos se combina con la sensación visual y determina la orientación del recurso técnico. Sucede cuando el portero lanza el balón con las manos con precisión y eficacia hacia un compañero, o bien cuando otro jugador lo pone en juego desde la línea lateral del campo (fig. 168). Hay que entrenarse lanzando el balón hacia un objetivo, a través de ejercicios individuales o en pareja (fig. 169).

Coordinación oculopedestre (ojo-pie)

En este caso la sensación visual se combina con la dinámica de las piernas, como sucede en la mayor parte de los recursos técnicos de un futbolista: tirar a puerta, pasar, regatear.

LA APROXIMACIÓN AL BALÓN: COORDINACIÓN Y SENSIBILIDAD

Lateralidad

Definida también como lateralización, la lateralidad indica el predominio motriz del costado derecho o izquierdo del cuerpo. Se sabe que de los 6 a los 8 años se desarrolla un uso dominante de la mano derecha en lugar de la izquierda. Si hablamos de lateralidad ocular entendemos que usamos un ojo más que el otro: cuando miramos a través de un catalejo, hacemos una foto o apuntamos para disparar. Para entender enseguida cuál es la pierna dominante, basta con subir un escalón, saltar un obstáculo después de una carrerilla, golpear el balón con fuerza. En el fútbol, el jugador que sabe usar bien los dos pies está dotado de bilateralidad. Una capacidad que se mejora ejercitándose con lanzamientos y recepciones (figura 170), con juegos (controlando y golpeando con la pierna menos hábil) y con pequeños juegos (correr en pareja y pasarse el balón con un solo pie, en competición con los demás compañeros, como se ve en las figuras 171 y 172).

CÓMO COMPORTARSE EN CONDICIONES ADVERSAS

Partiendo del supuesto de que el terreno perfecto no existe y de que las condiciones atmosféricas, como es obvio, cambian con las estaciones y en función de los caprichos del cielo, nos limitaremos a tomar en consideración las situaciones climáticas y meteorológicas perjudiciales para el control del balón.

Está claro que si, independientemente del tiempo, la superficie del campo y la consistencia de la capa de hierba son tan irregulares que causan botes extraños, el jugador tendrá que preocuparse más de lo habitual en mirar el balón y no podrá mantener siempre la cabeza alta, como debería hacer en condiciones normales. En terrenos de tierra batida y en los de césped artificial, el bote y la velocidad del balón se acentúan.

Las incomodidades son aún más importantes cuando la superficie está pesada o helada o cuando sopla el viento.

Terreno pesado

Un campo de fútbol se pone en este estado cuando está muy mojado por la lluvia. El balón se vuelve más pesado y tiende a salir despedido sobre la hierba viscosa. Debido a que se vuelve más difícil de controlar, hay que ser preciso en las ejecuciones y en los pases, puesto que en el terreno embarrado el gasto de energías es mayor.

En este caso se desaconseja retroceder el balón al portero, a menos que sea inevitable. El balón, sobre todo cuando ha sido golpeado a ras de suelo, puede escaparse y favorecer al adversario que esté al acecho. Por este motivo se recomienda a los atacantes seguir atentamente el desarrollo de la acción si quieren estar a punto para aprovecharla. Por su parte, los defensas no deben actuar a la ligera sino que, para evitar un fallo ridículo, deben alejar el balón con decisión y fuerza, intentando siempre golpearlo con el interior, que es la manera más segura porque se ofrece al balón la parte del pie más ancha. Por otro lado, hay que tener cuidado con los charcos, porque frenan el balón. Lo mejor es evitar maniobras individuales y regates excesivamente arriesgados y preocuparse de hacer lanzamientos parabólicos y bien medidos, nunca rectos.

Cuando tiramos a puerta golpeando raso, el balón, patina sobre la

CÓMO COMPORTARSE EN CONDICIONES ADVERSAS

hierba mojada, adquiere velocidad y resulta extremadamente difícil de interceptar.

Terreno helado

Frío intenso y nieve (siempre y cuando sólo formen la fina capa que se tolera) endurecen la superficie y la hacen peligrosa para la estabilidad y la integridad física de los jugadores, que corren el riesgo de sufrir torceduras y distensiones, de herirse al caer o al jugar el balón deslizándose por el suelo y sufrir contusiones y traumatismos en el contacto con los adversarios. Hay que actuar como si la superficie estuviese mojada, si bien hay que estar todavía más alerta, ya que el hielo es extremadamente peligroso. En condiciones de agua o frío, los jugadores más corpulentos tienen ventaja respecto a los menos ágiles.

Viento

Es un fenómeno atmosférico más raro y las medidas que deben tomarse son las contrarias a las sugeridas en caso de lluvia y de hielo. En efecto hay que mantener el balón bajo porque de otro modo lo exponemos a las ráfagas de viento que desvían su trayectoria. Los pases en profundidad resultan aventurados porque es difícil imprimirle al balón la velocidad deseada, pues el viento a favor la aumenta y el que va en contra la disminuye. Al jugar con el viento a favor se puede engañar al portero en los tiros a portería desde lejos. Todo esto hay que tenerlo en cuenta desde el sorteo del campo. Hay quien prefiere jugar a favor del viento en la primera parte para sorprender al adversario cuando las fuerzas aún están frescas y quien, por el contrario, opta por situarse primero en contra del viento y tenerlo a favor en la segunda parte, cuando aumenta el cansancio.

Decisiones del árbitro

Cuando las malas condiciones climatológicas, incluida la niebla que impide ver de portería a portería, sobrepasan los límites aceptables o hacen impracticable el terreno de juego (por ejemplo, cuando el balón no bota sobre el campo inundado) el árbitro puede decidir la suspensión del partido. Su resolución es irrevocable.

Las normas federativas advierten que la confirmación oficial del estado del campo debe realizarse en presencia de los capitanes de los dos equipos a la hora fijada para el inicio del partido. Sólo en el caso en que las malas condiciones del campo se consideren irremediables y siempre que estén presentes los dos capitanes, el árbitro puede proceder a aplazar el partido antes de la hora de inicio, sin haber identificado antes a los jugadores de los equipos. A propósito de aplazamientos, interrupciones o suspensiones de los encuentros, existen otros dos casos que no hay que olvidar, aunque no dependen de la impracticabilidad del terreno, como son la insuficiente iluminación cuando se juega por la noche y la invasión del campo por parte de los aficionados.

Tercera parte

LA TÉCNICA INDIVIDUAL

CÓMO CONTROLAR EL BALÓN

Conducir el balón

Saber conducir el balón con el pie es uno de los recursos técnicos fundamentales, porque permite controlar el esférico y orientarlo hacia donde queremos con cambios progresivos o instantáneos de dirección y de velocidad. Cuanto más se consigue conjugar habilidad con rapidez, más eficaces resultan las acciones de un jugador, permitiéndole moverse por el terreno de juego con absoluto dominio.

En el transcurso de un partido se producen con frecuencia situaciones de juego en las cuales es necesario recorrer con el balón en los pies espacios más o menos amplios; pero sin una correcta conducción del balón, cada movimiento significa asumir el riesgo de perder fluidez y por tanto sentido incisivo. Imaginemos a un atacante cogido a contrapié: si para encarar la portería contraria tiene que superar a un defensa, deberá en primer lugar ser hábil en el control del esférico, hasta lograr, como se dice en el argot, tenerlo enganchado al pie, y saber mantener un perfecto control también después de una finta. Para ganar tiempo al adversario no basta sólo con ser rápido de piernas.

La figura 173 muestra cómo en movimiento, e incluso en carrera rápida, el balón no es golpeado con fuerza sino tocado suavemente, casi acariciado, manteniendo a la vez el cuerpo adelantado sobre el balón y la mirada lejana, siguiéndolo exclusivamente con el rabillo del ojo,

CÓMO CONTROLAR EL BALÓN

mientras que con la cabeza alta decidimos nuestra dirección y controlamos la colocación de los compañeros. Estas son recomendaciones que hay que tener presentes en cada circunstancia, cualquiera que sea la forma de conducir el balón.

Pero, ¿cómo se conduce el balón? Hay cuatro maneras posibles:

— con el empeine interno;
— con el empeine externo;
— con el empeine superior;
— con la planta del pie.

Con el empeine interior

El balón es conducido utilizando la parte interna del pie, el punto en el que sobresale la falange del pulgar (fig. 174). Tanto si lo realizamos al paso como si avanzamos a la carrera, el pie que toca el balón y la rodilla realizan una ligera rotación hacia el exterior.

Con el empeine exterior

El jugador conduce el balón con la parte externa del empeine, justo en el punto correspondiente a la falange de los dedos del pie (figura 175).

Sin duda, esta es la forma más instintiva y más segura de conducir el balón por el campo, ya que el pie gira más hacia el interior que hacia el exterior y permite un movi-

GUÍA PARA JUGAR AL FÚTBOL

miento más natural que facilita el toque y asegura el juego.

En la figura 176 vemos que este recurso técnico ofrece la ventaja de proteger el esférico del ataque de un jugador que se presenta por un lateral, aunque en este caso es necesario utilizar el empeine exterior del pie más lejano al adversario.

Si observamos las figuras 177 y 178 el empeine interior y el exterior permiten un rápido cambio de dirección en la conducción del balón.

CÓMO CONTROLAR EL BALÓN

Con el empeine superior

El balón es conducido con el pie apuntando hacia el suelo (fig. 179). Es considerada la forma más difícil, pero también la más indicada cuando la carrera es veloz. Hay que orientar el pie en la misma dirección en la que avanza el balón.

Con la planta

Algunos jugadores la utilizan con frecuencia, pero sobre todo es una forma de desplazar el balón con un movimiento lateral en espacios reducidos, manteniéndolo siempre enganchado al pie para prepararlo antes de realizar un cambio de ritmo (fig. 180) o, inclinando ligeramente el cuerpo, para protegerlo ante la presión de un contrario (figura 181).

GUÍA PARA JUGAR AL FÚTBOL

182

183

En el *dribbling*

Requiere estar siempre en condiciones de conducir correctamente el balón durante carrera, para no encontrarse en dificultades en un uno contra uno.

En el *dribbling*, si fuese preciso desplazar (o bien superar) a un jugador que se opone, puede fintarse, como una forma de engañarlo, y salir en velocidad con un juego rápido de piernas (figs. 182 y 183).

CÓMO CONTROLAR EL BALÓN

Otra forma de conducir el esférico para superar al contrario es el control orientado del balón, en el que al recibir un pase se desplaza el balón, antes de detenerlo, con un toque suave y a la primera en la dirección deseada (figs. 184-186) y se realiza una finta con el cuerpo que consiga desorientar y desequilibrar al adversario.

Parar el balón

En el lenguaje futbolístico *parar el balón* significa recibirlo y controlarlo (raramente se aplica a quedárselo por interceptación de un pase). Es un recurso natural que se repite continuamente, ya que el balón se lo intercambian los jugadores cuando lo han recuperado del equipo contrario. *Natural* en este caso debe interpretarse como *fundamental*; es decir, un jugador debe saber robar el balón cualquiera que sea la posición en la que se encuentra y cualquiera que sea la situación del juego. Los jugadores deben trabajar este aspecto porque un control incorrecto del balón puede llevar el balón a los pies de un adversario.

Las formas de parar un balón son muchas, pero no todas se realizan con el mismo objetivo: parar significa unas veces recibir y proteger el esférico, otras recibirlo y orientarlo en la dirección deseada, y otras veces significa interceptarlo. De cualquier modo es importante intuir la trayectoria del balón, porque pararlo es sinónimo de colocación y buena técnica.

Jugando con el pie, la pierna, el pecho o la cabeza siempre debe tenerse en cuenta las siguientes recomendaciones:

— orientarse en la dirección del balón para estar alineado con él en el momento de recibirlo;
— decidir con un reflejo inmediato, según la altura, la trayectoria y la velocidad del balón, qué parte del cuerpo se utilizará para pararlo;
— mantener relajada la parte del cuerpo con la que se va a parar el balón que se acerca, presentándole una superficie flexible y elástica, en el momento del contacto y encoger cuanto sea necesario la parte del cuerpo utilizada para frenar el impacto y dormir el balón, para así mantenerlo en posesión del balón y pasar a conducirlo y chutar; es necesario realizar con eficacia el control del balón siempre en relación a la situación del juego; porque se puede detener el balón para defenderlo, para superar al adversario, para sosegar el juego y para pasar o tirar a portería;
— fintar con el cuerpo y parar el balón en un espacio bastante reducido, además de protegerlo, si el adversario está próximo para no permitir su intervención.

Con el interior del pie

Es la parte más utilizada para detener los balones bajos, pero en algunos casos también los que vienen desde arriba. El interior del pie permite un movimiento envolvente, particularmente adecuado para parar y dominar el balón.

He aquí en qué circunstancias se recurre a este tipo de control y cómo se debe realizar.

• *Si el balón llega raso*. Con el pie en posición horizontal y la punta orientada hacia el exterior, hacer un ligero movimiento de retroceso al tomar contacto con el balón: el pie absorbe el golpe y el balón queda parado (fig. 187).

CÓMO CONTROLAR EL BALÓN

- *Si se recibe el balón fuerte a una altura inferior a la rodilla.* La fase breve de preparación es la misma que cuando el balón llega a ras de tierra, pero con un pequeño salto se levanta el pie hasta la altura del balón (figs. 188 y 189).

- *Si el balón cae desde arriba.* Teniendo la pierna de apoyo algo flexionada (y si la trayectoria del balón lo requiere, saltando a su encuentro), se debe girar de lado la rodilla de la pierna que recibe y levantar el pie, de forma que la punta se oriente hacia el exterior y el interior del pie esté perpendicular a la trayectoria del esférico: en esta posición el interior del pie conduce el balón hacia abajo acompañando la caída con un movimiento suave (figs. 190 y 191).

GUÍA PARA JUGAR AL FÚTBOL

• *Si se recibe el balón a bote pronto*. En este caso el balón es golpeado en el mismo momento en el que se levanta del suelo: la pierna de apoyo se sitúa adelantada respecto al lugar del bote, el pie que detiene el balón realiza un movimiento de atrás hacia delante de forma que al tocarlo lo deje en el suelo (figuras 192 y 193).

Los más hábiles están en condiciones de realizar este movimiento también con una rotación del cuerpo, que cambie la dirección (figura 194).

CÓMO CONTROLAR EL BALÓN

- *Si estamos en carrera*. Valen las instrucciones de los casos anteriores aunque está claro que, desplazándose sobre el campo y protegiéndose a la vez del ataque del adversario, es más difícil seguir la trayectoria del balón, por ello se necesita un buen nivel tanto de agilidad como de habilidad para mantener el equilibrio y la rapidez en el momento de interceptar el balón, sobre todo cuando cae desde atrás (figs. 195 y 196).

Con el empeine

Es la manera más elegante de parar el balón, pero es también la más difícil, porque requiere elegir perfectamente el momento, ya que si bien sirve para recibir y amortiguar el balón cuando cae desde arriba, las condiciones de control suelen ser bastante difíciles.

De hecho, basta anticipar o retrasar tan sólo un momento el contacto con el balón para que falle completamente la jugada y se pierda el control. Por ello es uno de los toques que distinguen a los considerados *pies de oro*.

GUÍA PARA JUGAR AL FÚTBOL

Se realiza así: el pie va suavemente hacia el balón, de forma que lo encuentre en ángulo recto respecto a su trayectoria, para detenerlo en el aire y a continuación controlarlo en el suelo (figs. 197-199).

Con el exterior

Como cuando conducimos el balón, el control exterior es eficaz para proteger el esférico de la intervención de un adversario, permitiéndonos interponer completamente el cuerpo, para después liberarnos del marcaje girando o continuando la acción en otra dirección. Las figuras 200 y 201

CÓMO CONTROLAR EL BALÓN

muestran que el movimiento es realizado inclinándose hacia el lado del que se recibe el balón para tocarlo después de haber levantado un poco el pie, girando hacia ese lado.

Con el talón

No es una parte del pie utilizada habitualmente para parar el balón. Más que nada puede ser utilizada, cuando, sin cambio de dirección en la carrera, se deja pasar el balón entre la pierna de apoyo en posición avanzada y la otra extendida hacia atrás y se amortigua justo para frenar la velocidad y proseguir la acción con suficiente dominio (figuras 202-204).

Se requiere estilo para controlar el balón de talón sin golpearlo.

 GUÍA PARA JUGAR AL FÚTBOL

Con la planta del pie

Es una forma que hoy en día está prácticamente en desuso entre los mejores futbolistas. Los diccionarios futbolísticos la definen como un recurso técnico rudimentario que fue muy practicado por los pioneros del fútbol. Sin embargo no ha sido nunca eliminada del todo entre los profesionales. Consiste en detener con fuerza el balón (casi siempre cayendo desde arriba, pero en ocasiones también se hace con los balones rasos) clavándolo en el suelo con la planta del pie. La posición adecuada supone que la pierna de apoyo está algo doblada y la que contacta con el balón está flexionada por la rodilla, la punta del pie elevada y la planta colocada sobre el balón a modo de cobertura, como un sombrero (figs. 205 y 206). Los riesgos en este caso son mayores que las ventajas: si el balón no ha sido bien blocado con un sincronismo impecable, puede pasar por debajo, escaparse y quedar fuera de control.

Con el muslo

Es una forma fácil y segura de controlar el balón cuando desciende desde arriba o se acerca a media altura, tan próximo al cuerpo que resulta inoportuno utilizar el pie.

Las figuras 207-209 evidencian que el principio básico no cambia: con la rodilla doblada delante del cuerpo y los músculos relajados, la pierna también debe ser elevada al encuentro del esférico (de manera que forme un ángulo recto con

CÓMO CONTROLAR EL BALÓN

la trayectoria del mismo) y ser bajada inmediatamente en el momento del contacto, a fin de que absorba el impacto y, más lentamente, deje caer el esférico al pie.

Con el pecho

Sin lugar a dudas, el pecho es la superficie más amplia del cuerpo cuando se desea controlar el balón que cae o llega recto por encima de la cintura, por lo general demasiado alto para ser interceptado por el pie o la pierna y demasiado bajo para ser controlado con la cabeza.

Con los brazos doblados, la pelvis adelantada y la espalda arqueada hacia atrás, el tórax ofrece un plano inclinado y flexible sobre el que el

 GUÍA PARA JUGAR AL FÚTBOL

balón va a posarse para caer al suelo inmediatamente después del contacto (figuras 210-212).

Este control puede hacerse también en elevación (fig. 213), si el jugador se encuentra en una posición demasiado avanzada respecto a la parábola descrita por el balón. Si el control no fuese exacto, el balón saldría rebotado lejos del alcance del jugador.

Cuando el adversario está detrás, el jugador deberá controlar muy bien el balón con el pecho, ya que no se puede proteger nunca tanto como suele hacerlo con el pie.

CÓMO CONTROLAR EL BALÓN

Con el abdomen

Suele hacerse a la altura del diafragma. No es raro verla cuando se va corriendo al encuentro del balón.

Dado que este proviene de un rebote y sale de abajo, se procede al contrario que en el control con el pecho, como se ve en la figura 214. Los brazos deben estar abiertos, la espalda doblada hacia delante y los músculos abdominales tensos, en cuanto el balón impacta contra el cuerpo es amortiguado y cae al suelo para ser jugado.

Con la cabeza

Se puede realizar cuando el balón asciende en parábola y el adversario está distante. Sirve también para amortiguar el balón en favor de un compañero. Las figuras 215 y 216 indican cómo se debe proceder: rodillas ligeramente flexionadas, mirada hacia arriba, cabeza recta cuando la frente impacta con el balón.

DRIBLAR

Requisitos fundamentales para una buena ejecución

Regatear a un adversario es un poco como marcar un gol. Un *dribbling* bien realizado siempre agrada a quien lo efectúa y a quien lo observa.

Superar a un adversario directo e impedirle que nos quite el balón es uno de esos recursos que desencadenan el entusiasmo y despiertan la imaginación. Está en la naturaleza del fútbol que los jugadores más hábiles en sortear el obstáculo, conduciendo el esférico como si tuviesen un imán en los pies, sean, junto a los goleadores, los más amados por el público, el cual, quizás en virtud de una herencia atávica, vuelve a descubrir, en el momento mágico del *dribbling*, la antigua pasión del circo y de sus malabaristas, fenómenos que parecen desafiar las leyes del equilibrio y, en cambio, las aplican como nadie sabe hacer.

En los últimos años de su esplendor, Maradona fue un malabarista al servicio del equipo. Por otra parte, en Italia, entre tanto fuera de serie, merecen una mención especial Roberto Baggio y Roberto Mancini. Los buenos regateadores son los que saben unir a sus extraordinarias virtudes técnicas el olfato de gol característico de los grandes delanteros, para culminar de la mejor manera sus sorprendentes y espectaculares incursiones en el área contraria.

Antes de entrar en los detalles de una correcta ejecución y de sus posibles variantes, conviene indicar que la importancia del regate, más allá del efecto espectacular, está en el hecho de que permite al equipo conquistar una superioridad numérica, desde el momento en que el jugador que lo efectúa desarticula el adversario que tiene delante.

Existe un conjunto de circunstancias en las que es indispensable recurrir al *dribbling*:

— cuando, avanzando, es necesario ganar espacio y no se está en condiciones de pasar el balón porque no hay ningún compañero libre en posición favorable para recibirlo;
— cuando el adversario cierra el camino y hay que buscar la mejor posición para tirar a puerta o efectuar un lanzamiento o un pase desde el fondo;
— cuando, rodeados por la presión de más de un adversario que im-

DRIBLAR

pide la ayuda de un compañero, hay que abrirse paso por sí mismo;
— cuando hay que mantener la posesión del balón y un pase resultaría peligroso;
— cuando, al enfrentarse a la línea defensiva adversaria, el compañero que podría recibir el pase se encuentra en fuera de juego; el que lleva el balón, antes que jugarlo lateralmente, prefiere, entonces, dirigirse hacia la portería, contando, quizá, con el efecto sorpresa y permitiendo, en cualquier caso, que su compañero se sitúe en posición correcta.

Debe tenerse en cuenta que cuando se esté en condiciones de ceder a un compañero desmarcado, es mejor renunciar a sortear el obstáculo de una persona, ya que resulta una elección más arriesgada y, en cualquier caso, menos rápida que el pase, sobre todo teniendo en cuenta que el fútbol de hoy en día es más veloz y tiende a endurecer el contacto.

El *dribbling* es una excelente arma: los jugadores de clase se distinguen por su utilización inteligente. Siempre esenciales y rentables en la economía del juego, saben elegir el lance preciso para cada situación y son capaces, antes que nada, de hacer bien las cosas sencillas, sin complicarse la vida, que, en cambio, es el vicio de los que abusan del regate y cuyo malsano egoísmo se traduce en una pérdida de tiempo y en una desventaja para el equipo.

Un campeón en inteligencia era Michel Platini, muy hábil al no abusar nunca de su formidable clase: cuando jugaba daba auténticas lecciones de la aplicación del fútbol.

Hasta aquí las recomendaciones. Veamos ahora qué requisitos se necesitan para sortear en toda regla al adversario y ser, por lo tanto, unos ganadores.

Hasta ahora se ha hablado de destreza, rapidez e inteligencia. Estas tres cualidades son la base de una buena ejecución del regate, pero también hacen falta la valentía y la astucia para engañar al adversario, los reflejos y la imaginación para improvisar, la agilidad y el dominio del cuerpo (porque hay que escabullirse con velocidad, pero también pararse y arrancar de golpe), así como la resistencia física para que las ideas se transformen en acciones eficaces. Todos estos componentes se unifican gracias al equilibrio que se debe mantener en los cambios de ritmo y dirección, cuando todas las partes del cuerpo están en movimiento y un gesto descoordinado o una inclinación acentuada pueden perjudicar a la estabilidad.

De Maradona, como de otros campeones de poca estatura, se dice que era un monstruo en librarse de los marcajes agresivos utilizando cualquier parte del cuerpo gracias a su bajo centro de gravedad, que asegura un paso más escurridizo y una mejor elección del camino. Si bien es cierto, todo esto no excluye que haya jugadores estilizados de técnica muy precisa. Marco Van Basten era un delantero excelente, no sólo por su potencia sino, sobre todo, por su capacidad de hacer fácil cada jugada, hasta la más difícil, mostrando una elegancia que cortaba el aliento. Poseía lo que, con una expresión adecuada, se define como «ligereza de movimientos».

GUÍA PARA JUGAR AL FÚTBOL

Las fintas

Un regate eficaz siempre está precedido por una o más fintas que limitan la reacción del adversario, porque le desorientan induciéndole a creer que se va a realizar una acción distinta de la que se efectúa.

Una finta necesita movimientos fulminantes y combinados para engañar al contrario. Cuando un jugador sortea a su adversario, se lleva el balón impidiendo que se lo arrebate. Por otra parte, la jugada premeditada también puede ser un pase, un tiro o un control, porque la finta, indispensable para la ejecución de un regate, puede preceder a otras elecciones de juego e, incluso, puede ser útil para desmarcarse cuando no se tiene el balón.

Antes de practicar estrategias más complejas, el jugador debe perfeccionar su técnica para eludir al adversario. Para ello puede utilizar todo el cuerpo. Esencialmente se habla de tres tipos de fintas: con el cuerpo, con el balón y con la mirada.

Finta con el cuerpo

Concierne al tronco y a las piernas. Se desplaza el peso en una dirección insinuando un toque de balón, que, en cambio, se dirige hacia otro lado, gracias a un oportuno cambio de dirección (figs. 217 y 218).

Finta con el balón

Incluye, en cualquier caso, un movimiento de engaño del cuerpo. Se toca el balón por un lado, procurando tenerlo bajo control y no

adelantarlo irremediablemente. El objetivo es desequilibrar al adversario por ese lado para, después, cogerlo a contrapié con un movimiento rápido en la dirección contraria, hacia donde se conduce el esférico (figuras 219 y 220).

DRIBLAR

Finta con la mirada

Puede preceder a una finta con el cuerpo o, si la intención de apuntar hacia un lado está bien simulada, puede servir también por sí sola. Lo importante es atraer al adversario hacia una cierta dirección, allí donde miran nuestros ojos, que, de la manera más expresiva posible, tienen que hacerle creer nuestra voluntad de ir hacia ese lado. En cuanto el adversario cae en la trampa o muestra indecisión, se cambia de dirección.

Eludir a un adversario

Cuando hablamos de *dribbling*, automáticamente asociamos esta definición a la idea de la confrontación por excelencia: la que obliga al jugador que lleva el balón a eludir al adversario que se le pone delante. Una situación que sitúa a los contendientes cara a cara.

Hay otras posiciones en las que se debe estar capacitado para eludir un obstáculo: el adversario puede acercarse por un lado o encontrarse a nuestra espalda, nos persigue e intenta cerrarnos el camino en cuanto nos giramos para liberarnos de él.

Pero de estos otros dos casos nos ocuparemos más adelante. Tratemos ahora de entender cómo se supera al hombre que tenemos delante.

La primera regla consiste en observar la posición de los pies del adversario que está delante con respecto a la línea del balón. El pie atrasado está en el lado *fuerte*, desde el que el jugador puede recuperar e intervenir velozmente sin girar el cuerpo, como, en cambio, sucede en el lado del otro pie, el *débil*. Por esta parte, el adversario realiza un movimiento forzado, porque al girar pierde tiempo y acaba por encontrarse en dificultades. Bajo estas premisas, es mejor fintar hacia el lado fuerte e intentar pasar, con el balón en los pies, por el débil. Pero un jugador rápido puede atreverse también con el movimiento contrario, siempre que consiga variar la línea del balón.

Cuando se ha desequilibrado al adversario con una finta y se ha visto la forma de superarlo, se cambia el ritmo y se procede al *dribbling* verdadero.

Con el interior y con el exterior

Consiste en desplazar el balón con el exterior. Un jugador puede interponer entre él y el adversario todo su cuerpo, manteniendo el esférico a una distancia de seguridad.

El *dribbling* con el exterior se efectúa conduciendo primero el balón desde el interior —hacia la izquierda los que usen el pie derecho y hacia la derecha los zurdos— mientras se finta con el cuerpo como si se quisiese seguirlo en esa dirección para, después, con el exterior

salir por el lado opuesto (figs. 221 y 222). El cambio de toque del interior al exterior del pie se puede hacer con otro movimiento de engaño: por encima del balón (fig. 223).

Cuando se regatea con el interior, la distancia entre el balón y el adversario es mucho menor. Por lo tanto, en los espacios estrechos, se requiere habilidad, porque el balón debe ser protegido e incluso escondido (fig. 224).

DRIBLAR

El uno-dos

Consiste en dar dos toques de interior: uno de un pie a otro y otro más allá del obstáculo. El primer toque lateral, corto y rápido, es como si el jugador se diese un pase a sí mismo (fig. 225), suficiente para engañar a quien defiende, ya que el segundo toque cambia la trayectoria, cogiendo a contrapié al adversario (figura 226). Es un recurso técnico que requiere una habilidad superior, en virtud de un juego de piernas bien sincronizado, como los mandos de una máquina del millón.

El túnel

Se trata de una técnica un poco más difícil. Después de haber examinado la técnica básica del *dribbling*, proponemos soluciones más intrincadas y espectaculares. Ya el uno-dos es un movimiento con el balón que no todos son capaces de efectuar con naturalidad. El túnel, que consiste en superar al adversario haciendo pasar el balón entre sus piernas, requiere una intuición, una frialdad y una precisión poco comunes además de pocos miramientos, ya que no se debe hacer ninguna concesión al adversario, del que se pone en evidencia su mal juego.

El túnel es, además de un golpe de efecto muy vistoso, la mejor escapatoria a la que se puede recurrir cuando el defensor, que se ha que-

dado quieto en su posición a pesar de las fintas efectuadas para neutralizarlo, cierra el paso con los pies separados y ofreciendo, así, una abertura central tentadora.

En este momento, el jugador que avanza golpea, con el exterior o con el interior (fig. 227), por debajo de las piernas del adversario y, rodeándolo, va a recuperar el balón (figura 228) para proseguir la carrera.

El rodeo

Se trata de una variante del túnel. El principio es el mismo, con la diferencia de que, en vez de mandar el balón entre las piernas del adversario, se golpea hacia su derecha o hacia su izquierda para ir a buscarlo rodeándolo por el lado opuesto (figuras 229-231), después de distraerlo simulando perseguir el balón.

DRIBLAR

El sombrero

Como el túnel y el rodeo, tampoco se trata de un verdadero regate, es decir, la superación del adversario manteniendo en cada instante el control del balón, sino más bien una extensión del mismo. En cualquier caso, es una manera de superar el obstáculo. Y nunca como en esta circunstancia el verbo *superar* resulta tan apropiado, desde el momento en que se pasa el adversario elevando el balón por encima de su cabeza, con un suave toque de la parte inferior del empeine del pie (figs. 232-234).

El sombrero puede servir de ayuda cuando hay que jugar un balón alto, que se coge al vuelo o después de uno o más botes, y el adversario está tan cerca que intentar controlarlo, para sortearlo, pasar o tirar, resultaría difícil y arriesgado, si no imposible. Llevando el balón por el suelo, sería complicado y comprometido intentar esta jugada.

GUÍA PARA JUGAR AL FÚTBOL

La serpentina

Esta jugada consiste en superar más de un adversario. El jugador puede dejarlos atrás en eslalon (figs. 235-237) o utilizando diferentes técnicas, por ejemplo, el regate y el rodeo. Se trata de una jugada apasionante sobre todo cuando se corona con un disparo a puerta. La capacidad para cambiar de dirección, manteniendo el equilibrio y la destreza, es fundamental cuando hay que enfrentarse en progresión a un adversario detrás de otro.

El túnel lateral

Se trata de una solución que requiere una especial habilidad con el balón y que sirve para liberarse del adversario que llega por un extremo. En el momento en que se pone al lado y alarga el pie hacia delante, el jugador golpea el balón con el exterior del pie para hacerlo pasar entre las piernas del adversario mientras se cruza con él y se dirige hacia una dirección distinta (fig. 238).

DRIBLAR

Liberarse del marcaje de un adversario

Es la condición más incómoda para sortear a un adversario. Más bien es mejor decir «para liberarse» de él, porque los recursos técnicos que nos disponemos a analizar no corresponden al *dribbling* en el sentido clásico del término. A diferencia de las posiciones que se han visto anteriormente, el que tiene el balón, sufriendo la presión de quien lo marca, está llamado a defenderlo antes que llevarlo más allá del obstáculo.

Veamos las soluciones que deben adoptarse en carrera, cuando el adversario presiona a quien lleva el balón desde un lado y en la misma dirección, y cuando se está parado y el adversario está situado a nuestra espalda.

En carrera

• *En progresión:* lo mejor es superar al adversario en la distancia, con una acción de gran fuerza y velocidad (figura 239), como las que se ven en las bandas del campo o en los contragolpes (acciones rápidas que nacen después de haber robado el balón a los adversarios que estaban atacando).

Es fundamental mantener siempre un perfecto control del balón, al tener que correr, llevarlo y rechazar el ataque del marcador directo al mismo tiempo.

• *Cambiando de dirección:* el adversario no se queda atrás y mantiene nuestro ritmo; por lo tanto es necesario actuar con astucia, fingiendo dirigirse hacia a un lado, pararse y arrancar rápidamente para

cambiar bruscamente de rumbo (figs. 240 y 241).

• *Paso doble:* así lo llaman los suramericanos, y es suficiente para entender que se trata de un movimien-to casi de funambulista, del que Maradona era un maestro. El paso doble se ejecuta mediante una finta espectacular en la que se simula que se desplaza el balón hacia delante para después retroceder el mismo pie (fig. 242) y volver a tocar el esférico (fig. 243). Todos estos movimientos se realizan en una secuencia tan rápida y sincronizada que se obliga prácticamente al adversario a detener su carrera y quedarse en el sitio. Los anales del fútbol cuentan que fue Amedeo Biavati, extremo del Bolonia, el que popularizó el paso doble hacia el final de los años treinta. Hoy en día no se ven muchos jugadores capaces de hacerlo.

DRIBLAR

Estando parados

• *Dejando pasar el balón:* al recibir el esférico, el primer movimiento consiste en tocarlo, para pararlo o golpearlo, y es lo que espera el jugador que está a nuestra espalda. Una finta eficaz consiste en simular el control, para dejar pasar el balón por detrás de nosotros, siempre que se sea lo suficientemente rápido para girarse y correr detrás de él sorprendiendo al adversario (figs. 244 y 245).

• *Desplazando el balón:* es otra forma de rodear al adversario, después de la que se ha visto en el *dribbling* cara a cara. A partir de la misma posición que en el caso anterior, el jugador que recibe el balón lo toca y lo eleva con el interior o con el exterior (fig. 246), en función del lado más cómodo para la fuga, y con un rápido giro se va detrás de él (figs. 247 y 248).

Cuándo se desaconseja driblar

Hemos aconsejado evitar el *dribbling* cuando existe la posibilidad menos arriesgada de pasar el balón a un compañero. Sin embargo, pueden darse otras circunstancias en las que sea necesario librarse del esférico antes que intentar superar al adversario, aun sin haber un compañero en posición para recibir el balón. Un caso frecuente es el del defensa que debe empezar una jugada y está presionado por los delanteros del otro equipo. Detrás de él sólo queda el portero; por tanto, intentar superar un adversario en vez de pasar el balón a un compañero es un riesgo: perder el balón en un momento así significa dejar al adversario frente al portero, con grandes posibilidades de marcar. Un jugador al que le gustaba este tipo de riesgo, y que hoy, habiendo adquirido experiencia y una justa prudencia, se ha convertido en un campeón, era el Pablo Montero de la primera época, cuando acababa de llegar al Atalanta. El uruguayo creó algún problema, por suerte no decisivo, lanzándose a temerarias iniciativas personales, desde los pases de tacón hacia atrás hasta los *dribbling* suicidas.

PASAR Y TIRAR

La importancia de la percepción

Un buen jugador debe desarrollar su capacidad de observación cuanto sea posible. Junto a la anticipación y el control, de ella depende la correcta ejecución de un pase o un tiro bien coordinados.

La etapa de desarrollo de la coordinación se sitúa en la franja entre los 7 y los 12 años a través de ejercicios variados y repetitivos.

La percepción se desarrolla en tres momentos sucesivos:

— la trayectoria del balón;
— el desplazamiento del cuerpo;
— el movimiento del pie que hace el lanzamiento.

Un buen jugador sabe prever la trayectoria del balón y dónde caerá. Mediante la percepción ideosensomotriz, la previsión del punto de encuentro y el desplazamiento hacia el mismo son instantáneos.

Cómo tocar el balón

Se trata del recurso técnico que da sentido al fútbol. Se basa en la transmisión del balón entre un jugador y otro (es decir, un pase) y finaliza con el tiro a puerta.

Según la situación en la que se encuentren, puede recurrirse a distintos modos de chutar, aunque lo importante es que el jugador aprenda a realizar los movimientos que permitan desprenderse de él.

Con el interior

El toque del balón con el interior del pie se realiza con el tronco ligeramente inclinado hacia delante, el pie de apoyo colocado junto al balón con la punta en la misma dirección del pase o la del tiro y la pierna ligeramente flexionada.

De ese modo, el pie que golpea, con la punta hacia el exterior y el tobillo rígido, oscila de atrás hacia delante y prosigue en la dirección del objetivo aun después de haber golpeado el balón (figuras 249-253).

Se trata de una secuencia de movimientos fundamental para todo jugador que se precie y a la que es preciso atenerse cuando se golpea con el empeine entero, tal como se verá más adelante.

GUÍA PARA JUGAR AL FÚTBOL

Hay que tener en cuenta que golpear con el interior es uno de los recursos más instintivos y seguros de los que puede disponer un jugador, útil para efectuar pases cortos y precisos, pero también para tiros a portería cuando se está parado.

PASAR Y TIRAR

Con el empeine

Es la manera de golpear el balón más corriente, sobre todo cuando se lleva a cabo un tiro a puerta. Sin embargo, es más difícil que hacerlo con el interior.

El balón se golpea en su parte central, a la altura de su línea media (figura 254), con el empeine, poniendo la punta del pie hacia abajo (fig. 255).

Para imprimir al balón una trayectoria baja y recta, la rodilla de la pierna que golpea debe estar perpendicular a la misma esfera y el tronco bien inclinado hacia delante.

El disparo con el empeine es adecuado para los pases largos y los tiros a portería en línea recta. Permite tirar con potencia y, por tanto, desde lejos.

Con el empeine interior

A diferencia de los dos casos anteriores, la posición que se debe mantener con respecto a la dirección en que se quiere mandar el balón es oblicua. Siendo meticulosos se debería respetar un ángulo de 45 grados.

El pie de apoyo, con la pierna inclinada hacia el exterior, se mantiene más separado del balón que para el lanzamiento con el interior y el empeine entero. El tobillo del pie que golpea, así como la rodilla de la misma pierna, gira ligeramente hacia el exterior y la punta se baja, a medio camino entre la posición del disparo con el interior y la del empeine entero (fig. 256). Se mira al balón y se inclina el tronco hacia el lado de la pierna que sirve de apoyo, si se apunta a la izquierda se golpea con la derecha y viceversa.

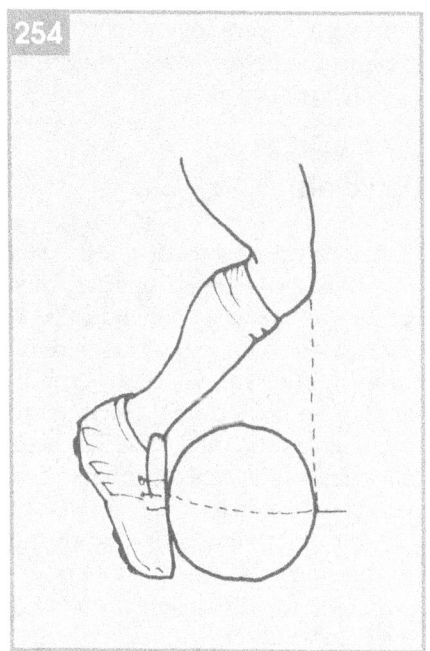

GUÍA PARA JUGAR AL FÚTBOL

El disparo con el interior del empeine es indicado para pases y tiros de media y larga distancia, para efectuar centros y tiros altos (tocando el esférico por debajo de su línea media), pero también para golpear con efecto.

Con el empeine exterior

Es necesario permanecer en posición lateral con respecto a la dirección en que se desea mandar el balón, con el pie de apoyo colocado a la distancia correcta, la punta estirada hacia abajo y el tobillo girado hacia el interior (fig. 257). Después de haber tocado el balón, la pierna del pie que golpea proseguirá la oscilación hacia la izquierda de la trayectoria del balón si se ha golpeado con la derecha, y a la derecha si se ha usado la izquierda.

El golpe dado con el exterior, si está bien ejecutado, es preciso y, en caso de necesidad, posee gran potencia, sirve para los pases cortos y medios, los tiros rectos y los golpes con efecto.

De volea

Chutar de volea (antes de que el balón toque el suelo) requiere una avanzada preparación técnica así como agilidad (sobre todo en la cadera y las extremidades inferiores), destreza y coordinación. Se trata de un movimiento espectacular que ofrece muchas posibilidades y que debe ejecutarse con perfecto sincronismo.

Suele recurrirse a él cuando no hay tiempo (y quizá ni siquiera espacio) para controlar el balón antes de liberarse de él.

PASAR Y TIRAR

Se puede golpear de volea de distintas maneras: chutando el balón frontalmente con el empeine después de haberlo dejado caer por debajo de la rodilla (fig. 258), bloqueando la pierna en el momento del impacto; chutando el balón de arriba abajo (cuando está por encima de la cintura) con el empeine entero e inclinando el cuerpo hacia el lado del pie de apoyo y la pierna del pie que chuta bien levantada del

GUÍA PARA JUGAR AL FÚTBOL

suelo para realizar una rotación hacia fuera (figuras 259-261).

Si se desea, se pueden efectuar disparos y pases largos de frente o de media vuelta, con la parte baja del empeine (fig. 262). Con el interior (fig. 263) o el exterior (fig. 264), en cambio, se hacen sombreros, desvíos y pases más cortos.

A bote pronto

Como en el caso del control, hay que chutar el balón en el preciso instante en que toca el suelo. Sin embargo, en lugar de «estrangularlo» para pararlo en el sitio, hay que golpearlo a media volea con el interior (figs. 265 y 266) o el empeine, como hacen ciertos porteros para darle al balón una trayectoria recta (los ingleses lo llaman *drop*, usando un término típico del rugbi).

Una advertencia: hay que tener cuidado en los campos cuya superficie no esté perfectamente nivelada, sobre todo los de tierra, porque un bote irregular puede sorprendernos en el momento de chutar y rozar sólo el balón o incluso no tocarlo.

PASAR Y TIRAR

(golpeándole por debajo de su línea media, fig. 267) o para tirar con efecto (pegándole lateralmente en la parte central, fig. 268) o bien, según las condiciones del terreno, cuando no hay otro modo para tirar a puerta (se le pega a la altura de su línea media, fig. 269).

Con la punta

Normalmente no se usa esta parte del pie, no porque no sea elegante sino porque es mucho menos precisa. Chutar con la punta sirve en situaciones de emergencia, como en los campos pesados, en donde debe desplazarse con fuerza el balón

GUÍA PARA JUGAR AL FÚTBOL

De tacón

El disparo de tacón presupone un buen nivel técnico y puede ser eficaz para tirar a puerta desde cerca. De hecho, Alessandro Del Piero marcó de este modo el único gol de la Juventus en la final de la Copa de Europa de Campeones de Liga 1996-1997, en la que el equipo italiano perdió por 3 a 1 contra los alemanes del Borussia Dortmund.

Por otra parte, también sirve para ceder el balón a un compañero que se desmarca por detrás sin girarnos y revelar nuestras intenciones al adversario, ya que este disparo se caracteriza por su imprevisibilidad. Por esto es necesario, en el momento de la ejecución, un perfecto entendimiento con el compañero.

Las formas de golpear de tacón son dos. La más sencilla, en cuya categoría se incluye el mencionado toque de Del Piero, se efectúa con el balón en posición interna respecto al

pie que no golpea (fig. 270). La otra, consiste en un disparo cruzado, como el de Gaetano Scirea, que sirvió a Marco Tardelli para el segundo gol en la final del campeonato del mundo de 1982, en el que Italia venció a Alemania Occidental por 3 a 1. En este caso, el balón está delante del pie de apoyo y se chuta hacia atrás, con el pie que golpea cruzando la pierna que conduce el balón (fig. 271). Es más difícil que el disparo sencillo porque si se yerra el paso se corre el riesgo de tropezar con las propias piernas.

Con efecto

Se efectúa con el interior o con el exterior, cortando el balón y chutándolo de modo que siga una trayectoria arqueada, para engañar a los adversarios durante la jugada o para poner en dificultades al portero. En cualquier caso, para imprimirle el efecto, hay que golpear el balón lateralmente en vez de en el centro, con la punta del pie que golpea cruzando en lugar de seguir recto (fig. 272).

PASAR Y TIRAR

Si queremos cortar el balón con el exterior, tenemos que ponernos en posición recta con respecto a su dirección y con el pie de apoyo más cerca de él (fig. 273) que cuando se efectúa un pase o un tiro sin efecto.

En función de la altura que se elija para la trayectoria del balón, la posición de la pierna de apoyo cambia: si se quiere jugar por abajo, el pie de apoyo estará cerca del balón y el tronco encima de él; si se quiere golpear por alto, hay que mantener el pie de apoyo detrás del balón y el tronco inclinado hacia atrás.

En carrera

Si se lleva el balón hay que proceder con pasos cortos. Para deshacerse de él, y realizar un pase o un tiro, es más fácil y seguro golpear con el exterior, ya que es la parte que suele usarse para controlar el balón durante la carrera.

Pero, excluyendo los lanzamientos a balón parado, a menudo es preciso correr hacia el balón, que viene de un pase, un rechace o, simplemente, de un despeje fallido del adversario. ¿Queremos tirar, centrar o simplemente pasar a una distancia más corta? Observando siempre la trayectoria del balón, después del arranque inicial, en el momento en que nos aprestamos a golpearlo, debemos desacelerar para coger la distancia exacta y no llegar con el pie de apoyo demasiado atrasado, ya que si nos desequilibramos hacia atrás, corremos el riesgo de mandar el balón a las nubes. Por otra parte, tampoco es bueno adelantarlo demasiado, porque se corre el riesgo de «comerse» el balón y realizar un disparo impreciso. En el tiro al vuelo hay que estar preparados y coordinados para efectuar el salto final: hay que inclinar el tronco hacia delante para no chutar demasiado alto. Además, la carrera debe ser constante: no se puede conseguir una ejecución correcta si nos abalanzamos sobre el balón a grandes zancadas.

De chilena

Es otro de esos movimientos cuya belleza deleita a los aficionados, tal como lo demostraron campeones de la talla de Gianluca Vialli y, en el pasado, Gigi Riva y Roberto Boninsegna (y parémonos en estos grandes delanteros, si no la lista se hace larga).

La chilena se ejecuta estando en movimiento o parados, cerca de la portería, para intentar marcar, aunque no es raro verla en la defensa, para alejar el balón del área.

No todos son capaces de hacer una chilena. Hay que saber unir técnica, golpe de vista, elección del momento, potencia, coordinación, sentido acrobático y valor. Si falta alguno de estos requisitos, se corre el riesgo de fallar el golpe y de hacer un mal papel.

Para los más jóvenes es importantísimo realizar ejercicios acrobáticos desde el primer contacto con el balón, para asimilar modelos de movimiento en un periodo en el cual todo se asimila antes y mejor.

Es preferible que el terreno sea de hierba o, por lo menos, arenoso; en cualquier caso no debe ser duro, para no correr ningún peligro en caso de una ejecución incorrecta y temeraria.

La chilena se realiza golpeando de espaldas y mandando el balón en la dirección opuesta a nuestra mirada.

También suele llamársele *tijera*, en alusión al movimiento de las piernas: la de apoyo es la primera que se lanza, acompañada enseguida por la que golpea, cuyo pie, con un movimiento de abajo arriba, toca el balón con el empeine después de haberse cruzado con el otro en el momento en que vuelve hacia abajo. El cuerpo, en el instante del impacto con el balón (cuando este cae a la altura del tronco), está levantado del suelo y paralelo a él (fig. 274).

Cómo levantar el balón del suelo

Habitualmente, se levanta el balón del suelo cuando está parado para superar un obstáculo más cómodamente, para hacer un sombrero o una vaselina, para pasarlo a un compañero que se desmarca o que puede disparar a puerta en un libre indirecto (véase pág. 188). Sin embargo, es mucho más útil elevar el balón del suelo cuando la superficie del campo está reblandecida por la lluvia. Se trata de un recurso que requiere sensibilidad y habilidad y que debe evitarse cuando el adversario está tan cerca que podría entorpecer la acción.

Casi siempre se eleva el esférico con el empeine: los futbolistas más refinados no sólo lo hacen también en movimiento, sino que incluso son capaces de recurrir a una serie de virtuosismos. Veámoslo en detalle.

Con la punta del empeine

Se puede actuar de dos formas:

• *Ayudándose con la planta del pie:* manteniendo el balón en posición ligeramente avanzada con respecto al

cuerpo, se apoyan los tacos encima de él y, mientras se hace rodar hacia atrás, se mete la punta por debajo del esférico (figs. 275-277).

• *Enganchando el balón:* es un modo más rápido pero más difícil, porque se levanta el balón directamente con la punta del pie (figs. 278 y 279).

Virtuosismos

Dado que para su ejecución se requiere espacio y tiempo, no suelen verse en los partidos, donde la velocidad y la competitividad suelen ser la nota dominante. No obstante, los jugadores practican los virtuosismos durante las sesiones de entrenamiento para mejorar la técnica. He aquí algunos ejemplos:

• Teniendo el balón entre las piernas, se giran los pies hacia dentro, de manera que, metiéndose al mismo tiempo debajo del balón, lo hagan saltar hacia arriba (figs. 280 y 281).

• Siempre con el balón entre las piernas, se golpea con el talón del pie haciéndolo saltar contra el interior del otro pie que lo levanta (fig. 282).

• Una manera particularmente espectacular de despegar el balón del suelo consiste en combinar el empeine de un pie con el tacón del otro; de este modo el balón efectúa, así, una parábola de atrás hacia delante (figs. 283-285).

PASAR Y TIRAR

El pase

Se podría pensar que, desde el punto de vista del espectador, la clave de la técnica futbolística es el *dribbling* o alguna forma de disparar a puerta. Pero no: en la base de este juego está el recurso más repetitivo, pero que el jugador no puede fallar: el pase, uno de los más importantes porque a partir de él se articula toda la estrategia del equipo. No se puede pasar el balón de cualquier manera; hay que dirigirlo con precisión y prestando atención a que el receptor esté libre del marcaje del adversario. Un jugador que falle demasiados pases debe prestar más atención y perfeccionar su técnica. Los equipos fuertes no sólo se preocupan por preparar jugadores capaces de marcar goles y a un buen portero, sino que, sobre todo, se preocupan de que sus jugadores cometan menos errores que los demás en el intercambio del balón.

Una correcta sucesión de pases permite mantener la posesión del balón, ganar terreno y superar adversarios, y siempre sacando partido del factor sorpresa una vez que se ha llegado a las inmediaciones del área rival. ¿Cómo? Enviando el balón a un compañero que se ha escapado del control de los defensas.

Para un jugador de calidad no basta con conocer los fundamentos: debe saber exactamente qué debe hacer con el balón cuando lo tiene en los pies. En cierto modo se convierte en un «distribuidor de juego». Pero, para que su acción tenga un buen fin, necesita un «colaborador», es decir, un compañero que reciba el balón que él transmite. Veamos enseguida por qué.

Desmarque

La condición del pase es el movimiento. Para transmitir eficazmente el balón es necesario que alguien esté preparado para recibirlo desplazándose hacia la posición más favorable posible, por cuanto, estando parado, el compañero podría ser marcado y controlado mucho más fácilmente.

El compañero, antes de recibir el balón, tiene que saber jugar sin él. En la práctica debe saber desmarcarse, ya sea moviéndose más rápido que los adversarios, cogiéndolos por sorpresa, o también engañándolos con algunas fintas; para ello puede ayudarlo otro compañero que desoriente a los adversarios con sus desplazamientos y los atraiga en su dirección para dejar espacio libre a quien va a recibir el pase y que pueda entrar en la zona libre más cercana al jugador que lleva el balón. Por esto en el desmarque se habla de carrera, basada en entendimiento recíproco entre quien da y quien recibe el balón, de modo que, gracias a la rapidez y a la inteligencia del colaborador, el distribuidor de juego, marcado por un adversario, tenga siempre, además del *dribbling*, más soluciones. Es un entendimiento que, en función de las escuelas futbolísticas, surge por instinto (como en el caso de los brasileños) o madura a través de entrenamientos específicos (como ocurre en Holanda).

En conclusión, hay que tener siempre presente una regla: el desmarque debe preceder al pase (fig. 286).

Pase a ras de suelo

Es el más practicado y el más preciso, sobre todo en el juego en corto si se tiene en cuenta que, para los pases largos, muy raramente se deja correr el balón a ras de hierba. La parte del pie más utilizada para esta forma de entregar el balón suele ser el interior, sobre todo con el pie en sentido horizontal (figura 287), si bien en carrera resulta más natural tocar con el exterior.

Para limitar el riesgo de errores es oportuno que el jugador que dis-

PASAR Y TIRAR

tribuye, en función de como esté orientado, ceda al compañero que esté mejor situado. Esto significa elegir la solución más fácil para el juego del equipo. Antes de buscar toques con efecto hay que saber ejecutar bien los más elementales.

Centro

Se trata de un pase largo que se efectúa levantando el balón del suelo cuando se desea cruzar el campo a lo largo o a lo ancho para lanzar a un compañero o, también, cuando se intenta mandar el balón al área desde las bandas laterales, tal como suele hacer el jugador que juega en el extremo. De este segundo tipo de jugada nacen, a menudo, situaciones de peligro para las defensas contrarias, sobre todo si quien distribuye el juego consigue evitar el radio de acción del portero por arriba o por un lado y los atacantes preparados para recibir el centro son buenos rematadores de cabeza.

La técnica más utilizada es el golpe con el interior por debajo del balón (fig. 288).

Pase al primer toque

Explicadas las dos maneras principales y más frecuentes de dirigir el balón, veamos ahora algunas variantes que se requieren en ciertas circunstancias particulares. El pase al primer toque consiste en liberarse del balón con un solo toque: es útil para dar velocidad, y por lo tanto, reviste una mayor peligrosidad ya que todos los que participan en ella no se entretienen en el control del esférico (fig. 289).

Al ser todavía más difícil maniobrar con precisión en estas condiciones, el pase al primer toque no suele realizarse en espacios amplios.

En las inmediaciones del área contraria este pase de primera puede resultar decisivo si se realiza lo que se conoce como *pared*. Para ello, el distribuidor del juego debería estar a poco más de un metro del adversario en el momento de ceder al compañero, quien a su vez debe calibrar el pase para devolverle el balón de manera que el primero, siguiendo su carrera, reciba el balón después de superar la línea defensiva (fig. 290).

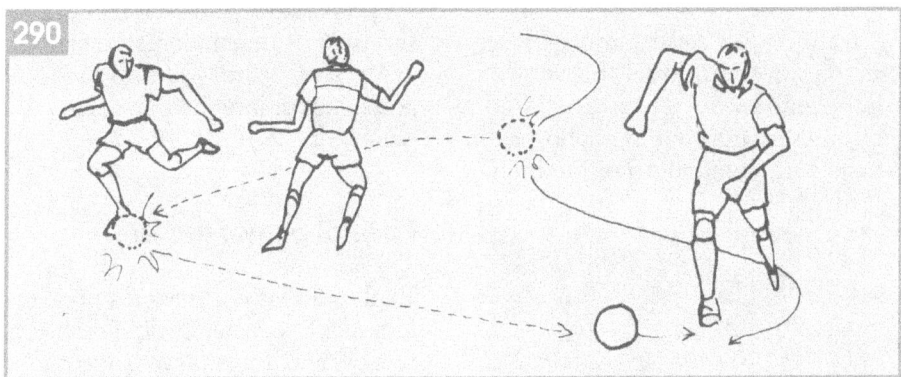

Cesión atrás

La misma palabra lo dice: se trata de una manera de salir de un apuro cuando se tienen dificultades o, en cualquier caso, cuando existe un peligro. En estos casos es mejor pasar a un compañero que viene en nuestra ayuda: será este último el que reinicie la jugada de ataque. Un ejemplo clásico es el pase hacia atrás al portero.

El tiro a portería

Es el acto final, la conclusión de la jugada de ataque de un equipo, el recurso técnico con el que se puede llegar al gol, en definitiva, la meta del juego. Ya sea un delantero, un centrocampista o un defensa el que se encuentre con la oportunidad de tirar a puerta, tiene que actuar con rapidez, precisión y sorpresa. Antes de concentrarse en el balón, debe observar la posición del portero para apuntar hacia el lugar en el que sea más vulnerable, elegir el momento y el tipo de tiro sin dejarse llevar por el apasionamiento, que no hay que confundir con el instinto, la predisposición natural.

Ser rápidos significa ser más veloces en hacer oscilar la pierna que va a golpear y, si se quiere imprimir más fuerza al balón, el movimiento impulsor tendrá que ser más amplio (figs. 291-293). El efecto sorpresa puede nacer de una finta.

La precisión no debe ser relegada a un solo pie: el balón puede caer en

PASAR Y TIRAR

el otro, sin que haya tiempo para colocarlo a placer. Hay que saber tirar con las dos piernas. Y sin tener miedo de fallar. Con un poco de sangre fría, un jugador está capacitado para saber cuándo asumir la responsabilidad de tirar a gol y cuándo, en cambio, es preferible pasar a un compañero.

Las situaciones son muchas, pero, sin recurrir a la casuística, se puede afirmar que los momentos más frecuentes para poder tirar son los que se dan después de haber recibido el balón mediante un centro o un pase facilitado por el desmarque (quizá tras una pared), después de haber regateado a un adversario o bien cuando este intenta cerrarnos el camino pero, involuntariamente, tapa la visión del portero. También puede aprovecharse la confusión en el área o la ventaja adquirida con una jugada de contragolpe para encontrarse cara a cara con el portero.

¿Cómo hay que comportarse? Tomemos la última circunstancia

indicada: un uno contra uno con el último defensor rival.

Cuando se decide no regatearlo, sea cual sea la ejecución elegida (desplazarlo haciendo ir el balón hacia un lado y al portero al otro; rodearlo con un tiro con efecto; pegarle con potencia; superarlo con una vaselina si está lo bastante lejos de la portería), hay que actuar antes que él, que sale al encuentro del que lleva el balón, cierre completamente el ángulo de tiro. El jugador que ataca no debe dejar que sea el portero el que le engañe, obligándolo a realizar el movimiento que aquél desea, sino que, por el contrario, él debe actuar antes con una finta (o más si es necesario). Una vez que se ha inducido al portero a realizar un movimiento que lo deje en desventaja, se puede, finalmente, realizar el tiro.

A menudo sucede que se debe tirar desde una posición bastante abierta: se puede tocar el balón para mandarlo por arriba hacia el poste más lejano (fig. 294); se puede intentar la vaselina, pero quizá sea mucho más eficaz dirigirlo hacia el poste más lejano, en diagonal y a ras de suelo, ya que el portero tiene el deber de defender, ante todo, el primer poste; por consiguiente, si desvía el balón, es probable que lo rechace hacia el centro del área, donde pueden recogerlo otros atacantes. Lo mismo ocurre si el balón, con el portero superado, es rechazado por el poste más lejano.

Una tercera posibilidad consiste en que cuando el balón no es interceptado por el portero, ni acaba en el poste, ni tampoco se dirige hacia la portería, un jugador supera el último defensor, se hace con él y lo introduce en la portería. De hecho, se dan bastantes casos de goles que, en estas circunstancias, se marcan tirándose al suelo.

Lanzamientos a balón parado

Se llaman así las jugadas que empiezan sin estar el balón en movimiento. En este apartado nos referiremos a los lanzamientos de esquina, a las faltas (directas e indirectas), al penalti y al saque de puerta, mientras que al saque de banda le reservamos un tratamiento a parte.

En los entrenamientos de rutina, los ejercicios de lanzamientos a balón parado suelen dejarse para el final de la sesión. Esto no significa que golpear bien desde el banderín de córner o desde el punto de penalti sea menos importante. Al contrario, el fútbol atlético de nuestro tiempo pone cada vez más a prueba a los atacantes y aumentan los partidos que se resuelven, precisamente,

PASAR Y TIRAR

con los que, con una expresión quizás un poco torpe pero muy utilizada, se denominan también *balones inactivos*. Un saque de falta, si está bien calibrado, es el terror de los porteros y puede compensar por sí solo todo un encuentro de estéril acecho a la portería rival.

Dejando las implicaciones tácticas y estratégicas para el capítulo dedicado por completo al ataque, intentemos entender, como primer paso, los detalles técnicos que deben adoptarse en las distintas situaciones.

Carrerilla

Puede ser corta o larga, no sólo en función de la potencia creciente con la que se quiere golpear el balón, sino también según la propia coordinación de cada jugador. Beppe Signori, por ejemplo, a la hora de tirar un penalti no ha necesitado nunca carrerilla para soltar con fuerza su izquierda, utilizando la energía muscular (de la que está muy dotado) en lugar de la cinética.

La regla para no equivocarse en la carrerilla (y con el balón parado, sin la excusa de un mal bote o de un pase impreciso, sería aún más grave que al ir a golpear un balón en movimiento) es la de apuntar levantando la mirada y arrancar con una zancada normal para aminorar cerca del esférico, en el momento en que se pone el ojo en él y se toman las medidas para colocar a su lado el pie de apoyo (fig. 295).

Si se llega con una zancada larga se acaba delante del balón o en una posición excesivamente retrasada. En el primer caso se corre el riesgo de tropezar con el balón o de «tragárselo», y en el segundo el de golpearlo demasiado por debajo de su línea media y mandarlo a las nubes.

Saque de esquina o córner

Como se ha indicado en la regla 17 (véase pág. 117), se trata de un lanzamiento a balón parado a favor del equipo que ataca después de que el balón, tocado por última vez por un jugador de la formación que se defiende, ha sobrepasado la línea de fondo. A menudo, quien lo lanza (siempre en la esquina más cercana al punto en el que ha salido el esférico) elige la solución más expeditiva

 **GUÍA PARA JUGAR AL FÚTBOL**

y menos arriesgada: pasar con un toque raso a un compañero cercano.

En cambio, el córner clásico es un centro al medio del área o al segundo poste, pero en algunos casos, si se quiere jugar por sorpresa, se lanza al poste más cercano. El balón se coloca sobre la línea de fondo que delimita el cuarto de circunferencia de la esquina, y no en el interior de la media luna —ya que el que lanza se vería molestado por el banderín—, y se golpea con el empeine interior, un poco por debajo de su línea media y de forma que se le dé algo de efecto, porque una trayectoria curva es más difícil de controlar para los defensores. El ex jugador de la Juventus Marino Magrin era un excelente especialista en los lanzamientos a balón parado: cuando jugaba en el Atalanta, marcaba muchos goles de saque de falta, pero consiguió también acertar desde el banderín de córner, posición desde la que sabía efectuar, cada vez, tiros cortados y precisos, «envenenados» para las defensas, y que eran un verdadero maná para sus compañeros de equipo preparados para aprovecharse de ellos.

Lanzamiento directo de falta

Ofrece la posibilidad de lanzar directamente a portería para marcar gol desde el punto donde se saca la falta. Lo concede el árbitro cuando un jugador del otro equipo comete, intencionadamente, una de las faltas previstas por la regla 12 de las normas federativas (véase pág. 89).

Para tirar directamente a gol, hay que encontrarse a una distancia media, no lejos del área de penalti del adversario (ya que, en su interior, esos nueve fallos son castigados con un lanzamiento de penalti) y, si no se es un as del balón, en una posición que no esté demasiado abierta con respecto a la portería; si no es así conviene pasar o centrar.

Existen varios tipos de disparo para intentar marcar: con el interior, con el exterior y con el empeine. Hay que considerar que el equipo contrario siempre opone una barrera que se debe franquear, rodear o perforar (como hacía el brasileño Rivelino, muy hábil a la hora de disparar hacia la barrera de defensores situados enfrente para que el balón se filtrase por en medio, gracias a la complicidad de un compañero que se mezclaba con los adversarios y que se preparaba para moverse en el momento exacto y abrir un camino al balón).

Los especialistas casi siempre recurren al tiro con efecto con el interior, haciendo rodar el balón hacia el poste más lejano o hacia el más cercano, como hace Alessandro Del Piero, cuya calidad le permite combinar el doble efecto de superar por alto a la barrera y rodearla. Después están los que prefieren golpear con la parte inferior del empeine exterior, raso y angulado.

Lanzamiento indirecto de falta

Se le llama también *golpe franco indirecto*. El equipo que efectúa este lanzamiento no puede tirar directamente a puerta, sino que debe tocar el balón por lo menos dos veces y con dos jugadores distintos. En definitiva, el posible disparo queda precedido por uno o más pases.

PASAR Y TIRAR

La falta indirecta se señala cuando un jugador comete una de las irregularidades previstas en la regla 12.

A diferencia del lanzamiento directo, el golpe de castigo indirecto permite un amplio abanico de posibilidades para intentar una jugada ganadora: las elecciones más frecuentes son tocar hacia un compañero que viene desde atrás (quizás ayudado por otro jugador que antes para el balón) y el lanzamiento a un jugador desmarcado por el movimiento de los compañeros quienes atraen sobre ellos la atención de los defensores. Pero hay otras soluciones.

Si el árbitro no pone de manifiesto la intención de pitar para reanudar el juego, se puede sorprender al equipo rival sacando la falta inmediatamente, antes de que esté colocado. Para más detalles sobre la ejecución de la falta, puede consultarse la regla 13 (véase pág. 105).

Penalti

Se trata del máximo castigo a balón parado (véase regla 14, página 109). No sólo es directo siempre (muy rara vez ha ocurrido que algún jugador ha optado por la solución indirecta, pasando a un compañero), sino que, al estar provocado por una falta en el interior del área de penalti, se lanza desde el punto que dista 11 m de la línea de portería, mientras que todos los jugadores, menos el que va a lanzar y el portero rival, deben estar fuera de la misma.

Conseguir un penalti es como sacar un comodín de la baraja. La mayor parte de las veces se «transforma» (dicho en lenguaje futbolístico que significa que se lanza con resultado positivo: por tanto, transformado en gol). El atacante puede moverse a su gusto con tal de que no interrumpa la carrera antes de golpear, mientras que el portero sólo tiene a su disposición el espacio de la línea de portería y no puede salir de debajo de los postes. Los penaltis se pueden tirar por arriba, por abajo, a media altura, angulados, con efecto, centrados, con el interior, con el exterior, con el empeine. Pero, fundamentalmente, son dos las opciones: tirar con precisión o tirar con potencia. Lo importante es estar seguros y mantenerse fríos, sin dejarse influir por penaltis fallados con anterioridad.

«Tirar con precisión» significa colocar el tiro a un lado (normalmente golpeando con el interior), de modo que el portero tenga dificultades para alcanzar el balón aunque intuya su trayectoria. Con la mirada y con el cuerpo se puede fingir que se va a lanzar por un lado para desequili-

brar al portero y, en el último momento, golpear hacia el lado opuesto descolocándolo (fig. 296).

«Tirar con potencia» significa lanzar con fuerza, con el empeine, sin colocar necesariamente el tiro.

Cada equipo debería tener, por lo menos, dos especialistas muy preparados para lanzar penaltis, de forma que, cuando sea necesario, uno pueda sustituir al otro, pero a nivel profesional, dos jugadores también pueden ser pocos. Es cada vez más frecuente que las competiciones, desde los campeonatos de clubes hasta los de selecciones nacionales, se resuelvan en la tanda de penaltis: cinco lanzamientos es el número mínimo previsto, que puede ampliarse si el resultado es de empate. Cinco penaltis suponen tener, al menos, cinco jugadores decididos y capaces de lanzarlos. Así queda claro lo importante que es dedicar parte del entrenamiento a practicar este tipo de disparos. La regla 14 prescribe que aquel que lanza el penalti debe golpear el balón hacia delante y no podrá tocarlo una segunda vez hasta que otro jugador lo haya hecho. Para cualquier infracción a esta regla y a las otras reglas relativas a la ejecución, se remite a la regla 14.

Saque de portería

Lo puede efectuar el portero, o cualquier otro jugador. Es la reanudación del juego después de que el balón, tocado por un atacante, haya salido del campo por la línea de fondo (véase regla 16, pág. 115). Hay que colocar el balón en un punto cualquiera del área de portería y sacarlo del área

de penalti, hacia el interior del terreno de juego (en caso contrario hay que repetir el saque).

Existen dos tipos de saques de portería: el pase a un compañero que está fuera del área o el que se llama *saque largo*, un lanzamiento largo en parábola que se ejecuta con el empeine interior, golpeando el balón por debajo de su línea media (fig. 297), para levantarlo del suelo y pueda llegar a sobrepasar la línea de centro del campo y caer en la zona de ataque.

Cabecear

Después de los pies, la cabeza es la parte del cuerpo más utilizada para jugar a fútbol. Con el paso del tiempo, los niños vencen el miedo y entienden que saber golpear de cabeza no sólo completa su bagaje técnico sino que los hace más competitivos y les da ventaja en el juego aéreo cuando deban intervenir en balones altos, ya se trate de apoderarse de un lanzamiento, despejar en

PASAR Y TIRAR

el área, anticiparse al defensa rival en un centro, recibir el esférico en un saque de esquina o efectuar un pase cuando la situación del juego les impida utilizar los pies.

Aun dando por descontado que los atletas más altos y poderosos tienden a prevalecer en el juego aéreo, también los jugadores de baja estatura deben tener una buena destreza con la cabeza.

Veamos de qué maneras debe tocarse el balón, teniendo presente que, salvo casos excepcionales, siempre se realiza con la parte alta de la frente (la más robusta) y no con la sien, porque puede ser peligroso. Hay que seguir el balón con la mirada hasta el momento del impacto y estando en posición frontal con respecto a él.

Hacia delante

Es la menos difícil de aprender porque se puede efectuar estando con los pies bien situados en el suelo y no requiere un gran esfuerzo de las articulaciones ni de los músculos.

Hay que abrir los brazos, adelantar una pierna, con la rodilla doblada, de manera que la otra dé el impulso y quede hacia atrás junto con el tronco, que debe estar ligeramente inclinado. Esta posición prepara el cuerpo para el movimiento siguiente cuando, con la nuca bien tensa y la barbilla encogida (cerca del pecho), el tronco se adelanta y la cabeza, cogiendo impulso, golpea con fuerza el balón (fig. 298).

Lateralmente

La preparación no es demasiado distinta de la anterior, si bien cambia el movimiento hacia el impacto, ya que debe girarse el tronco en la dirección a la que se quiere mandar el balón.

Una variante es el desvío, en el que más que orientar el tronco, se gira rápidamente la frente para golpear el balón hacia la derecha (figura 299) o hacia la izquierda.

En el aire

Se necesita valentía, rapidez para calcular el tiempo, elasticidad y, naturalmente estatura. Para tocar de cabeza es necesario saltar cuando el balón se acerca a una altura superior a la de la cabeza. Es posible cabecear en el aire saltando cuando se está parado, pero también en carrera:

• *Estando parado:* es la situación típica de los lanzamientos a balón parado, como el córner, o cuando un rival nos marca estrechamente y no hay espacio para coger carrerilla. Con los brazos hacia atrás y hacia abajo, se doblan las rodillas inclinando ligeramente el tronco hacia delante y se toma impulso para levantar los brazos y realizar un salto enérgico estirando las rodillas y los tobillos; después, una vez elevados del suelo, hay que arquear el tronco hacia atrás y enseguida inclinarlo hacia delante

para liberar toda la tensión muscular, que ha pasado a través del cuello, y transformarla en energía para tocar el balón con decisión (figs. 300-302).

PASAR Y TIRAR

- *En carrera:* suele hacerse en las jugadas de velocidad, como, por ejemplo, los contragolpes, o, en cualquier caso, cuando haya espacio y tiempo para preparar lo mejor posible el salto de cabeza. Al acabar la carrerilla hay que tomar impulso con el pie para obtener un mayor empuje. De este modo, la pierna que propicia el salto se estira hacia atrás mientras que la otra se dobla a la altura de la rodilla y el cuerpo se inclina ligeramente hacia delante para arquearse enseguida hacia atrás. Una vez que se esté en el aire, en el momento más alto de la elevación, es necesario abalanzarse hacia delante, a la altura del balón, para el impacto con la frente (fig. 303). Si se quiere golpear lateralmente no hay que hacer nada más que girar el cuerpo hacia la dirección a la que se quiere mandar el balón. En los remates de cabeza cerca de la portería, es mejor mandar con fuerza el balón hacia el suelo, para poner en dificultades al portero.

En plancha

Es un recurso técnico espectacular, capaz de entusiasmar tanto como una chilena, aunque requiere valor e instinto acrobático. Los defensas barren con él el área de penalti. Por lo general, es un remate de ataque, un tiro a puerta realizado por un jugador que se lanza hacia delante para alcanzar un balón bajo o a media altura (fig. 304), para anticiparse a los

defensores rivales y sorprender al portero. Gigi Riva y Roberto Bettega marcaron de esta manera goles memorables.

Hacia atrás

No es un toque muy practicado. Se trata de mandar el balón hacia atrás golpeándolo con la superficie superior de la cabeza (fig. 305), para apoyar a un compañero o, como en un saque de esquina atacante, para hacer de puente estando en el primer poste y ceder, superando por arriba a los defensas adversarios, al delantero que está en medio del área.

El saque de banda

Es la reanudación del juego después de que el balón ha superado por completo la línea lateral. Siempre se efectúa con las manos después de que un adversario ha tocado por último el balón antes de que saliese (véase regla 15, pág. 113). Las normas obligan a que el futbolista que efectúa el saque esté situado frente al terreno de juego y tenga los pies en el exterior o sobre la línea lateral, sin sobrepasarla, ni siquiera parcialmente (fig. 306). El jugador tiene que utilizar las dos manos y lanzar el balón al campo por detrás (fig. 307) y por encima de la cabeza, justo cuando pasa por esa altura (figura 308). No puede acompañarlo más abajo, dejarlo caer perpendicularmente ni lanzarlo con una mano y dirigirlo con la otra. El mismo jugador no puede jugarlo por segunda vez antes de que lo haya tocado otro, ni se puede marcar gol directamente.

Hay quien lo efectúa estando parado y quien, antes de detenerse a la altura de la línea lateral, coge carrerilla para mandar el balón más lejos. A continuación explicamos cómo hay que comportarse.

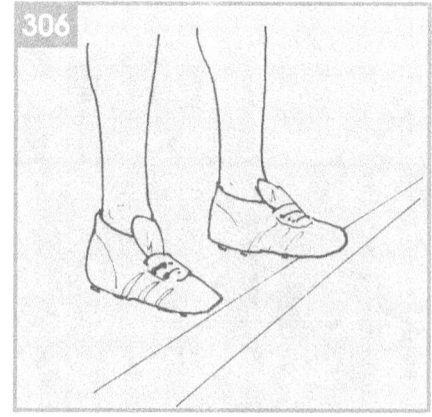

PASAR Y TIRAR

Estando parado

Con las piernas abiertas o una delante de la otra, se arquea el tronco hacia atrás para coger impulso; después hay que impulsarse hacia delante con un movimiento impetuoso del tronco, estirando los brazos —que antes estaban doblados por detrás de la espalda— y lanzar el balón por encima de la cabeza (figura 309), haciéndolo de la manera más precisa posible, sin que pase por encima del compañero que se encuentra en posición más favorable.

Con carrerilla

En la carrera que precede al lanzamiento, el jugador mantiene el balón delante del cuerpo para llevarlo a la espalda en el momento en que, con

el pie de apoyo adelantado, se detiene para enviar el saque (fig. 310). Sin embargo, no hay que levantar los dos pies del suelo en el momento del lanzamiento, ya que está prohibido efectuarlo en el aire (lo cual también vale para los saques que se hacen estando parados). Actualmente, no hay equipo que no posea un jugador capaz de enviar el balón lejos de la línea lateral, ya que se trata de un método muy útil en las proximidades del área contraria, donde el saque de banda es un auténtico centro con las manos, más peligroso que un sencillo pase al compañero que está al lado.

Con los pies

A pesar de que en los campeonatos oficiales el reglamento no permite que se ponga el balón en juego con los pies desde la línea lateral, creemos que es necesario tener en cuenta esta posibilidad puesto que desde hace algunos años, y de forma experimental, se ha practicado en ciertos torneos y, de hecho, no se excluye que en un futuro se autorice en las ligas profesionales. La regla básica es la misma: el balón, parado en el suelo, no tiene que sobrepasar la línea lateral hacia el interior del campo (fig. 311).

LA TÉCNICA DEFENSIVA

Muchas veces el duelo entre un defensor y un atacante puede y convertirse en uno de los motivos de interés en el transcurso de un partido.

Por lo que respecta a los marcajes se pueden plantear dos posibilidades: disputar el balón al adversario que está en posesión de él o bien marcar (es decir controlar) al delantero cuando todavía no le han pasado el balón.

Un duelo en el que concentración y paciencia son las que mandan. En cada acción el defensa tiene que valorar si es conveniente estar encima de su rival o si es el momento de dejarle un poco de espacio.

De todas formas el defensor tiene que estar, en general, lo más cerca posible del atacante, cuando este se encuentra a punto de entrar en posesión del balón y no tiene que dudar en anticiparse, si está seguro de que va a llegar al balón. En este caso no hay que mirar al adversario, sino concentrarse en el esférico.

Hay que mantenerse siempre en equilibrio y en una posición favorable para poder recuperarlo cuando convenga, deslizándose sobre el terreno (véase págs. 199-201). En cualquier caso lo mejor es mantenerse en pie, porque si se realiza desde el suelo una intervención errónea, ya no se podrá ayudar al equipo en la continuación de la acción.

Si no se está seguro de que se va a conseguir un resultado favorable en una anticipación, hay que quedarse en el sitio, colocarse detrás del atacante y esperar que sea él el que haga el primer movimiento, intentando impedirle que se gire o que nos rodee con el balón en los pies.

Marcar al adversario

De lado

El duelo entre un defensa y el atacante del equipo contrario es constante durante todo el partido, incluso cuando no tiene el balón.

Marcar a un delantero significa no perderlo nunca de vista e intentar prever sus movimientos; de hecho este intentará desplazarse continuamente calculando cada uno de sus movimientos para desorientar a la defensa, con el objetivo de crear espacios por delante, para sí o para sus compañeros.

El defensor tiene que lograr una correcta posición de espera con las piernas separadas, las rodillas flexio-

GUÍA PARA JUGAR AL FÚTBOL

nadas, el cuerpo inclinado hacia delante y los brazos abiertos para garantizar el equilibrio (fig. 312).

De este modo se está preparado para cualquier movimiento y se puede perseguir al adversario si arranca para recibir un envío largo, o disputarle el balón si recibe un pase.

Naturalmente si ya controla el balón, hay que mantenerse siempre por detrás, entre él y la portería, a una distancia de un par de metros, de lado, en la posición de espera y, posiblemente, desplazado en diagonal por la parte de su pie preferido, si se sabe cuál es. La pierna que está dirigida hacia el interior del campo tiene que estar un poco más cerca del adversario que la pierna que está dirigida hacia el exterior, y más alejada de la línea de fondo. De esta manera se puede prever un improvisado cambio de dirección del contrario, cerrándole por dentro, y se estará preparado para disputarle el balón si se girase con él en los pies. Aunque se tenga que realizar un estrecho marcaje al hombre, siempre es contraproducente pegarse literalmente a su espalda; sólo se conseguirá darle una considerable ventaja, ya que podrá utilizar al defensor como apoyo para proteger mejor el balón, o bien girarse de repente y arrancar ganando espacio para realizar un lanzamiento. En cambio, mantenerse a la distancia justa del adversario permite dejar un espacio para la anticipación y poder interceptar el balón; dar un par de pasos y, si la situación lo requiere, presionarlo; cubrir una mayor zona del campo sin que el adversario pueda desprenderse del defensor, e incluso llevarlo hacia donde interese mediante oportunas fintas.

Estas consideraciones hay que adaptarlas a las distintas fases del juego y a las situaciones que van apareciendo en una acción. Por ejemplo, si un delantero está solo en ataque y el defensor puede contar con el apoyo de un compañero que cubre su espalda, quizá se puede disputar el balón directamente (figura 313) sin correr grandes riesgos.

Si por el contrario, durante la ofensiva, el contrario no tiene el balón es mejor permanecer en posición de espera, preparados para seguir al rival en el caso de que hiciese

LA TÉCNICA DEFENSIVA

una pared, y así impedir posibles triangulaciones entre los dos. En concreto, un defensor tiene que preocuparse esencialmente de ganar espacio y tiempo al adversario, aunque no es totalmente necesario que también le quite el balón. No hay que estar físicamente encima del adversario, sino hacerle sentir la presión, impedirle que piense, haciéndole intuir que se está preparado para realizar una intervención.

Cuando el adversario se vea obligado a preocuparse únicamente del marcaje y no pueda desarrollar su juego, el defensor habrá alcanzado su objetivo.

Doblar el marcaje

Con frecuencia, en el curso de un partido, la defensa tiene un hombre más que atacantes contrarios. Conseguir doblar un marcaje es como obligar al rival a caer en una trampa que se le ha preparado.

El primer defensa marca de lado al adversario que tiene el balón y, con una correcta posición y un adecuado movimiento del cuerpo, le obliga a cerrarse hacia la zona en la que un compañero realiza un apoyo en el marcaje, colocado en ángulo respecto a la portería, a algunos metros de la jugada y algo más hacia el interior que el primer marcador.

El jugador que *dobla* tiene que mantenerse cerca para poder intervenir en el marcaje, o para disputar el balón al adversario en caso de que consiga superar al primer defensor, pero lo suficientemente lejos como para impedir que el rival supere a los dos con un solo movimiento (fig. 314).

Si las posiciones de los dos defensas son correctas la *trampa* puede resultar perfecta. Sintiéndose con la espalda cubierta, el marcador puede decidir intervenir directamente, o bien, obligarle a driblar dirigiéndolo hacia el otro defensor.

Disputar el balón al adversario

La entrada

La entrada es una técnica defensiva que permite *sacar* el balón de las piernas de los adversarios o, más sencillamente, desviar el balón a la banda o alejarlo hacia una zona menos comprometida del campo.

Contrariamente a lo que pueda parecer, la entrada no es una intervención exclusivamente defensiva, sino que tienen que saberla realizar todos los jugadores del equipo en cualquier zona del campo.

No es fácil de realizar ni de enseñar. Para llevarla a cabo se necesita sincronización, valor y fuerza. Existen dos maneras de disputar el balón:

— la entrada frontal, que se realiza principalmente en el centro del campo, cuando es necesario romper las acciones del equipo adversario (fig. 315);
— la entrada lateral que se realiza deslizándose y permite recuperar el balón en la defensa o en la delantera (fig. 316).

La entrada frontal resulta adecuada cuando el adversario ya tiene el balón entre los pies y viene avanzando. Es conveniente prepararse para el impacto llevando los hombros hacia el adversario y distribuyendo el peso sobre todo el cuerpo. Hay que calcular el momento para la intervención, colocarse frente al atacante e intentar golpear el balón en cuanto el adversario se disponga a tocarla. Hay que utilizar la parte interior del pie para blocar el esférico, con las rodillas ligeramente dobladas para amortiguar el golpe, e intervenir con determinación, con los músculos en tensión y el tobillo bien firme para no sufrir algún golpe y lesionarse. En este tipo de disputas también hay que aprovechar la fuerza corporal. Al final el adversario, desequilibrado, seguirá su carrera sin el balón, que permanecerá firmemente pegado a los pies del defensor.

Antes de intervenir hay que asegurarse de tener algún compañero preparado para cubrir la jugada, de manera que no se creen peligros para el equipo en caso de error y de que el atacante no tenga espacio suficiente para evitar la entrada.

En cambio, la entrada deslizándose sobre el terreno es un recurso de emergencia. Se recurre a ella en las situaciones peligrosas, cuando un atacante se interna entre la defensa contraria dirigiéndose hacia la portería. En estos casos, el defensa intenta evitar el tiro deslizándose sobre el terreno para alejar el balón hacia un compañero o hacia fuera. Debido a que el jugador que realiza este tipo de entrada acaba tendido sobre el terreno excluido de la jugada, hay que asegurarse de que la

LA TÉCNICA DEFENSIVA

Jugando con anticipación

En este caso no se trata de disputar el balón a un adversario con una entrada, sino de sorprenderlo llegando antes que él al esférico. El defensor que elige este camino necesita medir bien el tiempo y tener una gran seguridad psicológica para no cometer un fallo que daría ventaja al atacante.

La anticipación puede convertirse en un ocasión de oro; de los pies del defensor que le roba el balón al atacante anticipándose a él, puede desarrollarse inmediatamente una replica ofensiva, con posibilidades concretas de encontrar a la formación contraria adelantada y descolocada (fig. 318).

En muchos casos, el *efecto sorpresa* obliga al atacante que recibe un pase a cometer falta sobre el defensor

entrada sea efectivamente necesaria y de llevarla a cabo con éxito.

El defensor inicia la intervención desde atrás y, en diagonal, y cierra el camino al atacante deslizándose transversalmente a la trayectoria del balón. La pierna que golpea el esférico es la que en ese momento se encuentra más lejos del adversario. Hay que bloquear o desviar el balón con el interior del pie. El peso del cuerpo se mantiene sobre la pierna interior, que queda algo más retrasada y doblada por la rodilla. El brazo que se encuentra en el lado de la pierna que se ha estirado hacia el balón se utiliza para atenuar el impacto de la entrada. Este tipo de entrada también se puede realizar con la pierna que está más cerca del adversario.

En cualquier caso hay que golpear el balón antes de tocar al adversario, para no cometer una falta que resultaría muy clara y podría provocar una tarjeta de amonestación o incluso una expulsión.

En la figura 317, puede verse una disputa entre el atacante del Udinese, Bierhoff, y el centrocampista del Vicenza, Maini.

que se anticipa. Es una jugada que hay que realizar sólo cuando se está seguro de llegar al balón.

La situación es distinta en los saques de esquina y en los lanzamientos a balón parado. En los balones altos sobre el área, la defensa está colocada mientras que los delanteros se mueven para desmarcarse. En los centros se ve la habilidad de los defensas, más capacitados para el juego aéreo, que se anticipan a sus adversarios robándoles el espacio para liberar su área y alejar el balón de cabeza.

La posición en los centros y en los lanzamientos de falta indirectos

Defenderse de los centros de lanzamientos a balón parado implica una perfecta organización de la defensa. Es el portero el que tiene que actuar con rapidez y colocar a la defensa para enfrentarse a estas situaciones. El balón puede ser puesto en juego en cualquier instante y los defensas tienen que reaccionar inmediatamente.

La primera preocupación del defensa, en los lanzamientos a balón parado, ha de ser la de no dejar que su adversario se le anticipe. Cuando un centro llega a su portería, el defensa ha de ocupar una posición que le permita ver el balón y controlar al atacante, que intentará librarse de su marcaje.

Los saques de esquina son más fáciles de controlar porque la defensa tiene tiempo para colocarse y comprobar los marcajes antes de que el balón se ponga en juego. Ya hemos visto la posición de los porteros en los córner. El equipo que se defiende tiene que gozar de una ventaja numérica. Todos los defensores tienen que situarse entre sus adversarios directos y su portería. Un defensor se coloca en el poste más cercano al balón para interceptar posibles tiros cortos con efecto dirigidos directamente a portería (fig. 319).

Si el equipo tiene un portero hábil en las salidas, habrá de colocar a otro defensor también en el segundo poste. Una vez lanzado el córner, los dos seguirán el esférico con el fin de proteger la portería de los remates rivales. Es conveniente también que un hombre de la defensa se sitúe como barrera cerca del banderín del córner, para intentar obstaculizar al adversario que se apresta a lanzar el saque de esquina.

Si el atacante pone en juego el balón con un pase corto hacia un compañero, un defensor tiene que estar inmediatamente preparado para apoyar a su compañero; a la vez los otros hombres de la defensa tienen que salir hacia el centro del campo para dejar en fuera de juego (véase pág. 278) a los delanteros rivales.

LA TÉCNICA DEFENSIVA

La misma situación se crea en el área cuando el equipo tiene que defenderse de tiros indirectos, que se ejecutan desde un ángulo cerrado con respecto a la portería o desde una distancia que no permite un lanzamiento directo a portería.

Además, el equipo que ataca puede elegir en cualquier momento, centrar un balón al área; entonces los defensores han de estrechar los marcajes y preocuparse, si consiguen alejar el balón del área, de *subir* a presionar a los rivales situados en la línea de tres cuartos de su campo para volver a intentar otra jugada de ataque o incluso disparar al vuelo a portería.

Cuando un defensor ha de alejar el balón del área con la cabeza tiene que saber dónde dirigirlo y no despejar sin más. Por ello, antes de que el esférico corra hacia el área observará la disposición de los jugadores e intentará golpear el balón dirigiéndolo hacia los lados del campo, de manera que los adversarios no se apoderen de él en una zona peligrosa.

Para no ser sorprendidos por una falta lanzada rápidamente por los adversarios, los defensas recurren a menudo a algunas estratagemas que no son correctas desde un punto de vista deportivo, pero que hoy ya son una práctica en los campos de juego y que permiten al equipo colocarse. Nos referimos a esos jugadores que alejan el balón afirmando que no es ese el punto en el que se ha cometido la falta o que se colocan delante del balón discutiendo la decisión arbitral.

Son malos ejemplos que los entrenadores no tienen que apoyar y que, sobre todo, no tienen que enseñar a los jóvenes que se acercan a este deporte.

Alejar el balón

El defensor entra al adversario cuando quiere apoderarse del balón, mientras que simplemente lo aleja cuando se ve obligado a romper el juego ofensivo del equipo rival.

Son los llamados *despejes*, cuyo objetivo no es que el balón llegue a un compañero, sino alejarlo del área hacia una zona menos peligrosa.

Es importante que los lanzamientos y despejes de los defensas no pongan en dificultades a su propio equipo; por lo tanto, antes de golpear el balón hay que observar la disposición de los compañeros y efectuar, si es posible, un pase al centro del campo o un lanzamiento bien dirigido a los delanteros.

En la figura 320, el defensa del Venecia, Pavan, en acción.

Siempre hay que despejar con fuerza y decisión el balón para evitar regalárselo a los rivales en un momento en que la defensa puede estar desordenada, y no es un deshonor, si se está en dificultades, enviar el

GUÍA PARA JUGAR AL FÚTBOL

balón fuera de banda o a córner, aunque hay que enviarlo bien lejos para dar tiempo a los compañeros de colocarse y organizarse (fig. 321).

Para alejarlo con la potencia adecuada, hay que golpear el balón con el empeine y, en muchas ocasiones, al vuelo. Los desvíos se pueden efectuar con otras partes del pie.

Alejar el balón también puede resultar útil cuando se quiere despejar y cortar la acción de un atacante que tiene el esférico entre los pies. Hay que colocarse detrás del adversario y, en cuanto sea posible, golpear el balón sin cometer falta para alejarlo hacia un compañero o para mandarlo fuera del campo.

La misma solución se puede emplear cuando se está frente al adversario y este se adelanta el balón.

Proteger el balón

Se dice que un jugador *cubre* el balón cuando pone su propio cuerpo entre el rival y el balón, manteniendo siempre este último a una distancia que le permita jugarlo, de manera que no lo pueda alcanzar nadie más.

El costado y la espalda se apoyan ligeramente sobre el adversario mientras se controla el balón con la planta del pie que está más lejos de él, tocándolo por su parte superior con la suela de la bota (fig. 322).

Hay que separar los brazos para mantener el equilibrio y aumentar el espacio defensivo, pero no hay que obstaculizar excesivamente al adversario porque no está permitido por el reglamento. Si se quiere aumentar la distancia entre el balón y el adversario hay que doblar las rodillas y desplazar la pelvis hacia atrás.

No hay que mantener el balón entre las piernas ni demasiado cerca; en este caso sería sencillo para el jugador que disputa el balón, alejarlo con la punta del pie. El mismo recurso, pero sin tocar el balón, se utiliza también para dejar que salga del campo un balón tocado en última instancia por un adversario y obtener así un saque de banda a favor. Pero atención a no cometer falta. El árbitro permitirá utilizar el cuerpo para proteger el balón si ya se está en posesión de él, pero no tolerará que se frene la carrera del adversario si todavía no se controla al balón.

EJERCICIOS TÉCNICOS

La preparación se basa en el aprendizaje de la técnica individual, posteriormente trabajada con los compañeros. Sólo después de esta primera fase puede llevarse a cabo otro tipo de preparación, además de la físico-atlética, que debe ser diferenciado y personalizado. Aquí estudiaremos los principales ejercicios con balón para asimilar los fundamentos del fútbol, que son el conjunto de los movimientos efectuados en contacto con el balón para conducirlo, recibirlo y pasarlo.

La principal atención hay que dirigirla a los defectos iniciales de los jugadores jóvenes para ir perfeccionando la coordinación, la gestualidad y la sensibilidad.

La regla base que debe cumplirse con todo rigor es la repetición de los movimientos técnicos con el fin de mejorar su realización.

Se recomienda voluntad, aplicación y una gran paciencia, preocupándose de trabajar los ejercicios desarrollados no sólo una gran cantidad de veces, sino sobre todo con una buena calidad.

Una característica evidente del fútbol actual es la necesidad de tener mayor capacidad técnica, debido al aumento de la velocidad del juego. Se necesita ser rápido con el pensamiento y hábil en la interpretación (en otras palabras: saber «descodificar» rápidamente según la situación y encontrar la mejor solución). Hoy, más que nunca, es necesario jugar con la máxima atención, saber anticiparse y «leer» la acción sin pérdida de tiempo.

Dominio de ambos pies

Si durante la infancia se tiende a utilizar una parte del cuerpo más que la otra, también jugando con el balón es natural jugar preferiblemente con un pie antes que con el otro. Si intentamos mejorar la técnica, es muy importante trabajar también con el pie que instintivamente tendemos a utilizar menos, de manera que aprendamos a jugar con dominio, sea de derecha o de izquierda en cada situación de juego. Se ha constatado que hasta los 11 o 12 años un niño es muy receptivo, y por tanto memoriza rápidamente una gran información procedente del exterior. El entrenador de fútbol debe dosificar las informaciones técnicas a fin de que sean claras y precisas, sabiendo que una noción inexacta puede comprometer el progreso del alumno. Además corregirla posteriormente resultará cada vez más difícil. Por tanto, se requiere especial atención por parte del jugador, pero sobre todo por parte del entrenador.

Ejercicios con el balón en el suelo

Se empieza con la planta para adquirir sensibilidad en el dominio del balón y dominarlo con seguridad. Desplazar el balón adelante y atrás utilizando primero el empeine y después la planta (figs. 323-324).

Moviéndose lateralmente, desplazar el balón hacia la izquierda (figura 325) y hacia la derecha (fig. 326). Estando parados también es útil

EJERCICIOS TÉCNICOS

desplazar el balón en sentido circular, manteniendo siempre el contacto con la planta del pie.

• Saliendo con el pie lateralmente al balón, moverla acariciándola con el interior, la planta y el exterior (figs. 327-329) y viceversa.

• Sobre el mismo punto y avanzando un poco, pasarse el balón de un pie al otro, manteniendo las punteras algo hacia dentro para no perder el control (fig. 330).

 **GUÍA PARA JUGAR AL FÚTBOL**

• Conducir el balón desde el interior hacia el exterior, siguiendo un recorrido lineal (fig. 331): por ejemplo, a lo largo de la circunferencia ideal de un círculo (fig. 332) o a lo largo del perímetro de un cuadrado (fig. 333), pero también procediendo en forma de serpentina (figura 334) intercalando giros del cuerpo sobre el mismo punto (fig. 335).

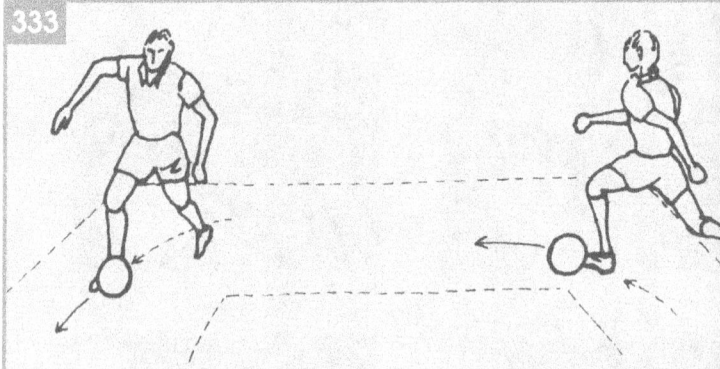

GUÍA PARA JUGAR AL FÚTBOL

Toques de balón

Es un movimiento que requiere gran confianza con el balón. Se realizan toques con el pie, el muslo y la cabeza, estáticos y en movimiento.

• Manteniendo la punta del pie orientada hacia arriba, se toca el balón con el empeine, dándole un ligero efecto hacia dentro (hacia el jugador). Conviene alternar derecha e izquierda (figs. 340 y 341), aumentando y disminuyendo la fuerza para variar la altura del balón.

Cuando se posee un buen nivel de destreza, se puede avanzar en eslalon entre los conos.

• Desde el pie se pasa al muslo, manteniéndolo en posición horizontal respecto al cuerpo y siempre relajado (fig. 342).

• Para completar el repertorio, se toca el balón con la frente hacia arriba, los brazos abiertos y las rodillas ligeramente dobladas (fig. 343). El ejercicio se puede desarrollar individualmente o en grupo (fig. 344).

EJERCICIOS TÉCNICOS

Paso entre conos

Es un ejercicio que pone a prueba la capacidad de control del balón cuando el jugador avanza en zigzag.

La línea de obstáculos se supera con el balón en un pie, utilizando el interior y el exterior (figs. 336-337), o bien con el interior de ambos pies de forma alterna.

Los conos pueden disponerse en línea recta (fig. 338) o bien colocarse en forma de serpentina (fig. 339).

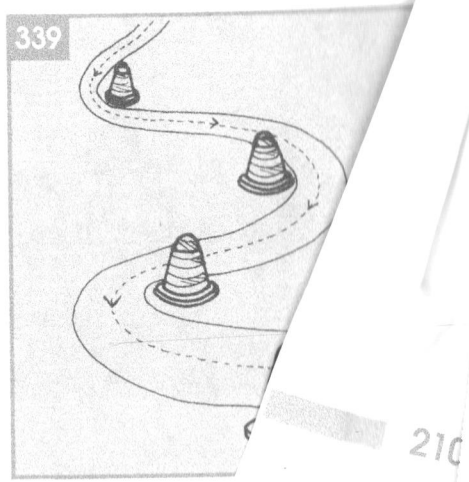

EJERCICIOS TÉCNICOS

GUÍA PARA JUGAR AL FÚTBOL

Tocar contra la pared

Cuando estemos solos, una pared puede ser un buen compañero de juego. Uno de los muchos ejercicios que se pueden practicar consiste en disparar el balón contra ella para ejercitar el tiro y la recepción, mientras estamos en movimiento (fig. 345).

Es un ejercicio que se puede modificar tirando el balón hacia arriba para recogerlo en el aire (fig. 346), o de bote pronto (fig. 347), y también golpeándola con la cabeza (fig. 348).

EJERCICIOS TÉCNICOS

Ejercicios para driblar

Si la capacidad para el *dribbling* es uno de los rasgos distintivos de los campeones, también es verdad que esta se adquiere muy pronto: entre los 6 y los 12 años ya se puede desarrollar la coordinación necesaria para conseguirlo. Después, se vuelve todo más difícil por una cuestión de receptividad mental y desarrollo físico. Al pasar a la adolescencia y después a la madurez, se perfecciona la técnica. Aprender y afinar el *dribbling* requiere un entrenamiento constante. Hay que intentar y volver a intentar continuamente cada movimiento. No se puede progresar dejándolo todo a la improvisación.

Veamos un muestrario de ejercicios técnicos, desde cómo reconocer y ejecutar las fintas hasta cómo superar al adversario.

Fintar

Ante todo es fundamental observar al entrenador y a los compañeros cuando efectúan alguna finta.

Memorizadas las enseñanzas, se empieza ejercitándose a solas, con balón y sin él, imitando los movimientos que se han visto hasta adquirir automatismo. Por ejemplo, el eslalon a través de conos, también útil para poner a prueba el control del balón, puede repetirse haciendo una finta distinta en cada obstáculo.

Empecemos por la finta con el cuerpo e intentemos efectuarla tanto a la derecha como a la izquierda.

En el primer caso hay que desplazarse hacia la izquierda pasando por encima del balón con el pie derecho para, después, salir hacia la derecha con el otro (figs. 354-356), y viceversa.

GUÍA PARA JUGAR AL FÚTBOL

En el segundo caso se insinúa un movimiento a la derecha y se toca el balón hacia la izquierda con el exterior (figs. 357-359), y viceversa.

Un entrenamiento muy válido para calibrar el ritmo y la elección del momento de la jugada es la finta en oposición. Dos jugadores, a una señal establecida, se encaran llevando cada uno un balón. Al llegar a la distancia considerada adecuada para efectuar el cambio de dirección, hacen una finta hacia un lado y, enseguida cambian de pie y salen por el lado opuesto (figs. 360 y 361).

Por último, hay que poner en práctica las lecciones aprendidas en los diferentes partidos de entrenamiento.

EJERCICIOS TÉCNICOS

Driblar

Se puede practicar por parejas cerca de la portería. El atacante se enfrenta al defensor y lo supera recurriendo a todas las fintas oportunas (figs. 362 y 363).

El atacante debe estar listo para llegar a portería en cuanto haya superado al defensa, último baluarte antes del portero (fig. 364).

Una manera estimulante de proponer este enfrentamiento es cambiar los papeles cada vez que el atacante no consiga superar al defensor. En el entrenamiento en grupo, en cambio, después de haber driblado al adversario se cede el balón a un compañero. Si se desarrolla esta maniobra por un lado del campo, cerca del área de penalti, y quizá de la línea de fondo, hay que superar al adversario y después pasar al centro.

Para aumentar el grado de dificultad del *dribbling*, los defensores se colocan dentro de unos cuadrados delimitados por conos. El jugador que tiene el balón debe entrar en un cuadrado y salir rápidamente, después de haber sorteado al adversario que se encuentra en él. El que pierde el balón se queda en el cuadrado y cede su lugar al defensor, que sale de sus límites.

Ejercicios técnicos para el pase y el tiro

A modo de resumen de todo lo que se ha descrito, veamos algunos ejercicios útiles para dominar las técnicas de lanzamiento del balón, y afinar la precisión y la progresión de la fuerza en los pases y en los tiros,

para desarrollar no sólo las capacidades individuales sino también el entendimiento con los compañeros.

Chutar con el interior

Empecemos con el interior. Chutaremos contra una pared alternando los dos pies. Después dibujaremos una diana, y tiraremos al blanco (fig. 365).

pliar a un grupo de jugadores que, en círculo, se pasan el balón.

Para perfeccionar los tiros con efecto hay que hacer lanzamientos de falta rodeando la barrera de entrenamiento (fig. 367).

En cambio, para dar efecto al balón con el empeine interior, es me-

Después nos moveremos hacia delante y hacia atrás, tirando el balón contra la pared para recibirlo y volver a golpearlo a la primera (fig. 366).

Vayamos al campo y lancemos algunos penaltis, apuntando al lateral inferior de la red.

Después nos entrenaremos con un compañero intercambiando el balón al primer toque y a distintas distancias. El ejercicio se puede am-

jor entrenar los saques de esquina, intentando marcar desde el banderín.

Los pases largos se entrenan por parejas. El que se realiza con el empeine interior sirve para grandes espacios: un jugador, en el centro del campo, lanza a un compañero por el extremo y este, desde la línea del

EJERCICIOS TÉCNICOS

fondo, centra al medio del área para que el otro dispare a puerta.

Chutar con el exterior

Las situaciones descritas para el disparo con el interior valen también con compañeros (ya sea contra la pared o lanzando faltas).

Pero con el exterior también hay que entrenarse haciendo lanzamientos cortados para rodear al adversario que se interpone entre el jugador que pasa y el compañero que corre a recibir (fig. 368).

Un juego divertido e instructivo al mismo tiempo consiste en tirar al blanco apuntando a un círculo. De este modo, dos equipos compiten para ver quién acierta más veces, con lanzamientos largos en parábola, al interior de un círculo dibujado sobre el terreno (fig. 370).

Chutar con el empeine

Hay que moverse y lanzar contra un objetivo, con los dos pies y al primer toque.

En el centro del campo se coge el balón y se deja caer para golpearlo antes de que toque el suelo (o bien a bote pronto en cuanto lo toca) y en la dirección deseada.

Con el empeine interior hay que entrenar: con pases y tiros rasos y altos, después de haber recibido el balón (fig. 369), de haberlo conducido o de haber regateado.

Esta parte del pie resulta particularmente eficaz cuando se trata de tirar de volea. Se pelotea con un compañero y se practican los tiros, sobre todo aprendiendo a dirigir a puerta con potencia y precisión los centros desde las bandas, tanto golpeando el balón de frente (fig. 371) como de media vuelta (fig. 372).

En el entrenamiento hay que prever que los jugadores se pasen el balón mediante de todas las técnicas aprendidas: el interior, el exterior, el empeine y la cabeza.

El acordeón

Es un ejercicio muy útil para entrenarse en el pase del balón en movimiento. Los jugadores se acercan gradualmente para alejarse después, y entonces se vuelve a empezar, intercambiándose el balón al primer toque sin dejar que se detenga, alternando el interior y el exterior y cambiando la velocidad de la carrera (fig. 373). Un ejercicio parecido, realizado por dos jugadores, ayuda a calibrar el pase a un compañero en carrera.

EJERCICIOS TÉCNICOS

Pases con precisión en carrera

Siempre es poco el tiempo dedicado a los movimientos fundamentales, tanto por lo que respecta al juego individual como al del equipo. Se puede practicar un juego de relevos de la siguiente manera: se organiza una fila de jugadores, un encargado de ceder el balón y un jugador de referencia algo más apartado. El que cede el balón lo pasa al primero de la fila, que arranca hacia el balón, lo envía hacia el jugador de referencia que, a su vez, se lo devuelve al que lo cede. Cuando el triángulo queda cerrado, se pasa al siguiente jugador (fig. 374).

Un ejercicio de precisión se puede realizar también a solas, triangulando con una pared y una fila de conos en lugar de los adversarios (figura 375). Después, el entrenamiento se repite con un compañero y otros jugadores que intentarán interceptar el balón durante la triangulación.

Un partido, a uno o más toques por jugador y aplicándose en la búsqueda de espacios libres para desmarcarse y entenderse con los compañeros, puede ser la síntesis final de todas las enseñanzas recibidas.

Desmarcarse

Un jugador intenta cortar la jugada que realizan otros tres, en la que uno lleva el balón y lo cede a uno de los dos restantes, que se mueven hacia las zonas libres. De este modo, uno de los dos puede recibir el balón y, a su vez, pasarlo. Si el adversario intercepta el balón, cambia su posición con el que ha jugado el esférico en última instancia (figs. 376-378).

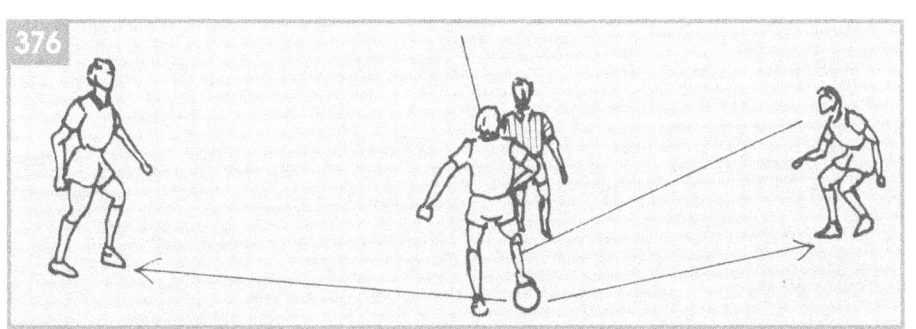

GUÍA PARA JUGAR AL FÚTBOL

Chutar entre conos

Para mejorar la precisión en los pases y en los tiros, se colocan pequeñas porterías formadas por conos y se dispara el balón para que pase entre ellos, tanto apuntando de frente como con una trayectoria transversal (fig. 379) raso, a media altura, o alto.

Tiros a puerta con precisión

Se cogen cuatro cuerdas y se atan al travesaño de modo que cuelguen y dividan la portería en sectores (fig. 380). Si se quiere aumentar el grado de dificultad, se puede colgar una cuerda horizon-

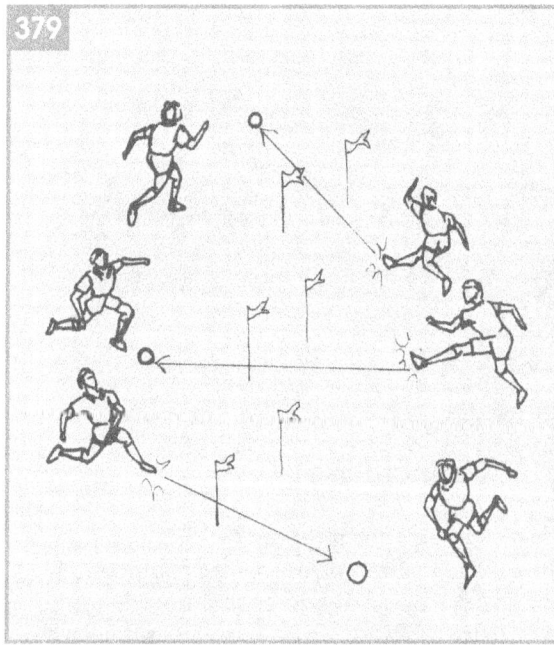

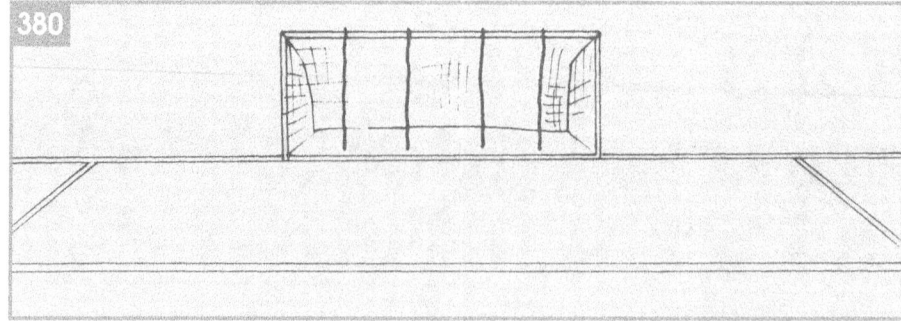

EJERCICIOS TÉCNICOS

talmente, de un poste al otro, para dividir la portería en dos mitades (figura 381). De este modo la tendremos dividida en varias casillas, en las que el jugador habrá de acertar mediante lanzamientos a balón parado desde distintos ángulos del campo y con todas las partes del pie (figura 382), estando parados y en movimiento.

Se trata de un método bastante sencillo que permite aprender a enviar el balón en la dirección, a la altura y el lugar deseados.

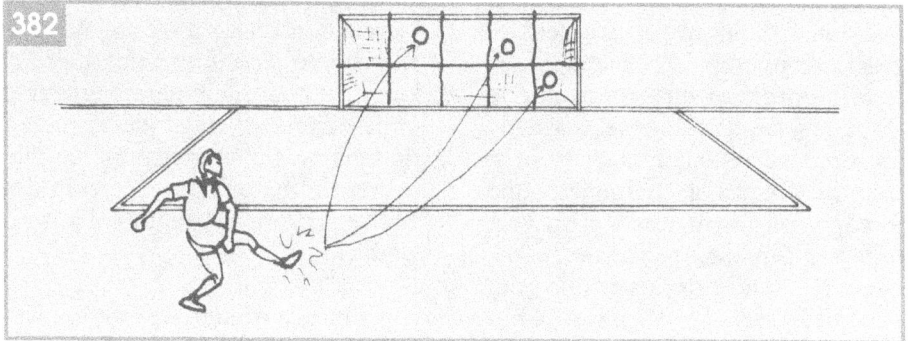

Girarse y tirar

Se trata de un ejercicio que implica rapidez de reflejos, sentido del espacio, coordinación y precisión. Veamos un par de las muchas variantes que se podrían proponer.

Primera: el jugador, en mitad del área y con la portería a su espalda, tiene un balón a cada lado; se gira para tirar por el lado en que el instructor da una palmada (fig. 383).

Segunda: el jugador de espaldas se gira en cuanto oye la señal, recibe el balón y lo golpea por bajo entre

los dos postes a su izquierda si se golpea con la derecha o viceversa (fig. 384).

Entrenamiento de cabeza

Dos jugadores se colocan el uno enfrente del otro: el primero sujeta el balón con una mano a la altura de la frente y lo golpea después de un amplio movimiento de cabeza de atrás hacia delante, soltando la presa en el momento del impacto, de manera que le llegue al segundo que lo coge y repite el ejercicio.

Otro ejercicio consiste en lo siguiente: un jugador lanza el balón al aire, un compañero salta y remata a gol hacia un punto preestablecido, en el aire y siempre hacia abajo.

Si se practica en grupo, puede disputarse un partido en el que cada jugador lanza el balón al aire y se lo pasa de cabeza a un compañero, que lo coge con las manos y, a su vez, hace lo mismo hasta alcanzar el área contraria, donde los rivales sólo pueden defender la portería cabeceando los balones que se dirigen los atacantes.

Ejercicios para los defensas

• Relevos con el balón (fig. 385). El ejercicio lo realizan tres jugadores. El primero pasa a un compañero el balón, al cual sigue para ejercitarse en la carrera. El segundo lo pasa a un tercer compañero y también sale detrás del balón. El tercero lo devuelve al primero y realiza el mismo ejercicio.

• Entrada frontal (fig. 386). Antes de empezar se tiene que delimitar un área rectangular en cuyo interior se

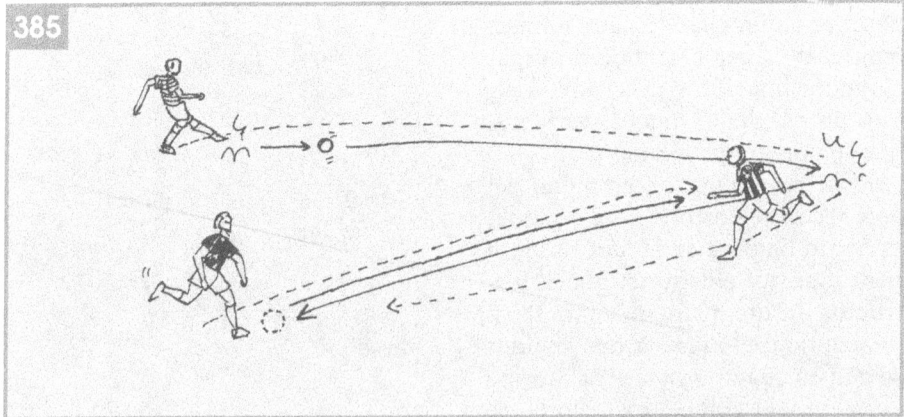

EJERCICIOS TÉCNICOS

realizará el ejercicio. El primer jugador le disputa el balón al segundo con una entrada, mientras este, a su vez, intenta driblar para pasar el balón a un tercer jugador situado en los límites del rectángulo que se ha delimitado. Los jugadores cambian sus papeles en el ejercicio.

• Entrada deslizándose sobre el suelo (fig. 387). El entrenador lanza el balón en paralelo a la línea lateral del terreno de juego. Los jugadores salen corriendo hacia el esférico e intervienen lo antes posible deslizándose sobre el suelo y desviando el balón fuera del campo. El ejercicio se repite en las dos líneas laterales de manera que los jugadores se acostumbren a entrar con las dos piernas.

• Entrada deslizándose sobre el suelo para evitar un regate (figu-

ra 388). La diferencia con el anterior es que no hay que lanzar el balón, sino que otro jugador tiene que llevarlo a lo largo de la línea para intentar un regate. Los jugadores lo persiguen intentando disputarle el balón con una entrada, deslizándose para desviar el balón fuera de banda. El ejercicio se repite a ambos lados.

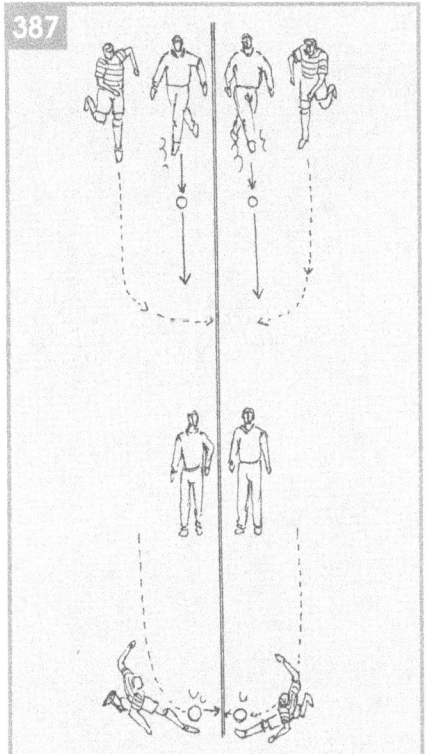

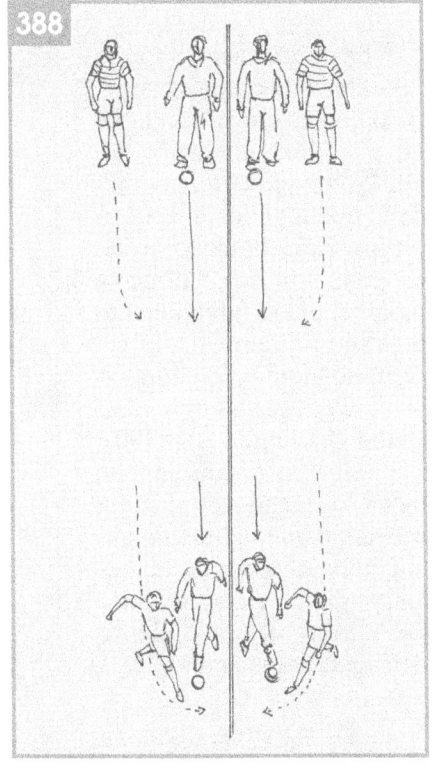

GUÍA PARA JUGAR AL FÚTBOL

Juegos de mejora técnica

Son todos aquellos juegos colectivos realizados con el balón que permiten confrontar con los compañeros la habilidad adquirida individualmente.

• Para comprobar la destreza en el control, se colocan los jugadores en círculo excepto uno, que desde el centro recibe y detiene (con todas las partes del cuerpo), y devuelve el balón a un compañero diferente cada vez (fig. 389).

• La misma disposición se necesita en la rueda, un ejercicio que es muy importante en el fútbol moderno, basado sobre todo en la velocidad. Los jugadores aplican un principio opuesto al del ejercicio anterior, ya que se pasan el balón directamente buscando que no sea interceptado por quien (uno o más compañeros) está en el centro del círculo (fig. 390).

En los intercambios de balón los jugadores se mueven de manera que se encuentren siempre en la mejor posición para recibirlo facilitando el movimiento del jugador que la pasa.

EJERCICIOS TÉCNICOS

• Otro ejercicio muy actual, porque mide la técnica de control y desarrolla la conjunción del equipo, es el fútbol-tenis, pensado para mejorar la atención, el toque, la destreza y la precisión. En un espacio delimitado y dividido en dos por una red de tenis, se coloca a cada lado un equipo compuesto por varios jugadores (pero se puede jugar también uno contra uno).

Los jugadores deben golpear el balón por encima de la red, al vuelo o bien después de que haya botado en el suelo (pero sólo en respuesta al tiro de un adversario). Antes de ser devuelto al campo contrario, el balón ha de ser tocado por un máximo de tres jugadores, una vez cada uno. Un aspecto importante es que el último que golpea la esfera debe avanzar la posición atrasada y no permanecer nunca lejos de la red: de esta manera, imaginando que el obstáculo a superar es un adversario, en el partido se buscará sorprenderlo llegando desde atrás (fig. 391).

Actividades lúdicas y partidos

Una prueba de habilidad, aunque sea disputada sólo como juego, estimula el deseo de llegar primero, de aventajar a los demás. Con esta finalidad, entrenar al jugador adulto o joven, han sido inventadas decenas de juegos con el balón. Competiciones de velocidad, tiro al blanco, pruebas de reflejos para esquivar el balón, recorridos accidentados a superar de diferentes formas. Veamos algunos ejercicios especialmente útiles para el dominio del balón.

• La carrera con obstáculos sirve para afinar la conducción del balón durante el recorrido. A lo largo de una línea de cuarenta metros aproximadamente, se colocan dos filas de obstáculos, no más de cinco por calle, de un metro de altura y uno y medio de anchura, equidistantes entre sí. En el punto de salida y en cada lado de las dos filas, se coloca

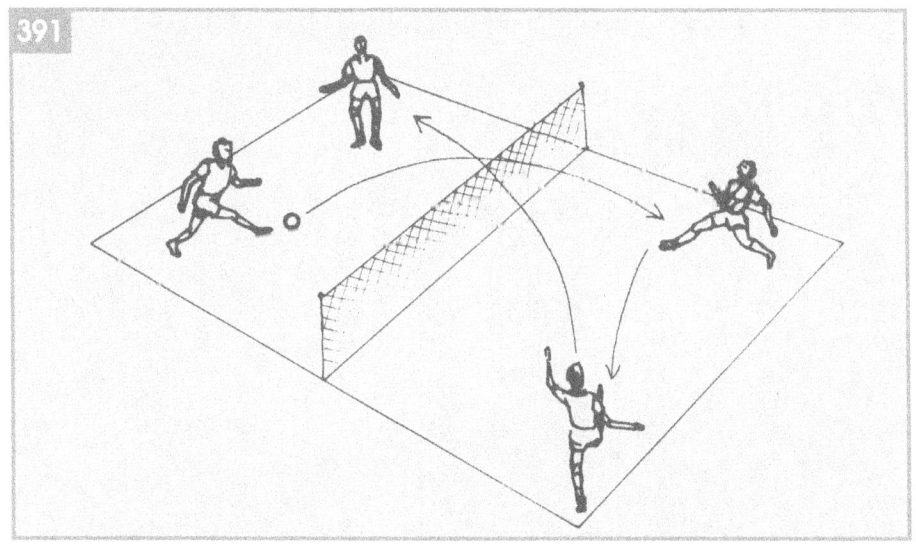

una portezuela delimitada por dos banderolas, distanciadas entre sí un metro y medio.

En el frente de estas pequeñas puertas los jugadores de los dos equipos se disponen en fila y a la voz de «ya» salen los dos primeros, con el balón en el pie; al avanzar hacen pasar el balón bajo los obstáculos, mientras saltan por encima para poder tocarlo dos veces antes de afrontar el siguiente obstáculo; al volver conducen el balón por el lateral de los obstáculos (fig. 392) para cederlo al siguiente jugador, preparado para efectuar el recorrido. Todos los jugadores deben realizar el mismo recorrido.

Gana el equipo que termina en primer lugar cometiendo el menor número de errores (derrumbamiento de obstáculos, desacierto en la puerta al ceder el balón).

• La carrera a seguir tiene en este caso un objetivo similar. Sólo que en

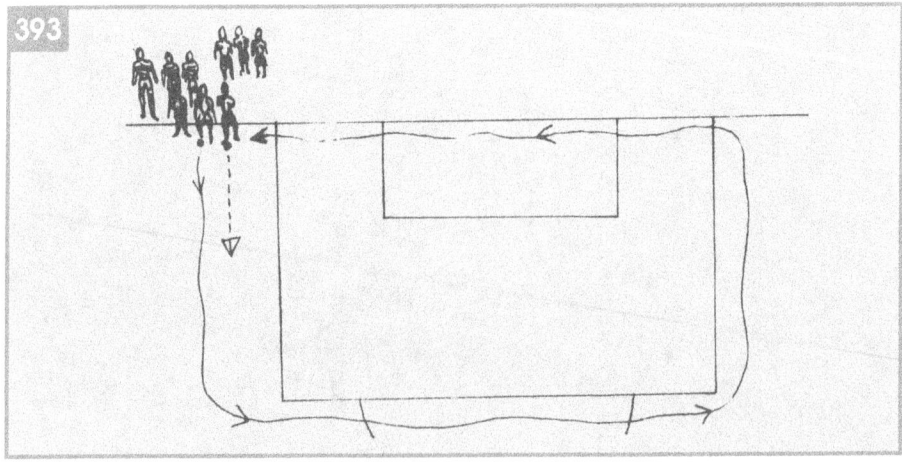

EJERCICIOS TÉCNICOS

esta ocasión los equipos participantes son tres y compiten recorriendo con el balón en el pie el perímetro del área. Los primeros salen a una distancia de dos metros uno del otro (fig. 393). Cada equipo debe buscar sobrepasar al que le precede y distanciar al que le sigue.

• La carrera en péndulo, con tres grupos de tres jugadores cada uno, desarrolla la compenetración. Dos jugadores de cada equipo están enfrente de un compañero, situado a lo largo de una línea paralela a la suya. El primero corre al encuentro del que espera, al cual pasa el balón con el pie o con las manos a fin de que este lo juegue enviándolo hacia el tercer jugador (fig. 394). Vence el equipo más rápido.

• Una auténtica prueba de velocidad en la conducción del balón es la carrera en diagonal. Distribuidos en los ángulos de la mitad del campo

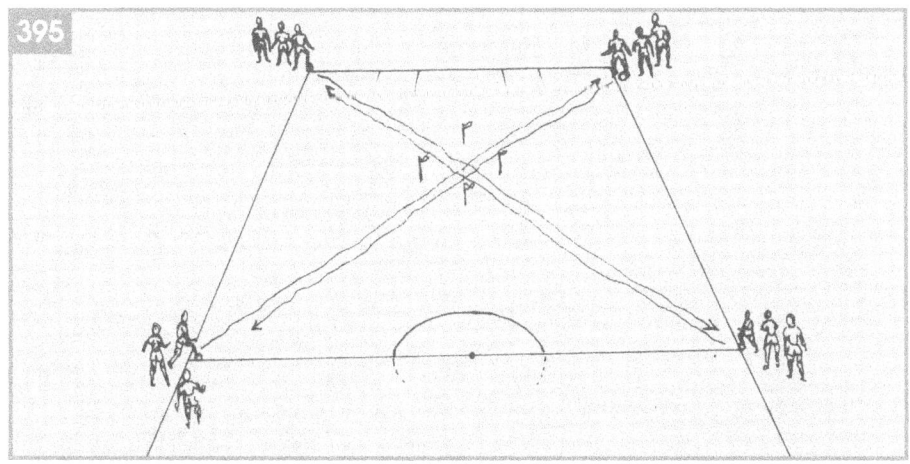

están cuatro jugadores que, a la señal de partida, salen con el balón en el pie, cada uno hacia su ángulo opuesto, prestando atención a no chocar cuando se cruzan (fig. 395), Si se da el caso, deben estar muy atentos a cambiar de trayectoria.

• Realizar un parto es siempre el momento más agradable para el jugador, sea sobre césped o sobre tierra. Se puede trabajar con gran diversión: formando equipos de dos o más jugadores, jugando con uno o dos pies, jugando el balón a uno o a dos toques, recibiéndolo con las manos y trasmitiéndolo con los pies. Existen variantes más complejas y menos frecuentes como la disputa entre tres equipos (dos que defienden la propia puerta y un tercero que ataca, uno cada vez), o aquella realizada con dos balones (dos equipos reglamentarios de once jugadores se enfrentan atacando cada uno al otro, pero a la vez defendiendo con el propio balón; si un equipo se apodera también del balón de los adversarios, puede atacar con los dos; dos pueden ser los árbitros que dirigen el encuentro).

Actividades deportivas complementarias

Es aconsejable dedicarse periódicamente también a otros deportes para estimular las partes del cuerpo menos trabajadas cuando se juega al fútbol. La natación es, por ejemplo, una actividad completa porque emplea todo el sistema articular y muscular; como actividad individual, es, además, ideal. Queriendo continuar, en cambio, con el trabajo de grupo, nada mejor que practicar un poco de balonvolea, de balonmano o de baloncesto, que son importantes para el entrenamiento del fútbol ya que desarrollan la sensibilidad ocular, los reflejos y la coordinación; en pocas palabras, permiten actuar siempre con mayor destreza.

Cuarta parte

EL PORTERO

UN PUESTO MUY ESPECIAL

Sin duda, el del portero es uno de los puestos fundamentales en el equipo. Es el único que puede tocar el balón con las manos, aunque sólo dentro del área, y su deber es blocar o desviar el esférico; en definitiva, impedir que este sobrepase la línea de portería.

Un error del portero puede comprometer el resultado de un partido, igual que una buena intervención puede salvarlo; durante un encuentro tiene que tomar numerosas decisiones y todas tienen que ser exactas.

Un buen portero tendría que aportar siempre *seguridad*, en detrimento de la espectacularidad de las intervenciones. Una parada espectacular, aunque sea admirable por su belleza estilística, tiene que dejarse siempre para una situación de emergencia; de hecho, los porteros más expertos no recurren a ellas gracias a su buena colocación, a una perfecta utilización de las manos para evitar intervenciones con el pie y a un eficaz control de los centros para no tener que parar sobre la misma línea de portería.

Igualmente importante es la relación y la colaboración con el resto del equipo, en particular con la defensa. Desde su posición, el portero observa el desarrollo del partido y organiza la disposición defensiva por delante de él, especialmente con ocasión de los lanzamientos a balón parado (véase pág. 250).

La evolución del juego moderno ha transformado la función del portero, de tal manera que le ha obligado a convertirse, en ocasiones, en el último defensor, también con los pies, preparado para salir cuando el balón sobrepasa la línea defensiva; para ello requiere velocidad, óptimas condiciones físicas y una valoración precisa de la acción. Tiene que estar constantemente concentrado y pendiente del juego.

Cuando la jugada ha terminado, el último defensor, tiene que estar preparado para transformarse en el primer atacante gracias a una eficaz puesta en juego del balón, con las manos o con el pie (véase pág. 255). En los últimos años, esta fase del juego ha sido considerada muy seriamente por los técnicos. Los preparadores de los porteros han centrado su atención precisamente en este último aspecto. De hecho, un lanzamiento erróneo o demasiado corto puede facilitar el juego de los adversarios; por el contrario, poner en juego el balón con rapidez y

UN PUESTO MUY ESPECIAL

precisión puede ser decisivo para poner al equipo en condiciones de iniciar y finalizar con éxito una acción iniciada desde la portería al contragolpe (es decir, sorprendiendo a la defensa rival descolocada). En definitiva, un buen portero debe tener una excelente técnica individual, y para alcanzarla no bastan el instinto y las dotes innatas, aunque por supuesto son importantes, sino que es necesario someterse a un fuerte trabajo, basado en entrenamientos de equipo, para establecer un perfecto entendimiento con las otras líneas, y sobre todo en entrenamientos individuales, para mejorar la técnica, la potencia física, la agilidad y los tiempos de reacción.

En la figura 396, el portero dirige la defensa dando indicaciones.

Facultades físicas, atléticas y de carácter

Naturalmente, la estructura física y las facultades atléticas de un portero tienen su importancia; pero también el aspecto psicológico y el carácter son fundamentales.

A todos los grandes porteros de la historia se les recuerda, además de por su calidad, por su carisma.

El esfuerzo psicológico al que está sometido el portero es seguramente superior al que se requiere en cualquier otra zona del campo. Carácter y capacidad de mando son dos cualidades que no le pueden faltar a un portero. Un buen *número uno* tiene que perder hasta el más pequeño signo de timidez y gobernar en su área.

Con su seguridad y las continuas sugerencias tiene que dar confianza a sus compañeros de defensa, para prevenir, si es posible, sus errores. En las salidas (véase pág. 248) y en el área tiene que saber pedir el balón con autoridad, hacerse obedecer por sus defensas, asegurarse de que los compañeros no le estorben y hacer que los delanteros rivales le teman.

El portero no puede rebajar su atención en ningún momento para evitar cualquier problema, corrigiendo rápidamente, si es necesario, su posición entre los postes. Por lo tanto, debe mantener la concentración incluso durante las fases inactivas del juego, después de las interrupciones decretadas por el árbitro, y también si su equipo está en posesión del balón.

El carácter de un portero también se manifiesta fuera del campo, cuando tiene que soportar las críticas

GUÍA PARA JUGAR AL FÚTBOL

de los compañeros o de los aficionados por una mala actuación.

Los errores del portero son analizados sin piedad. Un error bajo los palos suscita más exclamaciones, y por tanto más críticas, que un error delante de la portería de un delantero.

Se dice que algunos grandes porteros son capaces de condicionar el juego de los adversarios gracias a cierta dosis de magnetismo. Campeones, por lo tanto, capaces de confundir las ideas y después quitarle el balón al delantero que se ha internado hacia la portería, o bien capaces, con la mirada o con determinadas fintas, de sugestionar a un delantero preparado en el punto de penalti.

¡Pero cuidado con exagerar! No se debe confundir el carisma con las ganas de protagonismo. Lo más importante para un portero es la sencillez. Por lo tanto, hay que evitar los goles mediante intervenciones fáciles y no dejarse tentar por las ganas de dar espectáculo a toda costa.

En cuanto a las características físicas, no existen unas reglas preestablecidas. La altura es importante, pero no indispensable. La estatura y el peso pueden ser determinantes siempre que estén en perfecta relación con la masa muscular y la estructura ósea. Una buena agilidad consigue paliar la falta de centímetros.

Un buen físico permite interceptar mejor los balones altos, pero no hay que dejar de lado cualidades como potencia, agilidad y capacidad de reacción. Saberse levantar rápidamente después de haberse tirado al suelo es, por ejemplo, una cualidad muy valiosa.

En la figura 397, puede verse la potente estructura física del portero

del Inter y de la selección italiana Gianluca Pagliuca.

Una indumentaria especial

El portero, por norma reglamentaria (véase pág. 31), tiene que vestirse con un color distinto al que llevan los otros compañeros y la tripleta arbitral.

Seguramente los guantes son el elemento que más caracteriza y distingue al portero. En el pasado muchos porteros se los ponían sólo cuando llovía y el balón estaba mo-

UN PUESTO MUY ESPECIAL

jado, a fin de no perder sensibilidad a la hora de despojar o blocar. Después, Sepp Maier, el gran ex portero de Alemania Occidental, hizo escuela. Fue el primero que utilizó unos guantes especiales, con una forma muy grande y recubiertos de goma. Los guantes modernos han vuelto a una medida estándar y se realizan con materiales que permiten que los dedos no pierdan sensibilidad, garantizando una sujeción perfecta incluso con el balón y el terreno mojados.

Muchos porteros prefieren ponerse pantalones bien ajustados y bastante más largos que los que utilizan los otros jugadores; llegan casi hasta la rodilla. El objetivo es proteger los muslos del frío invernal. En los días en los que el clima es más duro, algunos porteros se ponen una malla larga. Mantener los músculos calientes es importantísimo para un portero, que en el curso de un partido se ve obligado a largas pausas de inactividad.

Los pantalones cortos también pueden estar acolchados; una medida innecesaria en los campos de hierba de los campeonatos profesionales, pero indispensable en los campos duros y sin césped en los que juegan los equipos inferiores. En este caso también resultan útiles las rodilleras.

También utilizan protecciones, a la altura del codo, bajo la vestimenta en general de mangas largas, realizadas con tejidos ligeros para dar mayor libertad de movimientos.

Algunos porteros también se ponen espinilleras para protegerse en las salidas.

En los días de sol, una gorra con visera forma parte de la indumentaria del portero. Tiene que ser lo más ligera posible y estar perfectamente ajustada para que no pueda caerse fácilmente.

La elección de las botas depende de las condiciones del terreno de juego. Por lo tanto, se utilizarán botas con tacos más largos, como los de los otros jugadores, en el caso de un campo particularmente blando. El área pequeña se estropea más rápidamente que el resto del campo, por lo que es importante que el portero la inspeccione antes del inicio del partido a fin de elegir el tipo de calzado más adecuado.

En la figura 398, puede verse la indumentaria del portero.

EL SENTIDO DE LA POSICIÓN

La colocación adecuada del portero es el punto de partida necesario para realizar con éxito cualquier parada. La primera preocupación tiene que ser la de reducir el ángulo de tiro del adversario. Se intuye fácilmente que si permanece clavado en la línea de portería deja un amplio espacio, entre él y los dos postes, a disposición de quien tiene la tarea de marcar gol. En cambio, dar algunos pasos hacia el delantero rival restringe automáticamente el ángulo de tiro y el espacio disponible para lograr introducir el balón en la portería (figura 399).

Naturalmente, esta no es una regla fija; la situación cambia en función del desarrollo del juego, de la posición de los propios compañeros

EL SENTIDO DE LA POSICIÓN

y de la zona en la que se está desarrollando la acción del equipo rival. Si un delantero se ha internado hacia la portería y tiene el balón delante, lo mejor es no avanzar demasiado hacia él, para evitar que nos supere con un globo, es decir, con un tiro en parábola alta que luego desciende.

La posición del portero entre los postes, que ha de ser de continuo movimiento, también varía en función de la zona del campo en la que se encuentra el balón. En general, tiene que situarse hacia el poste más cercano al balón, de manera que se reduzca el ángulo de tiro a portería.

En la búsqueda de la posición ideal el portero realiza pequeños pasos lateralmente o hacia delante para desplazar fácilmente el peso del cuerpo de una pierna a otra y así estar siempre preparado para salir con rapidez o para cambiar de dirección.

En los tiros realizados desde una posición lateral del jugador es más fácil reducir el ángulo de tiro; en este caso, las posibilidades de marcar que tiene el adversario dependen casi exclusivamente de la colocación errónea del portero, pero cuidado con el revés de la situación: reducir demasiado el ángulo expone al portero a recibir un tiro con efecto dirigido al poste más lejano (véase fig. 294, pág. 186).

Cuando un delantero desmarcado se encuentra frente a la portería contraria hay que esperar un tiro directo y, por lo tanto, lo más conveniente es desplazarse hacia fuera, cerca de los límites del área pequeña.

Si en una acción ofensiva un jugador llega hasta la línea de fondo, hay que esperarse un centro, por ello es conveniente colocarse de manera que se pueda intervenir con una oportuna salida en función de la trayectoria del esférico. Por ejemplo, si este jugador supera a su defensor, el portero tiene que estar preparado para avanzar rápidamente algunos metros hacia el balón, para prevenir un tiro o un pase al centro del área.

Por último, también hay que considerar la distancia del tiro.

Cuanto más cercano a la portería esté el jugador que va a disparar, más cerca del balón tiene que estar el portero en el momento del tiro.

LA PARADA CON LAS MANOS

El portero tiene que situar todo lo posible su cuerpo en la trayectoria del balón de manera que pueda estar en condiciones de utilizar las manos para bloquearlo sin tener que recurrir a desplazamientos laterales del tronco.

Una buena parada empieza logrando una posición técnicamente correcta (fig. 400).

El cuerpo debe estar ligeramente inclinado hacia delante, con los talones apenas levantados del suelo. El busto debe inclinarse para desplazar el peso del cuerpo sobre la parte inferior de las piernas. Los pies han de estar bien abiertos, un poco más que la anchura de los hombros. Los brazos deberán abrirse con respecto a la línea del cuerpo, con las manos ya preparadas en la posición correcta. La cabeza tiene que quedarse bien quieta y estar un poco inclinada hacia delante. Las piernas se flexionan para obtener una mayor estabilidad.

Desde esta posición de partida el portero está preparado para cualquier intervención en la meta, ya sea una parada con blocaje en el suelo, una parada con blocaje en salto, un desvío o un rechace.

Blocar el balón

Para blocar los balones bajos (a ras de suelo) y los que vienen hasta la altura de las espinillas, existen dos tipos de intervenciones seguras:

LA PARADA CON LAS MANOS

— blocar con una rodilla en el suelo (figs. 401 y 402);
— blocar manteniéndose de pie (figs. 403 y 404).

El blocaje lateral con una rodilla en el suelo se utiliza cuando el portero tiene que desplazarse de lado antes de efectuar la intervención.

Esta posición opone una barrera baja y amplia a la trayectoria del balón y por ello se considera más segura, en ciertos aspectos, con respecto al blocaje estando de pie.

El peso del cuerpo cae casi todo sobre la pierna doblada por la rodilla que no se apoya en el suelo, y tiene el pie perpendicular a la dirección de llegada del balón, igual que la pierna que se dobla sobre el terreno. El tronco gira hacia el balón, los codos se ajustan al cuerpo y las palmas de las manos están vueltas hacia delante con los pulgares hacia fuera.

En esta posición, el balón corre por los brazos hasta el pecho. Los hombros se utilizan como protección superior para neutralizar los rebotes.

Si el portero se encuentra sobre la línea de tiro cuando llega el balón, puede recurrir a blocarlo estando de pie; para ello debe mantener los pies algo abiertos y las piernas sin rigidez. Un instante antes debe doblar el cuerpo hacia delante y estirar los brazos hasta rozar el suelo.

En cuanto entra en contacto con el balón, las manos lo sujetan guiándolo sobre los brazos hasta el pecho. Hay que desplazar ligeramente el tronco hacia delante para proteger el balón con el cuerpo y evitar que se escape, especialmente si está mojado.

Para blocar con seguridad los tiros a media altura, es decir entre las rodillas y los hombros, es muy importante utilizar el cuerpo como un escudo.

La posición de espera es la de siempre: piernas ligeramente abiertas, dobladas sin rigidez, el cuerpo inclinado hacia delante, los brazos a medio doblar, las manos vueltas hacia arriba con los hombros relajados. Esta es una posición que en espera del balón permite la mayor estabilidad posible (fig. 405).

El movimiento que hay que realizar al recibir el esférico tiene que ser lo más fluido posible; el cuerpo tiene que volverse blando para acoger el balón a la altura del pecho y amortiguar el impacto (fig. 406).

LA PARADA CON LAS MANOS

Para estar seguro de que recibirá el balón a la altura correcta, el portero puede agacharse o saltar, separando del suelo una pierna o las dos, para acoger el balón en el pecho, doblando ligeramente hacia delante la parte superior del cuerpo para mantener el equilibrio.

La posición de las manos es fundamental cuando es necesario blocar un balón que llega a la altura de la cabeza.

Las palmas de las manos tienen que estar vueltas hacia delante, con los pulgares y los índices muy cercanos entre ellos, casi formando una «W» detrás del balón, para impedir que se escape al control (fig. 407).

Los dedos tienen que estar bien firmes, pero no demasiado rígidos para no crear un efecto rebote en el momento del impacto con el balón.

La preparación se efectúa con las piernas ligeramente abiertas y las rodillas semidobladas. Un momento antes de que llegue el balón se extienden los brazos hacia delante con las manos preparadas para blocar. En el momento del impacto del balón el portero encoge los brazos para amortiguar el choque, llevándose el esférico al pecho y lo encierra entre los brazos.

Cuando el balón llega por alto, el portero está obligado a pararlo efectuando un salto para alcanzarlo, o simplemente levantando los brazos por encima de su cabeza. Si lo puede alcanzar de esta última forma, es suficiente con disponer las manos correctamente para blocarlo, teniendo en cuenta un detalle: el balón no tiene más obstáculos en su carrera hacia la portería que los dedos, y por lo tanto, es necesario no sujetarlo con las manos abiertas colocadas en las dos partes laterales del balón: se corre el riesgo de hacer el ridículo.

Para amortiguar la fuerza del balón al blocarlo por alto es necesario un movimiento elástico de los hombros, que deben desplazarse ligeramente hacia atrás. Si es posible, conviene que este movimiento lo realice también todo el cuerpo.

Puede suceder que, para alcanzar un balón, el portero se vea obligado a realizar un salto en vertical, tanto en el sitio, levantando los dos pies del suelo, como con una carrerilla de algunos pasos y un salto con un pie. Al separarse del suelo hay que extender los brazos hacia arriba para interceptar el balón en el punto más alto de la trayectoria de vuelo.

Como siempre, una vez alcanzado el esférico, hay que llevarlo al pecho para protegerlo de posibles interferencias de los rivales (figuras 408 y 409).

El movimiento tiene que realizarse de manera enérgica, para no dejarse desequilibrar por un delantero que esté al acecho. Es innecesario subrayar la importancia que tiene, en este tipo de intervenciones, realizar una buena elección del tiempo y un cálculo preciso de la trayectoria del balón.

El blocaje por alto puede resultar, en muchas ocasiones, muy arriesgado para los porteros, por lo que, en función de la altura y la velocidad del tiro, muchos de ellos deciden desviar el balón por encima del travesaño o bien rechazarlo con los puños (véase más adelante).

LA PARADA CON LAS MANOS

El rechace

Dando por cierto que para un portero siempre es mejor blocar el balón, se tiene que añadir que en algunos casos es preferible alejar el peligro mediante un rechace con el puño.

Una *melée* delante de la portería que no hace seguro un blocaje por alto; un tiro con mucho efecto o que aparece de repente entre una maraña de jugadores; un balón demasiado mojado como para arriesgarse; centros demasiado altos: son situaciones en las que es aconsejable rechazar el balón lejos de la portería.

El mejor rechace es el que se realiza con los puños juntos, ya que permite tener una mayor superficie de impacto. Los puños tienen que estar muy apretados, con los pulgares y los dedos doblados y tocándose (figura 410).

Los hombros ligeramente adelantados permiten imprimir al balón un golpe seco, preciso y hacia arriba.

En los centros altos, es mejor rechazar el balón con un solo puño horizontalmente ya que permite alcanzar más altura en el salto. Esta intervención se ve con frecuencia, pero es la más arriesgada: no es raro que sólo se roce el balón o que ni se llegue a tocar.

Es importante, en el rechace, tener el tiempo de elegir la zona hacia la que dirigir el balón. Como regla general se debe enviar lo más lejos posible y hacia los laterales, para que sea más difícil un tiro directo a portería.

Un rechace hacia arriba con el puño puede dar tiempo a la defensa para reorganizarse y al portero de volver a la línea de portería.

Por el contrario, un balón rechazado hacia delante o hacia abajo puede favorecer al delantero rival, quien lo lanzará contra la portería sin que el portero pueda reaccionar.

La parada en estirada

Blocar en estirada

El portero, algunas veces, para cubrir rápidamente la distancia que le separa del balón, debe hacer una estirada; la única parada que le permite actuar con cierta espectacularidad, pero que, en cualquier caso, no tiene que comprometer el resultado de la intervención.

Desde el punto de vista técnico estas intervenciones son fundamentalmente de dos clases:

 **GUÍA PARA JUGAR AL FÚTBOL**

— estiradas a ras de suelo para blocar balones que llegan por abajo;
— estiradas en el aire para detener los tiros que llegan a media altura.

En la primera, antes de realizar el movimiento, el portero tiene que doblar las rodillas y entrar gradual-

mente en contacto con el suelo para aminorar el impacto de una caída.

Se estiran los brazos en paralelo hacia el balón. El blocaje se efectúa con la mano del brazo interior por detrás del balón mientras la del brazo exterior se apoya encima y se aprieta el balón contra el pecho. En las figuras 411 y 412 se ven dos ejemplos.

Más difícil, en cambio, resulta la estirada en el aire a media altura. En este caso hay que darse un enérgico impulso para separarse del suelo y estirarse lateralmente en vuelo hacia el balón, sin tener miedo de hacerse daño. El balón se tiene que sujetar en el vuelo, con las dos manos y los dedos colocados como en un blocaje normal. La caída debe realizarse de tal manera que se amortigüe lo máximo posible el impacto contra el suelo (figs. 413 y 414).

El primero en tocar el suelo tiene que ser el balón. El posterior apoyo de los brazos servirá para suavizar la caída del resto del cuerpo. Siempre que sea posible es mejor caer sobre el costado; una caída sobre el tórax o sobre el estómago podría provocar una indeseada perdida del balón.

LA PARADA CON LAS MANOS

Desviar en estirada

Para todos esos tiros particularmente altos o angulados, en los que no se puede intervenir con un rechace de puño, ni mucho menos intentar un blocaje, no queda más que recurrir al desvío en estirada.

El portero lo utiliza como un pequeño truco; una última solución a la que recurrir en situaciones de dificultad para palmear el balón y tocarlo ligeramente, lo suficiente para cambiar su trayectoria y empujarlo fuera de los tres postes, preferiblemente al saque de esquina (véase pág. 250).

Desde luego, conceder un córner no necesariamente es un problema; un rechace demasiado corto en medio del área puede ser una fácil presa para los atacantes adversarios y resultar mucho más dañino.

Para lograr el desvío a media altura es preferible utilizar las dos manos, porque ofrecen al balón una mayor superficie de impacto.

En los balones bajos y angulados es mejor intentar el desvío con una sola mano; de esta manera se consigue una estirada más larga (fig. 415).

Otro tipo de desvío se efectúa cuando el balón se halla bajo el travesaño. Sin tratar de detenerlo, el portero puede desviarlo por encima del larguero con una sola mano, abierta y con la palma hacia arriba para tener una superficie de impacto más ancha. Si el tiro es duro y tiene velocidad, será suficiente rozar el esférico con la punta de los dedos para desviarlo. En cambio, en el caso de un globo o de un balón con poca fuerza es necesario empujarlo hacia arriba para enviarlo a córner (fig. 416).

EL RECHACE CON LOS PIES

Con frecuencia, la utilización de los pies puede ser de gran ayuda para un portero. Rechazar el balón con el pie puede no ser tan elegante desde el punto de vista estilístico, pero puede ser tan eficaz como una parada realizada con las manos.

Los casos en los que el último defensor tiene que recurrir a una intervención con el pie son muy diversos. En los tiros a ras de suelo realizados desde una distancia cercana, dentro del área, el portero, aun estando en la línea de tiro, puede no tener el tiempo para blocar el esférico con las manos; es entonces cuando tiene que desplazar ligeramente el cuerpo hacia atrás, dejándose caer prácticamente en el sitio y adelantar las piernas para rechazar el balón con el pie (fig. 417). Además, el portero puede verse obligado a anticiparse a un delantero que se interna hacia la portería. Si el balón está a mitad camino entre él y el adversario puede ser necesario alejarlo con el pie, aunque se esté en el interior del área (fig. 418).

Un buen portero debe tener suficiente habilidad con los dos pies. En el fútbol moderno las salidas fuera de la portería para anticiparse a los rivales que se acercan tienen cada vez mayor importancia. Ya hemos visto cómo, en la evolución de los sistemas de juego, el portero, como componente importante de la defensa, está obligado a actuar, a veces, como una especie de líbero añadido, es decir, un último jugador que puede intervenir para evitar el tiro (véase pág. 273).

En estos movimientos a la ofensiva, es decir desarrollados fuera del área, el portero tiene que ser muy

EL RECHACE CON LOS PIES

preciso en los lanzamientos con el pie, igual que muy seguro en las intervenciones y en las paradas en los movimientos desarrollados bajo la portería.

Además, para justificar la utilización cada vez más frecuente del juego con el pie por parte del portero, también interviene el reglamento.

Cuando recibe el balón por una cesión atrás con el pie de algún compañero, el portero no puede cogerlo con las manos, sino que tiene que jugarlo con los pies, y con frecuencia al primer toque, sin tiempo para controlarlo. En este caso, un buen dominio del juego con los pies per-

mite efectuar un pase o una correcta puesta en juego y evita que el balón acabe en la grada o en un saque de banda (fig. 419).

Para estas situaciones es válido un último consejo: no es prudente querer driblar al atacante (es decir, intentar superar al adversario con el balón en los pies).

LA SALIDA

Una buena posición de partida, una correcta valoración de las fases del juego y la velocidad y rapidez de reflejos: sólo la combinación de estos tres factores permite al portero realizar con éxito una salida de portería, tanto en un centro que cae sobre el área como si hay que tirarse a los pies de un delantero que se interna.

En la figura 420, puede verse una salida con estirada.

Cuando el balón cruza el área después de un centro, lo correcto sería detenerlo en el punto más alto de su parábola. Poder utilizar las manos en la salida da al portero una ventaja de unos veinte centímetros.

Es necesario calcular la trayectoria del balón, saber cuándo entrará en el radio de acción propio y lanzarse con decisión hacia el esférico. La sincronización es fundamental. Llegar con anticipación obligaría al portero a saltar estando ya parado, sin aprovechar el impulso de su carrera, y perdiendo su poder de elevación; llegar con

LA SALIDA

retraso provocaría que el portero no pudiese sujetar o despejar el balón, quedándose por tanto descolocado.

Cuando el portero ha iniciado un movimiento, aunque se dé cuenta de que no ha calculado bien, no debe detenerse sino concluir el movimiento; por lo menos conseguirá asustar o confundir a los delanteros obligándolos a tomar una decisión apresurada.

Puede ocurrir que el portero tenga que ir a buscar un balón que se acerca pero que está dividido, es decir que se encuentra a mitad de camino entre él y el delantero. Para realizar esta parada no hay otra opción más que lanzarse a los pies del adversario, con el cuerpo perpendicular a la dirección de su carrera, para anticiparse a él antes de que toque el balón. El éxito de una salida de este tipo depende exclusivamente de la velocidad con la que el portero consiga lanzarse sobre el balón que se encuentra delante del pie que se dispone a chutar. Mientras se avanza debe mantener las palmas de las manos giradas hacia el atacante, y los ojos fijos en el balón, para no ser superado con una finta. Si el delantero consigue llegar antes al balón, el portero deberá lanzarse al suelo delante de sus piernas antes de que lo toque de nuevo, teniendo cuidado de no cometer penalti (véase pág. 253) y, quizá, ser expulsado por la aplicación de las recientes modificaciones del reglamento (falta del último hombre). Con el cuerpo debe tapar la portería todo lo posible y estirarse, extendiendo también los brazos, para evitar que el balón le supere por arriba. (fig. 421).

Para evitar daños físicos en este tipo de intervenciones, es conveniente cuidar en los entrenamientos la preparación de los músculos abdominales. Detener tiros lanzados de cerca y ejecutados con muchísima fuerza puede ser adecuado.

421

CÓMO COMPORTARSE EN LOS LANZAMIENTOS A BALÓN PARADO

Las acciones a balón parado que nos interesan en esta sección son:

— saque de esquina;
— lanzamiento de falta (directo o indirecto).

Además de estos, existen el saque de puerta (efectuado desde el interior del área pequeña cuando el balón ha sido tocado en último lugar por un rival y cruza nuestra línea de fondo; véase pág. 255) y el saque de banda que se realiza con las manos, que se concede con las mismas condiciones cuando el balón sobrepasa las líneas laterales del campo: en general se aprovecha para pasar el balón a un compañero que esté cerca, pero puede tener una peligrosa continuidad ofensiva si el jugador que lo efectúa, en las inmediaciones del área adversaria, tiene un saque largo y por lo tanto puede realizar directamente auténticos centros.

Saques de esquina

No existen reglas precisas para la colocación del portero en los saques de esquina, que se producen cuando el balón, tocado en última instancia por un jugador que defiende, sobrepasa la línea de fondo del campo propio. Se ejecutan desde el banderín, como un lanzamiento directo de falta.

Cada jugador elige la colocación que considera más oportuna, si bien debe tener en cuenta sus características técnicas y sus condiciones físicas. En cualquier caso, el portero no conseguirá neutralizar un córner sin la ayuda de sus compañeros de defensa.

Si un portero se siente fuerte y especialmente seguro en las salidas colocará a un compañero en cada uno de los postes. De esta manera él estará libre para salir al centro de su área a fin de blocar el balón (figura 422). En el caso de tiros muy secos o de balones desviados por los delanteros rivales, los defensas que se encuentran en los postes tienen el deber de proteger la portería que su portero ha dejado desguarnecida.

Un portero que, en un saque de esquina, decide por anticipado no alejarse demasiado de la línea de portería, sólo deberá colocar a un defensa en el poste más cercano a la zona desde la que llegará el centro. El portero se colocará, aproximadamente, a dos metros del segundo poste (fig. 423). Será él directamente,

CÓMO COMPORTARSE EN LOS LANZAMIENTOS A BALÓN PARADO

con la ayuda del defensor, el que defienda la portería de posibles tiros o desvíos de los atacantes.

Para ganar seguridad, puede poner a otro jugador separado algunos pasos del primero, para interceptar tiros cortos, bajos o con efecto (con parábola dirigida hacia la portería).

Algún portero puede decidirse incluso por colocarse junto al poste más alejado, preparado para salir pero también para volver rápidamente a situarse entre los palos si la situación es peligrosa. Esta es, en cualquier caso, una posición arriesgada porque deja la portería parcialmente desguarnecida y más vulnerable, porque la salida, normalmente, es bastante difícil en un área llena de jugadores.

Lanzamientos de falta

En función del tipo de falta que se ha cometido, el lanzamiento puede ser directo, cuando un jugador puede tirar directamente a portería y marcar gol sin que otro futbolista toque el balón (pero en cualquier caso, puede decidir libremente pasarle el balón a un compañero), o bien indirecto, cuando el balón, necesariamente, tiene que ser tocado por otro jugador antes de que pueda transformarse en gol.

Para hacer que un lanzamiento de falta desde el borde del área, tanto directo como indirecto, sea inofensivo, el portero tiene que situar correctamente la barrera, es decir, los jugadores que tendrán que tapar el espacio entre el primer poste (el más cercano al balón) y, al menos, el centro de la portería.

En la figura 424, puede verse a Dino Zoff, portero de la selección italiana en años pasados, ganador del Campeonato Mundial de 1982, en España, dotado de fuerte personalidad y de gran carisma. En la fotografía está colocado en el primer poste, preparando la barrera.

De la colocación de los jugadores se ocupa, siguiendo las indicaciones del portero, el organizador de la barrera, que suele ser el segundo de la muralla desde el poste. Este mira al portero y escucha sus órdenes, y sólo se gira hacia el balón cuando la barrera esté alineada.

El portero también elige el número de jugadores que se colocan frente al balón, y este número depende del punto desde el que se tiene que lanzar la falta. Si la posición es centrada se necesitarán cinco o seis hombres; en cambio, si es angulada bastarán dos o tres jugadores. Una vez que ha colocado a su barrera el portero se sitúa en la parte

CÓMO COMPORTARSE EN LOS LANZAMIENTOS A BALÓN PARADO

de portería que ha quedado descubierta (fig. 425).

Los balones que se lanzan por encima de la barrera no son, en general, demasiado fuertes y el portero tendría que detenerlos desplazándose lateralmente antes de estirarse. Pero no es raro ver en estos lanzamientos a porteros que se quedan parados observando cómo el balón se cuela en la portería, por ello es importante colocar la barrera de manera que se pueda ver al autor del lanzamiento y el balón en el momento que sale. También los jugadores de la barrera tienen sus funciones. El primero de la alineación, el más cercano al poste, tendría que ser el más alto, para molestar al lanzador e interceptar los balones que superan o rodean la barrera por el exterior; el que está situado en el extremo opuesto, hacia el poste más lejano, tiene la tarea más ingrata ya que en el caso de una falta que se ejecute con un toque hacia un compañero para que dispare (el reglamento no permite moverse antes de que esto ocurra), tiene que separarse de los compañeros y lanzarse hacia el balón para rechazarlo o desviarlo.

Penalti

Lo señala el árbitro para castigar ciertas faltas cometidas en el interior de la propia área y se lanzan desde el punto situado en el centro del área, a 11 metros de la portería. Marcar desde el punto de penalti es relativamente sencillo para un jugador entrenado en este tipo de lanzamientos.

¿Qué hay que hacer para detener un lanzamiento de penalti? Ningún portero está en condiciones de responder a esta pregunta.

Teóricamente resultaría normal decir que es imposible, si se considera que el reglamento impone al portero que se coloque sobre la línea de portería (véase las modificaciones del reglamento en la pág. 263) y que a menudo el tiro se ejecuta con gran potencia (incluso a más de 100 km/h), desde una distancia corta. Sin embargo existen algunos trucos para intentar neutralizar un penalti.

En cuanto el árbitro señala un penalti, se abre una especie de guerra psicológica entre el jugador encargado de lanzarlo y el portero (figura 426). Indudablemente, este último juega con ventaja porque no tiene nada que perder; todos esperan que el balón entre en la portería y si el portero consigue interceptarlo se achacará el error al lanzador, que, en consecuencia, está más tenso por la situación.

Resulta conveniente mirar fijamente a los ojos del jugador cuando se acerca al balón; algunas veces este mira en la dirección a la que pretende dirigir su tiro. Una finta bien ejecutada por el portero poco antes de que golpee el balón puede producir presión en el jugador, que puede cometer un error fatal: cambiar en el último momento el ángulo de tiro y posiblemente fallar el penalti tirándolo poco angulado o fuera.

Si el portero intuye que el adversario va a golpear el balón con violencia, puede intentar quedarse quieto en el centro de la portería porque es bastante probable que el balón le pase muy cercano.

Trucos aparte, en la mayoría de los casos el portero elige mentalmente y por anticipado el lado hacia el que lanzarse, estirándose hacia el lado para desviar el esférico. Si el portero ha adivinado la dirección correcta debe intentar blocar el balón siempre que sea posible; los rechaces podrían acabar de nuevo en los pies del lanzador que podría rematar a gol fácilmente.

En este caso los compañeros pueden resultar muy útiles. Los defensas tienen que permanecer en los bordes de la media luna del área, preparados para ser los primeros en correr al área y alejar el balón.

LA PUESTA EN JUEGO

Cuando el portero detiene el balón tiene que iniciar una jugada de ataque de su equipo poniendo en juego el balón correctamente.

Si la acción de ataque de los adversarios acaba fuera por la línea de fondo, el juego se reanuda a balón parado desde dentro del área (saque de portería); por lo tanto el portero tiene que golpear con precisión y potencia con el empeine. Si el balón no ha salido del rectángulo se puede poner en juego después de haberlo detenido: con el pie (al vuelo o con un bote) o con las manos (haciendo rodar el esférico sobre el campo o con un lanzamiento largo). La elección depende de la situación del partido, del marcador, del tiempo que queda para el final, de las condiciones atmosféricas y del terreno, y de la táctica adoptada. Cualquier forma de ponerlo en juego implica una situación diferente; el lanzamiento al vuelo con el pie aleja el balón del área, pero es menos preciso. Los entrenadores cada vez aconsejan más el pase a un defensa para mantener el control del balón.

Para saber poner en juego el balón más allá de la mitad del campo es necesario practicar y hacerlo con los dos pies, para evitar la posible obstrucción de un adversario. La parábola del lanzamiento tiene que ser más bien recta y larga.

Después de observar la disposición en el campo de los compañeros y de los adversarios, el portero puede elegir enviar el lanzamiento hacia un compañero que sea hábil en el juego aéreo; este puede hacer la función de torre y desmarcar al delantero centro, o bien parar el balón, de espaldas a la portería, y dar un pase hacia atrás.

En la figura 427, el portero del Juventus y de la selección italiana Angelo Peruzzi pone en juego el balón con los pies.

GUÍA PARA JUGAR AL FÚTBOL

La puesta en juego con las manos

Es más fácil que con los pies y se utiliza para mandar el balón a un compañero que esté a una distancia entre diez y cuarenta metros. Los lanzamientos más utilizados son:

— lanzamiento por abajo haciendo rodar el balón (fig. 428);
— lanzamiento por detrás con el brazo estirado (figs. 429 y 430).

La primera técnica se utiliza para distancias cortas y permite controlarlo cómodamente. Hay que evitar este tipo de lanzamientos en terrenos particularmente irregulares.

En el movimiento hay que mantener la mano por debajo del esférico y el brazo levantado hasta la cintura; para encontrar el equilibrio se lleva un pie hacia delante apuntando hacia el objetivo. Luego hay que agacharse y dejar ir el brazo hasta estar perpendicular al suelo; entonces hay que dejar ir el balón rodando.

Mediante el lanzamiento con el brazo estirado se envía el balón con fuerza y precisión a un compañero situado incluso a bastantes metros de distancia y por lo tanto es muy útil para poner en marcha una acción de contraataque.

Los brazos y las piernas están bien abiertos; es necesario ponerse de lado con respecto a la posición del jugador al que se quiere mandar el balón, con el hombro opuesto al que se va a utilizar para el lanzamiento apuntando hacia el jugador. Hay que mantener el balón bloqueado entre la mano y el brazo, hasta el momento de soltarlo, haciéndolo rodar desde detrás de la espalda y por encima de la cabeza. Se suelta cuando el brazo, estirado, ha sobrepasado la cabeza y está en línea con el cuerpo.

LA PUESTA EN JUEGO

La puesta en juego con los pies

Sirve para que el balón alcance una notable distancia. También para este tipo de lanzamiento existen al menos dos técnicas importantes:

— chutar al vuelo con el balón en las manos (figs. 431-433);
— chutar con bote o *drop*, inmediatamente después de que el balón toque el suelo (figs. 434-436).

La técnica para el lanzamiento al vuelo con el pie es relativamente sencilla. El balón pasa de la mano al pie, que lo golpea antes de que este toque el suelo y los ojos deben seguir el recorrido durante todo el movimiento. Algunos porteros prefieren mantener el balón con las dos manos antes de golpearlo.

GUÍA PARA JUGAR AL FÚTBOL

Hay que dejar caer el esférico a la distancia exacta. Si está demasiado cerca la pierna, no se puede estirar y el tiro será corto y alto. Si está demasiado lejos, se golpeará con la punta del pie y el tiro será bajo o corto.

Poner en juego el balón con un *drop* permite lograr una trayectoria más recta y más larga. Hay que golpearlo enseguida después del bote en el suelo, y para obtener la máxima potencia conviene inclinarse hacia delante en el momento en el que se suelta el balón. El cuerpo tiene que estar ligeramente doblado a la altura de la cintura.

La puesta en juego con bote está particularmente indicada cuando hay viento. No hay que insistir en que, por el contrario, es imposible efectuarlo en los días de lluvia ya que el terreno, reblandecido por la lluvia, impediría el bote del balón.

EJERCICIOS TÉCNICOS

Los porteros realizan gran parte de su entrenamiento separados del resto del equipo, tanto porque ocupan un puesto muy especial, que requiere un adiestramiento específico, como porque a estos jugadores el reglamento les permite la utilización de las manos y por ello intervienen sobre el balón con otras técnicas.

El entrenamiento sirve para preparar las técnicas de intervención que hemos ilustrado. Es importante, desde la fase de preparación de un joven portero, corregir los defectos para que no se transformen en malas costumbres durante los partidos.

Al entrenarse, hay que concentrarse en intentar blocar el balón siempre que sea posible, esforzándose en parar con las dos manos; en un entrenamiento es mucho mejor perder el balón intentando realizar una parada correcta que evitar un gol rechazando simplemente el esférico. Las paradas por instinto pueden realizarse durante un encuentro siempre, pero en el entrenamiento hay que intentar sujetar el balón con la mejor técnica y protegerlo contra el pecho amortiguando el impacto.

Naturalmente un niño o un adolescente sólo podrán llegar a dominar las técnicas correctas para las intervenciones cuando hayan desarrollado una musculatura adecuada. Por lo tanto, antes de ilustrar algunos ejercicios típicos de la técnica del portero, es necesario recordar que en la base de la preparación hay un duro trabajo sobre la estructura física que puede parecer aburrido, además de agotador, pero que es indispensable para realizar cualquier tipo de parada.

Se trata de ejercicios para mejorar la flexibilidad de la columna vertebral y de las articulaciones; ejercicios en el suelo para reforzar los músculos abdominales; ejercicios para mejorar los músculos dorsales; cargas de trabajo con pesas (en relación con la edad y la potencia física), para robustecer los músculos de las piernas y de los brazos.

Algunos de estos ejercicios se ilustran en el capítulo «Ejercicios de potenciación muscular» (pág. 393).

En cambio, con el balón se realiza la preparación específica del portero. He aquí algunos de los ejercicios más comunes.

• Tiros a portería desde cualquier posición, blocando, con rechace con los puños o con desvíos.

- Lanzamientos de falta directos e indirectos con barrera.

- Salidas por arriba y por abajo, blocando o con un rechace con los puños.

- Ejercicios para mejorar la elevación con blocaje del balón, que el preparador deberá lanzar por alto.

- Botar dos balones en el suelo. Sirve para mejorar la destreza. Botar un balón en cada mano no es tan sencillo como parece. Para no perder el ritmo y hacer que los dos balones boten al unísono es necesario controlar la fuerza de las manos.
Una variante consiste en repetir el mismo movimiento estirados boca abajo, manteniendo la espalda suficientemente arqueada como para poder botar los balones (fig. 437).

- Pasarse el balón de una mano a otra. Utilizando la acción dinámica de los dedos, pasarse el balón de una mano a otra empezando a la altura del abdomen y subiendo progresivamente, sin pararse, hasta la altura de la cabeza e incluso más arriba, estirando los brazos. En este caso también hay que coordinar dos movimientos: pasarse el balón entre las manos moviendo al mismo tiempo los brazos (fig. 438).

EJERCICIOS TÉCNICOS

• Balón contra la pared. El ejercicio sirve para mejorar los reflejos y los tiempos de reacción. El portero se coloca frente a una pared, de espaldas, aproximadamente a dos metros de distancia. El preparador lanza el balón contra ella y el portero deberá blocarlo al vuelo después del rebote (fig. 439). La distancia entre el portero y la pared tiene que disminuir progresivamente de manera que también disminuya el tiempo de reacción para blocar.

• Lanzamiento de una pequeña pelota. La pared sigue siendo un elemento útil para el entrenamiento del portero. Se puede lanzar una pequeña pelota de goma variando el ángulo de tiro y recogerla después con una mano (fig. 440).

Este ejercicio se puede realizar en cualquier lugar prestando atención a no producir demasiados daños. Si se utiliza una pelota de tenis también hay que acostumbrarse a apretarla primero con una mano y luego con

la otra; sirve para reforzar los dedos y mejorar el blocaje del balón.

• Interceptar el balón. Es adecuado para mejorar el blocaje. El portero sentado en el suelo con las piernas estiradas, intercepta, blocándolo, el balón que le lanza el preparador (fig. 441); este último cambia continuamente de posición girando 180° alrededor del portero, que tiene que seguirlo sólo con la torsión del cuerpo. El entrenador también puede tirar el balón, después de hacerlo botar con una trayectoria más bien recta y a distintas alturas.

En el fútbol de hoy se exige, a menudo, a los porteros intervenciones con los pies fuera del área para anticiparse a un adversario o para recoger una cesión atrás. Por lo tanto, en el entrenamiento, es indispensable tener en cuenta este aspecto.

Pelotear con un balón y después con una pelota de tenis puede ser útil para adquirir habilidad.

En cambio, las flexiones de brazos y los ejercicios de salto de obstáculos sirven para reforzar las extremidades superiores e inferiores.

Un simple ejercicio como el salto de la cuerda, muy utilizado por ejemplo por los boxeadores en su entrenamiento, también es eficaz en el fútbol, porque mejora la circulación, la respiración y permite mejorar la movilidad y la coordinación.

Sugerimos un último ejercicio para adquirir agilidad: saltar por encima de una cuerda tensada a media altura y, al tocar el suelo al otro lado, agacharse y volver hacia atrás pasando por debajo.

ATENCIÓN AL REGLAMENTO

La última regla del International Board, el organismo que establece las normas en el fútbol (formado por los presidentes de las federaciones británicas y por cuatro miembros de la FIFA, la Federación Internacional de Fútbol) se refiere a la actuación del portero en relación al penalti.

Después de esta modificación, los porteros se pueden mover a lo largo de toda la línea blanca de su portería ya antes de que el adversario chute el balón desde el punto de penalti, pero no pueden adelantarse (fig. 442).

Con respecto a la norma que estaba anteriormente en vigor, los porteros pueden mover los pies, además del cuerpo, horizontalmente a lo largo de la línea de portería. Antes de esta novedad se debían que-

dar firmemente pegados al suelo hasta que el jugador que lanzaba el penalti tocase el balón (una norma que con regularidad infringían todos los porteros).

En definitiva, una pequeña ventaja para los porteros dentro del paquete de nuevas reglas establecidas en nombre del espectáculo para ayudar a conseguir más goles en un partido y que penalizan todas al último defensor.

Es suficiente con recordar la regla de la cesión al portero (véase página 104). En caso de cesión voluntaria con el pie por parte de un jugador, el portero no puede coger el balón con las manos, sino que debe chutarlo con el pie o, mejor, pasárselo a un compañero después de haberlo controlado.

También en este punto el International Board ha introducido recientemente una novedad: los porteros tendrán que controlar el balón con los pies incluso si reciben directamente de un saque de banda. Si se incumple la norma se penalizará, como en los otros casos, con un lanzamiento de falta indirecto. El portero puede seguir utilizando las manos en caso de cesiones de cabeza o con otras partes del cuerpo que no sean los pies.

Para intentar limitar las pérdidas de tiempo también se ha hecho más severa la regla de los cuatro pasos, es decir el tiempo máximo de que dispone el portero para poner en juego el balón cuando lo tiene en las manos. En realidad, también se ha introducido una limitación de tiempo, ya que una vez que el portero ha blocado el balón, sólo tiene seis segundos de tiempo para soltarlo. Con la norma anterior era fácil para el portero retener el balón incluso durante veinte segundos con tal de no superar la barrera de los fatídicos cuatro pasos. Ahora hay una doble limitación: cuatro pasos y seis segundos (véase regla 12 en la pág. 90).

Quinta parte
TÁCTICA Y POSICIÓN DE LOS JUGADORES

TÁCTICA DE EQUIPO Y POSICIONES EN EL CAMPO

Después de la técnica individual, la táctica de equipo es el otro elemento fundamental del juego del fútbol. Como en cualquier otro deporte de equipo, también en el fútbol es necesario coordinar los esfuerzos de cada uno de los jugadores. Por tanto, la táctica se puede definir como el método racionalizado y programado que permite afrontar la competición, así como el conjunto de acciones individuales y colectivas organizadas, coordinadas y no fortuitas, con el objetivo de ganar, aprovechando de la mejor manera posible las características de los jugadores propios.

Para ganar es necesario mezclar cuidadosamente capacidades técnicas, dotes intelectuales y colaboración táctica. El espíritu de grupo es fundamental. Un jugador con un sentido táctico muy desarrollado siempre sabrá encontrar la mejor posición en el campo y ser útil a su equipo en cualquier zona.

Cualquier equipo tiene una forma de situarse, es decir, un sistema de juego en el que cada jugador cubre puestos y posiciones bien precisos, pudiendo sin embargo aportar decisiones e ideas propias en las distintas situaciones. No obstante, los sistemas de juego y la táctica en general están muy relacionados y se influyen mutuamente.

Los objetivos fundamentales de todos los equipos son:

— en defensa, impedir los goles de los rivales (actitud defensiva activa);
— en ataque, marcar goles y anular la acción de los rivales.

Para conseguirlo, cualquier jugador debe saber elegir la mejor forma de juego, tanto individual como de línea y colectiva.

Los jugadores, programando y concretando sus acciones, determinan un sistema de juego que responde a su situación en el campo desde el principio del encuentro y que da la idea de las características ofensivas y defensivas que el equipo tendrá a lo largo del partido.

La funcionalidad del sistema adoptado dependerá sobre todo de las directrices del entrenador, de la personalidad de este y de sus jugadores y de las características físicas y técnicas de los adversarios.

Como ya hemos explicado, en cada equipo los jugadores se colocan en el campo según las tareas que deben realizar durante el partido.

TÁCTICA DE EQUIPO Y POSICIONES EN EL CAMPO

En la práctica, como se suele decir en la jerga futbolística, cada jugador tiene un *papel*, que se le asigna de un modo más o menos estricto. Evidentemente, el papel depende de las dotes naturales (técnicas, tácticas y atléticas) que, en cierto modo, permiten que el jugador se especialice en determinadas funciones y ocupe, en consecuencia, zonas distintas del campo nada más comenzar el partido. Una primera distinción fundamental es la que se realiza entre los siguientes papeles:

— portero;
— defensa;
— centrocampista;
— atacante.

La figura del portero ya se ha examinado anteriormente. En esta parte nos ocuparemos de las especializaciones en el juego de la defensa, del centro del campo y del ataque, tanto analizando las características de cada jugador individualmente y las distintas especialidades secundarias (líbero y central en defensa; ala central e interior en el centro del campo; delantero y media punta en el ataque, etc.) como los mecanismos de juego de las tres zonas, tomando en consideración la aportación de los compañeros en relación con los sistemas de juego adoptados por el entrenador.

Defensa, centro del campo y ataque se tratan por separado, de manera que puedan examinarse también con detalle los numerosos matices que presenta el fútbol: algunos temas (*pressing*, fueras de juego, defensa al hombre, etc.) se repetirán por lo tanto desde el punto de vista de las zonas de las que nos ocuparemos cada vez y de los módulos de juego adoptados por el equipo.

EL JUEGO DEFENSIVO

Cualidades fundamentales del defensa

El defensa moderno tiene que estar dotado técnicamente. Están lejos los tiempos en que para ser defensa sólo era necesario ser grande y fuerte, colocarse bien y tener un disparo potente. Hoy en día se le exige que participe en la construcción de las jugadas, que ponga en marcha una jugada después de haber interrumpido la acción del equipo adversario y que se sume al ataque para intentar marcar, por ejemplo en los tiros a balón parado.

Un arma indispensable para un defensa es la velocidad, tanto para cerrar espacios como en las fases de desarrollo, cuando el equipo se lanza hacia delante, o en las recuperaciones de balón. Pero también es necesaria una buena resistencia a la velocidad.

La habilidad en el juego aéreo es la tercera cualidad de un buen defensa. No es necesario ser particularmente alto para robar un balón o anticiparse de cabeza a los adversarios: bastan una buena elevación y una correcta elección del tiempo. Un defensa que vaya bien de cabeza mandará en su área y, naturalmente, podrá dirigirse a la del equipo rival para aprovechar sus dotes aéreas.

Todas estas características tienen que estar coordinadas por una notable inteligencia en el juego, es decir por la capacidad de entender el desarrollo de cada jugada antes que los adversarios. Intuir cuándo es necesario intentar robar el balón y cuándo, por el contrario, es conveniente ralentizar la acción del equipo adversario para esperar ayuda.

Además, no puede faltar la dosis correcta de determinación, que no debe ser entendida como maldad o incorrección. Simplemente significa no tener miedo en las disputas con los rivales, entrar con decisión al corte (véase pág. 199) sobre los adversarios.

Por último, es importante la colaboración con los compañeros. No se tiene que pensar que ya se ha completado la tarea sólo por haber neutralizado al adversario directo en el curso de la acción. Hay que tener una gran visión de juego y estar siempre preparado para intervenir, quizá para ayudar a un compañero que pasa por dificultades al haber sido superado con un regate, para

EL JUEGO DEFENSIVO

marcar a otro adversario que está libre o bien para cubrir una zona más peligrosa del campo.

Tres tipos de jugador: organizador, luchador-marcador, versátil

No se trata de verdaderos puestos de juego, para los cuales se remite a las páginas 271-277, sino de características físicas y de cualidades de determinados jugadores que no pueden faltar en un equipo.

• El organizador defensivo es el constructor del juego a partir de la defensa (no hay que confundirlo con el organizador, que juega en el centro del campo y mantiene los enlaces entre defensa y ataque; véase pág. 281), con la función de poner en marcha las maniobras del equipo y guiar a sus compañeros de línea, en el planteamiento colectivo de los esquemas. Cuando el equipo defiende, normalmente es el líbero (véase pág. 273) el que asume esta responsabilidad. Al actuar por detrás de la defensa tiene la posibilidad, una vez que el juego de ataque de los adversarios se ha neutralizado, de poner en marcha la acción ofensiva de su equipo llevando el balón hacia delante o jugándolo con los centrocampistas o con los puntas.

• El luchador-marcador es ese jugador especialmente fuerte y hábil en el marcaje y en la anticipación. Estas características son propias de la pareja central, pero también de los centrocampistas.

443

• El versátil es el que tiene características comunes a las categorías anteriores, es decir un jugador de gran movilidad, buen interceptador de balones, capaz de ocupar cualquier zona del campo y que se encuentra cómodo tanto en tareas defensivas como ofensivas; por lo tanto también es un constructor de juego.

En la figura 443, puede verse un ejemplo de jugador versátil: el centrocampista del Milán y de la selección italiana Demetrio Albertini.

Estos tipos de jugadores tienen que formar un grupo que permite el máximo equilibrio entre defensa y ataque.

La táctica de equipo

La acción defensiva, desarrollada por todos los componentes del equipo, empieza en el momento en que los adversarios consiguen el balón. La línea más retrasada empieza a retroceder para defender su portería, teniendo en cuenta la dis-

 **GUÍA PARA JUGAR AL FÚTBOL**

tancia que hay entre los defensas y el portero y con los delanteros del equipo adversario. Mientras retrocede, el defensor no tiene que perder de vista el balón ni a los adversarios que representan un peligro potencial.

En las proximidades de su área, los jugadores que se están defendiendo tienen que frenar el ataque con marcajes eficaces, tratando de interceptar los pases del equipo rival y de volver a hacerse con el balón disputándoselo o anticipándose. Una vez que se ha recuperado el esférico hay que poner en marcha un rápido y preciso contragolpe.

En los movimientos defensivos todo se basa en la seguridad. Un buen dispositivo se obtiene haciendo adelantar sus posiciones a los defensas para cubrir los espacios, en cuanto uno de ellos ha sido superado por el *dribbling* de un atacante.

Otra norma defensiva es evitar riesgos inútiles. No hay que aventurarse nunca a realizar un regate en los límites del área, ya que en caso de perder el balón el rival se quedaría solo delante del portero.

También son peligrosos los pases horizontales desde el exterior hacia el interior del campo porque podrían ser interceptados por un delantero atento, rápido y con olfato de gol.

En general, las formaciones de fútbol adoptan tres sistemas defensivos distintos:

• Marcaje al hombre: cada defensor tiene que marcar a un adversario siguiéndolo en cada uno de sus desplazamientos. El líbero está preparado para intervenir por detrás de los marcadores (fig. 444).

EL JUEGO DEFENSIVO

• **Marcaje en zona:** cada defensor controla una zona del campo y cada vez se encuentra delante a adversarios distintos. Normalmente, con este esquema los defensas se sitúan en línea (fig. 445).

• **Marcaje mixto:** dos defensas marcan al hombre sobre los delanteros más peligrosos, mientras que el líbero se sitúa por detrás de ellos para cubrirlos. En cambio, los defensas laterales juegan en zona, así como los centrocampistas (fig. 446).

Marcaje al hombre

El entrenador que elige esta táctica defensiva tiene que tener defensas veloces y rápidos de reflejos, por lo menos tanto como los delanteros a los que tienen que neutralizar.

Siguiendo las instrucciones, el defensa tiene un adversario al que marcar y al que seguir en cada uno de sus desplazamientos.

El marcador tiene que estar cerca del atacante en cualquier momento, incluso cuando este no participa en la jugada.

Por detrás de la línea defensiva actúa el líbero, preparado para intervenir cuando algún compañero es superado. Naturalmente, esta disposición también tiene sus riesgos. Si un defensa se ve obligado, por el desarrollo de la acción de ataque, a hacer frente a un adversario que se encuentra libre de marcaje, su hombre quedará desmarcado.

Por ello la disposición al hombre requiere una excelente colaboración entre toda la línea defensiva. En cualquier caso, en la elección de sus intervenciones, el defensor tiene que darle preferencia a la acción que considera más peligrosa en ese momento.

Por norma, la defensa al hombre se compone de dos laterales, que controlan las bandas del campo, preparados para hacer frente a los atacantes que se disponen a centrar y, a su vez, para iniciar la acción de ataque avanzando hacia el área contraria, y de dos defensas centrales, el líbero y el central, que controlan la zona que se encuentra delante de su portería.

En función de las características de los defensas y de las del equipo contrario, independientemente de la disposición que se haya adoptado, en zona o mixta, también se puede recurrir a una defensa de tres o de cinco jugadores. Presuponiendo una defensa de cuatro, vamos a intentar analizar cada uno de estos puestos.

LOS LATERALES

Se llaman así los dos defensas exteriores. Su tarea es controlar las bandas, marcando a los extremos adversarios, o bien la de desplazarse para marcar al segundo punta del equipo al que se están enfrentando. En este caso el lateral también tiene que tener las mismas cualidades que el defensa central.

En el fútbol moderno, a menudo se exige a los dos laterales que participen en las maniobras ofensivas de su equipo con galopadas por la banda, hasta llegar a la línea de fondo para efectuar centros que puedan ser aprovechados por delanteros y centrocampistas adelantados.

A los defensas laterales modernos se les define a veces como carrileros para diferenciarlos de los marcadores del pasado, a los que por entonces sólo se les exigía que cortasen el juego de ataque de los adversarios, pero nunca que creasen las maniobras de su equipo.

El equipo no se desequilibrará ni se resentirá por los avances de los carrileros si sus compañeros del centro del campo se ocupan de tapar las zonas que quedan desprotegidas.

En la figura 447, el defensa del Milán Paolo Maldini, uno de los laterales en activo de más categoría, recorre con el balón la banda.

EL DEFENSA CENTRAL

El defensa central tiene que poseer las características del defensor ideal: buen sentido de la posición sobre el terreno; capacidad para despejar y jugar bien el balón, tanto con la cabeza como con los pies; saber entrar al balón en el momento oportuno para que el adversario no le supere con un regate; mantener siempre en su visión de juego tanto al balón como al atacante; dominar lo que ocurre en la parte ciega del campo, es decir a sus espaldas.

Desde el punto de vista individual, el central es, junto al líbero, el jugador más importante de la defensa. Tiene que estar preparado para despejar con los dos pies, incluso al vuelo, dado que tendrá que hacer frente a balones que caen en el área por la derecha y por la izquierda.

En los centros tiene que hacer valer su fuerza sobre los atacantes y anticiparse a ellos para alejar el balón del área. Sus facultades en el juego aéreo también se aprovechan en los lanzamientos a balón parado.

En cuanto al marcaje, el central de una defensa que marca al hombre suele tener que enfrentarse en duelos muy duros contra el punta (delantero centro) del equipo rival, generalmente el atacante más peligroso. La rapidez tiene que ser una de sus virtudes cuando se le asigna la tarea de marcar a delanteros veloces y hábiles.

Para frenar las incursiones de los delanteros por el centro, el central recurre a su sentido de la colocación y a su capacidad para anticiparse. Esta última cualidad es muy importante para alejar el balón del área, llegando a él antes que el adversario, tanto con la cabeza como con el pie.

La concentración del defensa central tiene que estar siempre al máximo, incluso cuando el juego se desarrolla en las bandas y él no participa directamente en la acción. En cualquier caso, el central no tiene

447

EL JUEGO DEFENSIVO

que perder de vista el balón, ha de controlar los desplazamientos de su adversario directo y al mismo tiempo observar la disposición de sus compañeros y de los atacantes en el área. Un esfuerzo que requiere una gran inteligencia táctica.

En la figura 448, el defensa central Ciro Ferrara, uno de los puntales de la defensa del Juventus y de la selección italiana, inicia una acción ofensiva.

El líbero

Es el auténtico y verdadero hombre-guía de la defensa y en general se trata de un jugador muy experto, con gran carisma entre sus compañeros de equipo.

Al líbero se le exigen cualidades especiales y esto hace que muchos jugadores que han sido utilizados en este puesto se han convertido automáticamente en grandes campeones.

Este jugador debe ser un auténtico seguro para la defensa: tiene que leer a la perfección el juego para intuir las situaciones peligrosas e intervenir inmediatamente; tiene que ser insuperable en las disputas del balón por ser el último baluarte defensivo delante del portero; tiene que mostrar grandes dotes de habilidad y de seguridad en el control del balón; durante sus desplazamientos hacia delante tiene que entender cuándo es oportuno salir de la defensa con el balón en los pies o pasar enseguida el esférico; tiene que ser rápido para cubrir varias zonas del campo y sumarse al ataque y retroceder con la misma velocidad; por último, tiene que ser hábil en el juego aéreo para intervenir eficazmente en los centros que no están al alcance del portero.

Todas estas características hacen del líbero el director de la línea defensiva. Colocado por detrás de la defensa, es capaz de observar mejor que los demás la maniobra ofensiva de los adversarios y ordenar la intervención de sus compañeros. Es el que indica a los defensas que se intercambien los marcajes o el que decide que salgan a la vez para dejar en fuera de juego a los adversarios (véase página 278). Además, desde su posición puede intervenir personalmente en los movimientos para interceptar pases en profundidad o doblar un marcaje si un compañero se encuentra en dificultades.

Tanto en una defensa de cinco (dos centrales, dos laterales y un líbero) como en una de cuatro, este jugador tiene que estar lo más cerca posible de sus compañeros para que el equipo no se estire excesiva-

GUÍA PARA JUGAR AL FÚTBOL

mente. Una defensa corta y muy compacta permite al líbero salir hacia delante haciendo saltar la trampa del fuera de juego y al mismo tiempo permite a su formación jugar un encuentro más agresivo.

Además, el líbero puede ser un hombre más en el centro del campo e incluso en el ataque durante las acciones ofensivas. Si la puesta en juego es rápida y está bien planteada, la incursión del líbero desorganiza los planes del equipo adversario y es difícil que los defensas rivales consigan interceptarlo.

En realidad, las incursiones hacia delante del líbero son muy raras en el fútbol de hoy, con los equipos muy preocupados ante todo por no encajar goles y con defensas muy asentadas desde el punto de vista táctico.

En los años setenta grandes campeones como Franz Beckenbauer y Ruud Krol, defensores de las potentísimas selecciones de la ex Alemania Occidental y de Holanda, demostraron que el líbero podía tranquilamente transformarse en el más peligroso de los atacantes. ¡Pero seguramente esos eran otros tiempos!

En la figura 449, Franco Baresi, uno de los jugadores más completos y representativos de este puesto, que se ha retirado hace poco tiempo después de una brillante carrera en el Milán y en la selección italiana.

Marcaje en zona

El principio general de la defensa en zona es que el defensor sigue el balón y no al adversario, cubriendo una zona del campo. Resulta muy eficaz cuando se realiza una fuerte presión (véase página 278) por todo el campo sobre el jugador rival que lleva el balón, con la consiguiente aplicación del fuera de juego por parte de la línea más retrasada.

La ventaja del marcaje en zona es la de tener al equipo bien compactado, evitando incursiones en vertical de los adversarios. Tácticamente permite la utilización de un centrocampista más. Físicamente se realiza un menor desgaste de energías por parte de cada uno de los hombres que se dividen las tareas, ya que no están obligados a perseguir a los adversarios en cada uno de sus movimientos.

El entendimiento con los compañeros es indispensable: cada defensor sabe dónde termina la zona de campo que está bajo su responsabilidad y evita complicar el juego moviéndose por otras zonas.

Naturalmente las zonas no están definidas de manera rígida.

Si el ataque del equipo adversario llega por la derecha, los defensas,

EL JUEGO DEFENSIVO

que siempre estarán dispuestos en línea, se desplazarán hacia ese lateral dejando relativamente desguarnecida la zona opuesta del campo.

Si los atacantes intentan introducirse por el centro, los defensas tenderán a reagruparse en pirámide (figura 450), para obligar a los rivales a abrir el juego hacia las bandas, a zonas seguramente menos peligrosas.

Los defensas centrales regulan el buen funcionamiento del juego en zona. Se intercambian el marcaje del delantero centro del equipo contrario

en función de sus desplazamientos y el que, en cada momento, no se está ocupando directamente del marcaje del delantero, se desplaza retrasándose ligeramente en diagonal (figura 451) para estar preparado para acudir en apoyo de su compañero.

Recordemos que en el marcaje en zona, el líbero juega en línea con sus compañeros, y esto en cierto modo facilita la posesión del balón por parte de la defensa, pero en general de todo el equipo.

Los dos laterales, en vistas de que no tienen que seguir a ningún adversario en concreto, sino sólo controlar su banda, tendrán mayores posibilidades de participar en el juego ofensivo, sumándose también al ataque para realizar peligrosos centros.

Una de las ventajas del juego en zona es el automatismo de los intercambios, que se consigue con un gran entendimiento de la defensa. A menudo, durante un partido, se puede observar a un jugador que, sin mirar, lanza el balón hacia una zona del campo, convencido de que encontrará a un compañero preparado para recibirlo.

Naturalmente, también tiene inconvenientes: la defensa en zona puede ser superada por velocidad o con un regate; en este caso, los atacantes adversarios se internan hacia el portero sin que ya nadie esté en condiciones de obstaculizarlos.

Además, es necesario prestar cierta atención en los saques de banda de la formación contraria (¡en esta jugada no existe nunca el fuera de juego!) por las imprevistas internadas de los atacantes, que pondrían en dificultades a la defensa ya alineada.

Por todo ello la defensa en zona necesita un perfecto entendimiento entre los jugadores.

En definitiva, es un sistema de juego que para funcionar a la perfección necesita jugadores atléticos, capaces de jugar técnicamente a un nivel elevado y que además requiere muchos entrenamientos específicos.

Marcaje mixto

El sistema defensivo mixto, en zona y al hombre, no se puede describir a través de esquemas, porque nace de la inteligencia de técnicos y jugadores frente a una exigencia precisa: adaptar los sistemas propios a las características de los adversarios con los que hay que enfrentarse.

Tal como se intuye, se trata de una vía intermedia entre los dos sistemas descritos anteriormente, con algunos defensores dispuestos en zona y otros, en cambio, pegados a un jugador en tareas de marcaje.

Normalmente esta disposición táctica requiere la utilización de cinco defensores: los dos centrales se ocupan de los dos atacantes rivales considerados como los más peligrosos, marcándoles al hombre; detrás de ellos actúa el líbero, que se mueve a lo largo de toda la línea defensiva sin seguir a un adversario concreto, pero con tareas de cobertura en todas las situaciones; por último, los laterales se alinean en zona en las bandas y tienen que cerrar las incursiones de los extremos, permaneciendo preparados para poner en marcha una acción de ataque puesto que están libres de la carga de controlar a un determinado jugador del otro equipo.

La gran mayoría de los equipos profesionales adopta este sistema mixto zona-hombre, un poco porque es más seguro y más eficaz que los otros dos sistemas y además porque, en el fútbol moderno, es cada vez mayor la necesidad de preparar en la pizarra la mejor formación a alinear en función del adversario al que hay que enfrentarse.

Ahora ya ningún entrenador puede alinear a su equipo siempre de la misma forma, sin considerar la formación del equipo rival ni adoptar medidas especiales para anular a un jugador peligroso, o sin pensar en planteamientos tácticos.

Por ello cada vez es más frecuente la utilización de un sistema mixto como el zona-hombre.

Además la inteligencia práctica de los defensas puede permitir cambiar constantemente el tipo de marcaje durante el desarrollo de un encuentro.

Los delanteros adversarios, para librarse del control al hombre de los defensores, tienden a retroceder hacia el centro del campo para buscar el balón y espacio para arrancar con velocidad. Siguiendo a su hombre, el defensor se arriesga a debilitar su línea defensiva y a dejarse arrastrar lejos de donde se desarrolla la acción. Es entonces cuando surge la posibilidad de cambiar oportunamente el tipo de marcaje, dejando que el delantero se retrase y controlando una zona defensiva; el defensor volverá a marcar al hombre cuando el delantero vuelva a acercarse peligrosamente.

Este tipo de control cambiante permite a los defensores ahorrar energías y mantener la defensa continuamente colocada.

EL JUEGO DEFENSIVO

Naturalmente, el entrenador podrá decidir un marcaje constante, por todo el campo, del defensor sobre un delantero peligroso o sobre ese centrocampista al que se considera el motor del juego del rival.

En definitiva, los técnicos que eligen este tipo de sistema y también los jugadores, que en el campo tendrán que esforzarse en leer continuamente el encuentro, en interpretar cada jugada, disponen de gran libertad de acción.

De este modo también se responsabiliza a los jugadores y se mejora su rendimiento en el campo.

El fuera de juego

Según el reglamento (véase regla 11 en la pág. 65), un atacante se encuentra en fuera de juego (en inglés *off-side*) cuando, en el momento en que el balón sale del pie de un compañero para el pase, no hay por lo menos dos defensores (incluido el portero) entre él y la línea de portería del equipo contrario (fig. 452).

Un jugador no puede estar en fuera de juego cuando, al salir tras el balón, arranca desde su mitad de campo, o bien cuando recibe el balón directamente de un saque de puerta, de uno de banda, de un córner o de un toque involuntario del árbitro o de un adversario o, por último, cuando está más retrasado que el balón, respecto a la línea de fondo del campo adversario (fig. 453).

Existe, además una nueva norma: un atacante no está en fuera de juego cuando en el momento de producirse el pase está en línea con los adversarios (fig. 454).

GUÍA PARA JUGAR AL FÚTBOL

Desde siempre la aplicación del fuera de juego y la interpretación de las reglas por parte del árbitro constituyen un motivo de discusión y de debate en cada partido.

Es necesario recordar que se considera que un jugador está en fuera de juego, castigado con falta a favor del equipo contrario, cuando el árbitro juzga que su posición irregular le proporciona ventaja en una jugada. Esta peculiaridad ha creado un problema: la distinción entre fuera de juego *activo* y *pasivo*, según la posición del atacante. El árbitro debe interpretar la acción cada vez que uno de sus colaboradores levanta el banderín para señalar un *off-side*.

Esta distinción tendría que desaparecer, como de hecho ya sucede en algunos campeonatos europeos, como el inglés o el holandés; un atacante está en fuera de juego cuando está más allá de todos los defensores, independientemente de su posición.

Los árbitros tendrían que aplicar unas reglas claras, y no tener que valorar subjetivamente las acciones en una fracción de segundo. De este modo se evitarían discusiones sobre jugadas que se han visto docenas de veces en la moviola televisiva, para entender decisiones arbitrales que, según el reglamento, deberían ser muy transparentes.

Desde el punto de vista táctico un sistema preparado para dejar en fuera de juego a los adversarios puede tener éxito si se aplica con habilidad e inteligencia. El peligro es que un solo error le puede costar el partido al equipo que lo comete. Para aplicar esta táctica la defensa tiene que estar dispuesta en línea. Un jugador de esta línea, siempre el mismo (en general el líbero), está encargado de marcar el fuera de juego; en función del desarrollo de la jugada indica a los compañeros que salgan hacia adelante para dejar atrás a los atacantes adversarios antes del pase. Cuando todos los defensas arrancan, el portero tiene que redoblar su atención, ya que puede verse obligado a intervenir fuera de su área, casi en la posición de líbero, para bloquear un balón o enfrentarse a un adversario.

Por lo tanto, se trata de una táctica difícil de aplicar, que requiere buen entendimiento y gran colaboración entre los defensores. En efecto, se corre el riesgo de que un defensor no arranque en el momento oportuno, y evite así el fuera de juego del delantero sin que ningún defensa pueda ya intervenir.

Sucede a menudo que dos formaciones adopten la misma táctica del fuera de juego en un partido. En este caso, todos los jugadores se encierran en una zona de unos veinte metros de ancho a ambos lados de la línea central del campo, dando lugar a un espectáculo que suele resultar mediocre... ¡pero estos son los aspectos negativos del fútbol moderno!

La presión

Ejercer presión significa atacar al adversario que tiene el balón para obligarle a cometer un error, poderlo recuperar y poner en marcha una jugada de nuestro equipo.

Es una táctica que normalmente se realiza en todo el campo y que la mayoría de las veces resulta ganadora. Presionando sobre los que llevan el balón, además, es relativa-

EL JUEGO DEFENSIVO

mente sencillo hacer que cometan un error y romper la maniobra ofensiva de su equipo. Para los atacantes es más fácil marcar si consiguen recuperar el balón en las cercanías del área rival, ya que habrá menos jugadores para defender al portero.

Agredir tácticamente a los adversarios, impedirles que razonen, que planteen su juego: esto es, en palabras de un entrenador, lo que significa presionar.

Es una actitud psicológica, antes que una táctica futbolística. Un equipo que plantea un encuentro presionante ya tiene una mentalidad ganadora antes del saque inicial.

La presión es individual: un jugador se acerca al adversario que lleva el balón, lo persigue, lo cierra y le impide jugarlo con tranquilidad.

La mayoría de las veces el adversario que recibe la presión se ve obligado a bajar la vista y liberarse rápidamente del balón, sin que haya divisado a un compañero al que enviárselo con precisión.

Naturalmente, un jugador que está presionando necesita recibir el apoyo de sus compañeros (fig. 455), que han de marcar a los hombres que están cerca del que lleva el balón e intentar interceptar posibles pases laterales.

Esta táctica permite mantener al equipo muy compacto, preparado para arrancar hacia delante, y conviene ponerla en práctica junto a la *trampa* del fuera de juego, ya que los jugadores de la línea más atrasada también suben hacia el centro del campo para ejecutar una presión defensiva.

Es difícil que un equipo pueda correr y presionar durante todo el partido, pero es muy importante poderlo llevar a cabo en algunas fases del mismo.

A menudo, el primer cuarto de hora es decisivo: tomar enseguida la iniciativa quiere decir aprovechar al máximo las energías de los jugadores, sorprender a los adversarios quizá marcando un gol y afrontar el resto

455

del partido con ventaja en el marcador y con ventaja psicológica. El mismo discurso vale para la reanudación del juego después del descanso.

Por último, es importante aprovechar la presión y la actitud especialmente agresiva propia de los minutos que siguen a la consecución de un gol.

Una vez que los adversarios quedan en desventaja están, comprensiblemente, desorientados y resultan vulnerables, por lo que hay que tratar de inflingirles el golpe de gracia antes de que consigan reorganizarse.

La ayuda de centrocampistas y delanteros

Si cierto que la mejor defensa es el ataque, es precisamente desde la línea ofensiva (véase pág. 360) y desde el medio campo (véase página 318) desde donde tiene que empezar la acción defensiva cuando un equipo pierde la posesión del balón.

Es erróneo pensar que deben ser solamente los defensas quienes soporten el peso de un ataque del equipo rival. Una acción defensiva sólo se lleva a cabo eficazmente cuando se recupera el balón y esto puede conseguirse más fácilmente con el apoyo de todos los jugadores.

Los delanteros, cuando pierden el balón, no tienen que dejarse aislar y apartar del juego, sino que tienen que presionar en seguida sobre los defensas contrarios o, en cualquier caso, seguir a los que llevan el balón retrocediendo hacia el centro del campo.

De todas formas, son los centrocampistas los que desarrollan un verdadero trabajo de apoyo a los defensas cuando el equipo adversario inicia una maniobra de ataque: tienen la función de enlace entre la defensa y el ataque y por lo tanto su tarea es doble: llevar adelante la jugada dando balones a los delanteros y cubrir en defensa cuando su equipo recibe el ataque.

Los centrocampistas deben retroceder para cubrir la zona descubierta, por ejemplo, el líbero o un lateral cuando se suman al ataque en una acción de contragolpe.

El objetivo de las tareas defensivas en el centro del campo es impedir a los adversarios que avancen con el balón y obligarles a jugar hacia los laterales balones que podrán ser interceptados fácilmente.

456

EL JUEGO DEFENSIVO

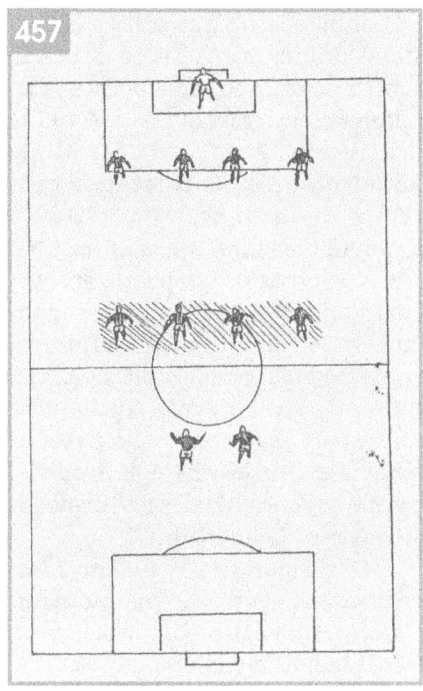

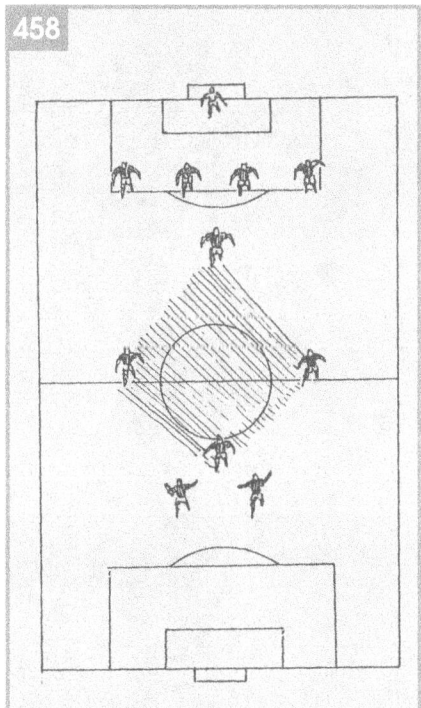

En la figura 456, una disputa de balón entre el ex centrocampista del Inter, Ince, y el delantero de la Fiorentina Oliveira, que realiza una entrada deslizándose sobre el campo.

Si se pierde el esférico en la zona central del campo, los centrocampistas tienen que perseguir a los adversarios y controlarlos hasta que los defensas se ocupen de ellos.

Existen distintos sistemas de defensa en el centro del campo: el de cuatro mediocampistas en línea, muy utilizado por las formaciones inglesas (fig. 457); el sistema en rombo, con un centrocampista retrasado por delante de los defensas y otro adelantado, enfrente de él y por detrás de los delanteros (fig. 458), y por último, el esquema con tres centrocampistas, con un jugador retrasado en el centro por delante de la defensa (fig. 459).

El organizador del juego

Este término se refiere al jugador del centro del campo que organiza el juego de ataque del equipo, casi siempre empezando desde el pase que le mandan los defensas.

Es considerado como el motor del equipo y enlace entre la defensa y el ataque; en la fase de planteamiento de las jugadas, todos los balones pasan por sus pies. Se le considera un jugador fundamental, por lo que ha de tener grandes dotes técnicas y físicas.

En relación al balón y a los adversarios, tiene que ocupar la mejor posición sobre el campo; en el caso en que se requiera su ayuda en la defensa, tiene que estar capacitado para marcar eficazmente a un adversario, tanto al hombre como en zona; cuando su equipo recupere el balón tiene que saberse desmarcar rápidamente y abrir el juego hacia los delanteros con lanzamientos bien medidos, tanto a ras de suelo como a media altura.

Pero no siempre el organizador del juego tiene que pasar lejos el balón hacia sus compañeros, ya que si tiene espacio por delante puede avanzar hacia la portería contraria para intentar un tiro o dar a un compañero un pase en profundidad.

Por ello, el organizador del juego tiene que ser fuerte físicamente, para resistir las entradas de los centrocampistas y de los defensas del equipo adversario, y ser hábil en las maniobras de ataque, sabiendo doblar en carrera a sus compañeros e intercambiar con ellos las posiciones. Además debe ser eficaz en los tiros a portería.

También tiene que sobresalir por su visión de juego. Colocado en el centro del campo, muy pegado a su defensa, el organizador observa la disposición de los compañeros y de los adversarios y si el juego se concentra en una zona, pide el balón y lo envía hacia las zonas en las que hay más espacio y se puede aprovechar mejor la situación para una incursión en ataque. En definitiva, apoyarse en el organizador es el método más rápido y más seguro para *cambiar el juego*, es decir pasar el balón de una banda a la otra del campo sin correr el riesgo de que los adversarios lo intercepten.

En la figura 460, Didier Deschamps, el centrocampista-organizador del Juventus y de la selección francesa, inicia con un pase.

EL JUEGO EN EL CENTRO DEL CAMPO

El motor del juego del equipo

El centrocampista es el alma del equipo, el eslabón entre defensa y ataque, el hombre que resulta determinante a lo largo de todo el encuentro. Naturalmente, cada demarcación tiene unas responsabilidades tácticas que condicionan e influyen en el desarrollo del partido, pero en la mayoría de ocasiones la suerte del encuentro se acaba decidiendo en el centro del campo. En efecto, a los centrocampistas se les asigna la misión de frenar y destruir el juego del equipo adversario y, al mismo tiempo, nada más y nada menos que proponer ideas para desarrollar el juego de los compañeros de ataque y mantener el orden dentro del equipo. Por lo tanto, tanto en acciones defensivas o como en acciones ofensivas, a los centrocampistas se les pide que mantengan el equipo unido y ordenado mediante una *visión de juego* que es propia de su demarcación, con un estilo inconfundible: balón pegado al pie y cabeza alta para observar los movimientos de los compañeros y de los adversarios (figura 461).

Saber cuáles deben ser la distancias correctas entre las líneas y entre los jugadores; aprovechar todas las zonas del campo y determinar los cambios de ritmo en el juego del equipo: estas son las principales

 **GUÍA PARA JUGAR AL FÚTBOL**

misiones de los jugadores que se mueven en el centro del campo.

Desde este punto de vista, el centrocampista asume la función de decidir lo que deberán hacer los compañeros en ataque o en defensa.

En la figura 462, se observa el pase que ha salido de las botas del centrocampista, después de decidir a quién entregar el balón.

Inteligencia táctica, imaginación, resistencia al cansancio, capacidad atlética y mental e inteligencia son las cualidades que se exigen a un centrocampista.

Hay que destacar, además, que en el fútbol moderno se valora cada vez más a los centrocampistas capaces de llegar al marco rival con la misma facilidad que los atacantes. Al centrocampista moderno se le pide que se convierta en un jugador decisivo, que actúe como un protagonista *espectacular* del encuentro, en mayor medida que al atacante. No es casual que en los últimos años algunos centrocampistas con marcadas cualidades ofensivas hayan resultado más peligrosos y más prolíficos de cara a puerta, es decir han marcado mayor número de goles, que los propios atacantes.

También se les requiere para que cubran a la defensa y reanuden en la siguiente jugada las acciones ofensivas capaces de crear ocasiones de gol. De este modo, permiten que la defensa esté mejor colocada para poder marcar a los puntas del equipo contrario y cubrir así los espacios en donde se realizará la acción. En esta fase del juego los centrocampistas deben preocuparse por reducir al máximo el espacio entre líneas para lograr un *equipo corto*, compacto, capaz de defender con todos sus jugadores.

En cambio, cuando el equipo está nuevamente en posesión del balón, la misión de los centrocampistas es fundamentalmente constructiva.

Los centrocampistas se adueñan de las zonas del campo por las que se desplaza el balón, lo controlan y lo juegan con los compañeros, dictando el ritmo de la acción, y por fin lo pasan a los puntas que deberán finalizar el ataque. Es un mecanismo complejo pero de realización automática, fruto del trabajo y la constancia en el entrenamiento. En esta fase es cuando se desarrolla la táctica de juego que el equipo deberá poner en práctica.

EL JUEGO EN EL CENTRO DEL CAMPO

Los centrocampistas constituyen el eje de las maniobras y, al mismo tiempo el brazo ejecutor de la táctica. A su vez, el entrenador, para poder desarrollar el juego que tiene previsto, determinará la disposición de los jugadores en el terreno de juego a partir de la zona del centro del campo.

En la fase de construcción del juego los centrocampistas desarrollan diferentes misiones, aunque todas resultan finalmente muy unidas en la elaboración de las jugadas.

Por norma general, tendremos:

1. Un centrocampista capaz de interceptar los movimientos del equipo contrario y de ceder el balón al compañero de línea que se encuentre en mejores condiciones.

2. Un centrocampista que dicta los tiempos y los movimientos a los compañeros y envía el balón a las zonas donde se proseguirá la acción.

3. Un centrocampista capaz de llegar hasta el área de castigo contraria y disparar a puerta.

A estas funciones clásicas se añaden otras tareas derivadas del desarrollo táctico del juego y de las órdenes de los entrenadores. Así, se puede tener un centro del campo formado por tres, cuatro o cinco elementos, todos ellos capaces de construir, de cortar las acciones de los adversarios, recuperar y subir al ataque para concluir la jugada. En este sentido, el juego del centrocampista es completo a todos los niveles, tanto táctico como técnico. En la figura 463, se observa una de las disposiciones más clásicas del centro del

campo: un medio de cobertura, un organizador de juego en el centro del campo, un centrocampista abierto y otro dispuesto para poder incorporarse al ataque.

El centrocampista, además, ha de tener un toque de balón que sea superior al de la mayoría de los jugadores, una capacidad física superior a la de los demás compañeros, un sentido de la colocación determinante para la suerte de su equipo, y, además, tiene que saber conducir a sus compañeros en el ataque y en la defensa, según el desarrollo del encuentro. Un buen atacante aparece también en virtud de que los centrocampistas saben cómo y cuándo darle un buen pase que propicie una ocasión de gol. Existen grandes defensores también porque los centrocampistas del equipo

GUÍA PARA JUGAR AL FÚTBOL

han sabido colocarse para proteger su zona en la retaguardia, permitiéndoles ganar la posición y marcar con soltura, rapidez y eficacia al atacante contrario. El papel del centrocampista es completo y fundamental porque interviene en todo momento en el desarrollo del partido y decide cómo y dónde deben situarse sus compañeros en el campo.

En la figura 464, dos centrocampistas se disponen a reorganizar el ataque desde la propia área.

Cualidades del centrocampista y especializaciones

¿Qué se necesita para ser un buen jugador del centro del campo? ¿Qué cualidades debe tener un futbolista que decide jugar en el centro del campo, al servicio tanto de la defensa como del ataque de su equipo? ¿Cuándo resulta decisiva su presencia para el desenlace del partido? Estas son las preguntas que deben plantearse el joven futbolista y el entrenador que sigue su carrera para determinar las cualidades que deberá desarrollar para llegar a ser un buen centrocampista.

Para responder a estas preguntas, primordiales para el futuro del joven futbolista, deben valorarse todas las cualidades naturales que tiene como atleta, para determinar en qué zona del campo podrá aprovecharlas mejor y ser útil al resto del equipo.

No hay en la actualidad, ni ha habido nunca, ningún centrocampista capaz por sí solo de poder encargarse de desarrollar todas las tareas que le corresponden, debido precisamente a la complejidad de la demarcación, que comporta una infinidad de aspectos y de especializaciones.

Es muy difícil, por no decir imposible, sin embargo, imaginar un centrocampista que por sí solo pueda ser capaz de contener el juego de ataque del equipo contrario, de recuperar balones, de actuar como organizador para desarrollar el juego de su equipo, de subir al ataque y, a

EL JUEGO EN EL CENTRO DEL CAMPO

la vez, de ser determinante en el resultado. Es cierto que ha habido casos célebres de jugadores centrocampistas que han sido los verdaderos protagonistas del equipo, pero no se puede olvidar la contribución de los compañeros.

Diego Armando Maradona, por ejemplo, ha sido un centrocampista capaz de volver locos a los centrocampistas y a los defensores del equipo contrario, pero sin un buen medio que luchara, corriera y le cubriera, no hubiera podido brillar. Pelé ha sido el jugador más completo en términos absolutos; sería injusto definirlo solamente como un jugador de medio campo, pero también es cierto que a su lado necesitaba mediocampistas capaces de desempeñar numerosas tareas imprescindibles para el buen desarrollo de la jugada. Michel Platini no habría podido cosechar tanta gloria para el Juventus sin el trabajo de otros jugadores encargados de desempeñar las funciones que él nunca hubiera podido llevar a cabo. Alfredo Di Stefano, el mítico jugador del Real Madrid de los años cincuenta y sesenta, fue un delantero centro que desplazó su radio de acción de la defensa contraria al medio campo, aunque siempre de acuerdo con otros centrocampistas encargados de la organización del juego.

Por lo tanto, podemos afirmar que un medio, si bien es el hombre más importante del equipo, lo es, y consigue desarrollar con éxito sus funciones, en la medida en que los otros jugadores del centro del campo, con funciones diferenciadas, son capaces de ayudarle.

En la figura 465, puede observarse a Alessandro Del Piero, uno

de los mejores centrocampistas atacantes que hay actualmente en el fútbol internacional.

El medio defensivo

Una de las demarcaciones fundamentales en el desarrollo del trabajo del equipo es la de medio defensivo. Consiste en una función muy concreta e importante para el éxito del equipo, ya que la misión de este jugador es cortar las acciones del equipo contrario, robar al rival que tiene enfrente todos los balones que pueda y pasarlos a otros compañeros de su propio equipo. Todo esto debe realizarlo casi siempre con mucha rapidez; el medio defensivo no puede en ningún caso jugar parado o de forma excesivamente parsimoniosa y lenta, sino que, al contrario, debe intervenir con la máxima rapidez y ceder el balón al compañero más cercano.

Es un trabajo oscuro, a veces hasta olvidado, en el análisis del juego: generalmente se suelen recordar las jugadas más espectaculares y decisivas, mientras el medio se ve obligado a realizar una labor bastante menos vistosa, pero que resulta de gran rentabilidad para el equipo. A menudo en las proximidades de la línea defensiva propia, es el último hombre del centro del campo capaz de contener el avance del equipo contrario, por ello corre para cortar la acción del atacante que está en posesión del balón. A menudo, también se encarga del marcaje del organizador de juego del equipo rival, para evitar su trabajo de creación.

En la figura 466, se observa una acción típica del medio defensivo (con camiseta blanca), que esta preparado para interrumpir la acción del centrocampista contrario, entrándole si es necesario (figura 467, jugador con camiseta oscura).

Se le pide que presione y entre al contrario, que lo obstaculice en su avance, que lo marque y, por fin, que recupere también el balón.

Una tarea que resulta compleja y frecuentemente decisiva. Si un buen medio defensivo está acertado

en su misión impide el juego del equipo contrario en el centro del campo y ofrece a su equipo la posibilidad de jugar más balones que los adversarios.

Muchas veces, el medio defensivo se sitúa cerca del organizador de juego cubriendo su área de influencia cuando este juega la pelota, ayudándolo en las recuperaciones y también en la cobertura de la zona

EL JUEGO EN EL CENTRO DEL CAMPO

defensiva, cuando este ejerce funciones de ataque.

Garra, rapidez y coraje son las cualidades más idóneas para esta demarcación.

Al talento natural de todo jugador que actúe en el centro del campo —además, lógicamente, de dominar a la perfección la técnica de base— se han de añadir en este caso otras cualidades: el jugador que desempeña esta función se convierte en un peón del centro del campo, y frecuentemente está menos dotado técnicamente que sus otros compañeros de línea.

No hace falta ser un mago del balón para ser un gran centrocampista, pero es útil mejorar la técnica individual, con vistas a encuentros contra equipos cuyos centrocampistas puedan tener más calidad técnica. Fondo, velocidad, habilidad en defensa tanto en el marcaje como en las entradas, sentido de la colocación y capacidad para dar fluidez a la acción con pases rápidos al compañero que se encuentre desmarcado, son las cualidades que requiere este tipo de centrocampista.

El organizador de juego

Es el centrocampista por antonomasia, el que se encarga de organizar tácticamente el juego colectivo, el director.

Este jugador se encarga de dirigir el equipo de manera que la acción pueda ser decisiva, y, por lo tanto, su papel es determinante. El organizador de juego debe mantener la mente lúcida en todos los momentos del partido, debe ser capaz de crear acciones espectaculares que resulten decisivas para el desenlace final. Es decir, debe ser capaz de decantar el partido a favor de su equipo.

Además, ha de saber jugar sin balón, tener buen sentido de la posición y un excelente toque con los dos pies; por otra parte, ha de tener imaginación, visión al entregar el balón y en todas las intervenciones, buen temple y sentido del juego colectivo.

Todas estas cualidades son difíciles de reunir: en pocos casos son espontáneas en el joven y por ello han de trabajarse con el entrenamiento.

El organizador de juego es el hombre al que todo el equipo mira cuando se elabora la acción de ataque, y es a él a quien se envía el balón, si es posible, para que lleve esa tarea a cabo.

Cuando el organizador lleva el balón, el equipo se distribuye en todas las zonas del campo, es decir que cada jugador sabe cuál es la posición que le corresponde para esperar el pase.

468

En la figura 468, el distribuidor de juego busca con la mirada el momento más oportuno para realizar un pase en profundidad. Este jugador no marca goles generalmente, aunque debe ser un jugador completo, que construya el juego y posea un buen disparo y asuma la responsabilidad durante el encuentro.

El sentido de la posición, la capacidad de concentración y la tranquilidad con la que pone en práctica la táctica convierten a este centrocampista en un entrenador dentro del propio terreno de juego. Pero ha de saber crear la jugada con la que superar a la defensa contraria.

La lista de jugadores que a lo largo de la historia han desempeñado esta función es larguísima, pero en la historia reciente destaca sin lugar a dudas el brasileño Paulo Roberto Falçao, quizás el organizador de juego más completo de los últimos veinte años. Rápido y seguro, técnico, con carisma delante de los compañeros de juego, duro y peleón cuando las circunstancias lo requieran, buen realizador cuando los atacantes no encontraban el camino del gol, capaz de defender gracias a su extraordinaria condición física y de subir inmediatamente a su posición.

Falçao ha sido el prototipo ideal de organizador de juego, aunque en los últimos años la evolución de las tácticas han tendido a restar trascendencia a esta función.

El fútbol moderno es cada día más rápido, más dinámico y, a la vez, se basa cada vez más en la potencia muscular antes que en la habilidad técnica, situación que ha repercutido en el trabajo de la figura del organizador de juego. A pesar de ello, en el juego de equipo sigue siendo básica la figura de un hombre que ordene el juego y que controle el ritmo según las necesidades del equipo.

Las cualidades que debe exhibir el jugador que ocupa esta demarcación son: buen lanzamiento a larga distancia, capacidad de cortar el campo en diagonal, imaginación y buenos fundamentos técnicos. Además, actualmente también se le exige que efectúe pases rápidos, sin retener demasiado tiempo el balón en los pies.

Todo ello supone tener unos fundamentos excelentes, que le permitan realizar pases de hasta 40 metros, sin obligar al compañero que recibe el balón a efectuar movimientos difíciles. El organizador de juego que falla un pase pone en dificultades a todo el equipo, porque los adversarios ganan terreno con rapidez obligando a los compañeros a retrasar las posiciones rápidamente. Por lo tanto, su responsabilidad es máxima.

EL JUEGO EN EL CENTRO DEL CAMPO

El organizador de juego, que generalmente tiene una gran personalidad, ha de concretar en todos los movimientos y saber que su rendimiento no depende tanto de la cantidad de balones tocados como de la calidad de sus intervenciones.

En la figura 469, se observa el momento del pase, que es fundamental para el buen desarrollo de la acción. En este caso el jugador ha optado por un centro, un gesto técnico que requiere fuerza y precisión.

El centrocampista exterior

Esta es una de las demarcaciones que más han cambiado con el paso del tiempo, debido a la evolución de

---

EL CENTROCAMPISTA DE APOYO

En el juego del centro de campo es importante también la figura del centrocampista de apoyo. Se trata de un jugador capaz de llevar el balón sin interrupciones y de secundar al organizador del juego en todas las acciones de construcción.

Efectivamente, el organizador de juego no siempre tiene la posibilidad de iniciar la jugada, y entonces aparece otro centrocampista, quizá menos técnico, pero con mucha entidad, que se encarga de esta función: entrar al adversario, recuperar y distribuir el balón, no necesariamente desde la posición de medio defensivo.

Mientras este último suele jugar por las bandas, el centrocampista de apoyo tiene las mismas características pero jugando por la zona central del campo, dispuesto a ayudar al organizador de juego o a tomar personalmente la responsabilidad de iniciar una nueva acción de ataque.

En el fútbol moderno, caracterizado por el intercambio de funciones, el organizador de juego y el centrocampista de apoyo en muchos casos coinciden. Sin embargo, la necesidad de disponer de un hombre más en el centro del campo hace que muchos equipos recurran frecuentemente a este tipo de jugador.

En la figura 470, se observa una actitud típica del centrocampista: sube el balón bien llevado con los pies sin mirarlo, mientras controla con la vista los desplazamientos de los compañeros.

los planteamientos tácticos. El centrocampista exterior originalmente era un extremo que bajaba hasta su campo, un jugador que aprovechaba al máximo la velocidad por la banda tanto en defensa como en ataque, para centrar (véase pág. 311) sobre el área contraria. Por esta razón el extremo realizaba largas posesiones de balón, para permitir que los compañeros recuperaran fuerzas o se colocaran en la mejor posición posible, y por esto precisamente, disponer de buena técnica de base era fundamental en esta posición.

Actualmente este extremo ha sido sustituido por un centrocampista trabajador, con tareas predominantemente defensivas, capaz de correr y de subir el balón, de jugar el balón con los compañeros de línea y, si se presenta la ocasión, de chutar a portería.

Básicamente es un jugador que arranca del lateral para buscar inmediatamente al compañero de línea más próximo. Asiste al organizador de juego en la elaboración de las jugadas y se desmarca para recibir pases rápidos y triangular.

En la figura 471, puede observarse un ejemplo de triangulación entre un centrocampista exterior y el compañero más próximo, en este caso un medio.

El extremo clásico, es decir, rápido, técnico e imaginativo con el balón en los pies, tiende a desaparecer, y es sustituido por el centrocampista que actúa por la banda, un hombre que lleva el peso de los contraataques (véase pág. 328), gracias a unas condiciones físicas que le permiten soportar marcajes duros.

En la figura 472, se ve a un centrocampista exterior que avanza con el balón controlado, una de las tareas básicas para el jugador que desempeña este papel.

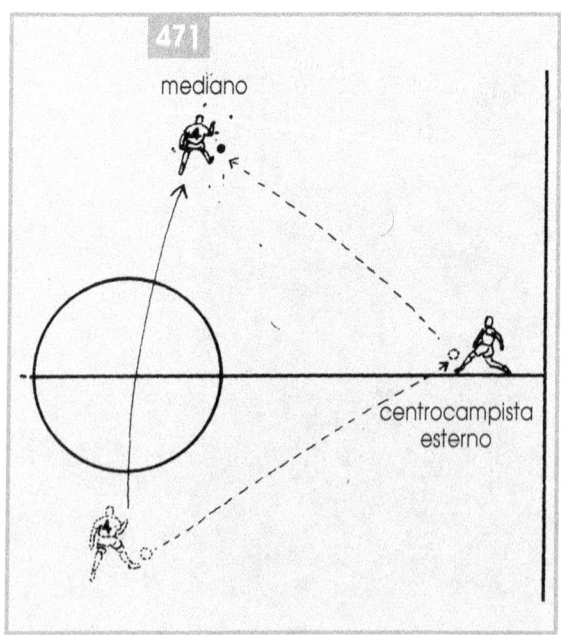

EL JUEGO EN EL CENTRO DEL CAMPO

El centrocampista exterior se encarga durante la defensa de cerrar los espacios laterales que puedan propiciar posibles centros del equipo contrario y cuando se inicia el ataque tiene que estar preparado para recibir el balón. En su progresión tiene que apoyarse siempre en otro compañero, para no quedarse nunca a expensas de la defensa contraria.

En la figura 473, se observa al centrocampista exterior que se abre hacia la banda y se dispone a recibir el pase del compañero de apoyo.

EL MEDIO VOLANTE

En el fútbol moderno, el medio volante es otro de aquellos jugadores condenados a desaparecer. Su lugar está ocupado por un atacante cuyas características le permitan jugar también más alejado del área, protegido por los centrocampistas. El medio volante clásico más técnico que veloz, con capacidad para introducirse entre la defensa contraria, pero sin acabar de definir de cara al marco, se ha ido transformando en un delantero más, a causa de la mayor velocidad que se imprime al juego moderno. Un centrocampista lento y estático, se convierte más en un estorbo que en una ayuda para el equipo, y tiende a ser sustituido por el media punta y por centrocampistas de mayor polivalencia que se incorporan al ataque o incluso por centrocampistas exteriores. El organizador de juego es quizás el único medio volante en el sentido clásico que todavía interviene en el centro del campo moderno, que cada vez más está formado por jugadores veloces y de fuerza física, trabajadores, con buen control del balón, y sobre todo con capacidad de cortar las acciones de los adversarios.

El media punta

Es una de las figuras más controvertidas del fútbol moderno, que genera no pocas discusiones acerca de su utilización y su utilidad: ¿es un delantero más o un centrocampista más? Muchos entrenadores prescinden de este tipo de jugador, y prefieren otro más identificable esquemáticamente, con características de marcador o bien de centrocampista con capacidad de crear juego.

El media punta (el nombre deriva de la zona por la que se mueve, entre el centro del campo y el ataque), tiende a ser utilizado por los equipos que practican un juego ofensivo e imaginativo. El media punta realiza una parte de las funciones de aquel medio volante clásico que está en vías de desaparición: inventiva, exquisitez técnica y capacidad de definición cuando los delanteros no logran desmarcarse y el área rival está colapsada por la acumulación de jugadores.

Las características de este tipo de jugador son un buen tiro desde lejos y habilidad en el *dribbling* (véase pág. 315) corto dentro del área. En cambio, no es un jugador al que se le exija una participación continua en el partido, sino que sepa intervenir en el momento oportuno de cara al área contraria.

En la figura 474, se ve cómo el media punta que viste camiseta clara está atento al posible error de los jugadores de la defensa contraria en el momento de sacar el balón.

Desde el punto de vista de los defensas del equipo contrario, es difícil marcar a un jugador de estas características porque no siempre participa directamente en la jugada, pero por otro lado tampoco se le puede dejar libre de marca, porque podría sumarse al ataque como un delantero puro.

Muchos medias puntas juegan por líneas horizontales en la mitad del campo contrario, marcando al jugador que sube el balón o haciendo *pressing* (véase pág. 321) conjuntamente con los otros compañeros de línea.

EL JUEGO EN EL CENTRO DEL CAMPO

En las acciones ofensivas el media punta busca el pase corto con los delanteros y la asistencia de gol (véase pág. 314).

A la hora de defender, raramente baja por detrás de la línea de medio campo: cuando su equipo está defendiendo, el media punta se coloca en una zona en donde pueda recibir un rechace o un pase largo. Cuando esta jugada se produce su misión consiste en controlar el balón esperando que sus compañeros se incorporen al ataque.

En la figura 475, un aspecto típico del entrenamiento del media punta, que ha de ser capaz de disparar a puerta, desde fuera del área, con la misma precisión que un delantero.

El número 10

La evolución táctica que ha experimentado el fútbol, ha hecho que la figura del media punta coincida muy a menudo con el jugador que lleva el dorsal número 10 (a pesar de que hoy en día, con las plantillas de 25 y 30 jugadores, la numeración clásica se ha abandonado en muchos casos); el número de muchos jugadores míticos que tiempo atrás correspondía por tradición al jugador más técnico, al cerebro del equipo capaz de decidir un encuentro con una jugada determinante, con un *dribbling*. El «10» actual mantiene inalteradas estas características, pero añadiendo a su repertorio un mayor sentido de gol, una capacidad para intuirlo similar a la de un delantero.

En el curso de los años, con el incremento de la velocidad en el juego, las innovaciones tácticas y los tres puntos por victoria (que hasta hace unas temporadas eran dos), el juego ofensivo ha ganado en importancia, y un «10» con clase, capaz de realizar jugadas increíbles, se convierte en un jugador de más para el propio equipo y en una continua amenaza para los adversarios.

En Italia, en los últimos años se han visto en acción jugadores como Roberto Baggio, Gianfranco Zola,

Alessandro Del Piero, Francesco Totti, todos ellos grandes jugadores con la técnica de un centrocampista y el olfato de gol propio del delantero. Sin lugar a dudas, estamos hablando de *individualidades*, capaces de jugar en el centro del campo con la clase propia de los mejores organizadores de juego, pero interviniendo más activamente en el juego en el límite del área de castigo, y con el olfato de gol del delantero puro. En este sentido, Michel Platini ha sido el nexo entre el organizador de juego clásico y este tipo de jugador moderno: un centrocampista puro, pero con cualidades de goleador, aunque sin el nueve en la camiseta.

Precisamente por esto, las discusiones tácticas sobre la utilización de este tipo de jugador son tema de actualidad. Según algún técnico, hoy en día el «10» no es ni un centrocampista con talento de cara a gol, ni un delantero que arranca desde lejos, sino una especie de «nueve y medio», casi un excedente para la economía del juego de equipo.

En realidad, a lo largo de los años se ha comprobado que el «10» se convertido en una pieza cada vez más fundamental en los esquemas del equipo. Por un lado actúa como un organizador retrasado, controlando el balón dentro de su mitad de campo, y por otro se convierte en un centrocampista de talante claramente ofensivo, un cóctel difícil de marcar por los adversarios.

En la figura 476, se puede ver al jugador Zinedine Zidane, jugador del equipo turinés del Juventus y de la selección francesa campeona del mundo: un auténtico «10» que aporta grandes cosas al equipo.

476

Técnica y táctica del centrocampista moderno

Una de las cualidades fundamentales del centrocampista es la superioridad técnica que tiene respecto a los otros jugadores, tanto defensores como delanteros.

Generalmente, el centrocampista no podría ocupar esta demarcación sin poseer cualidades técnicas superiores a las de sus compañeros. Estas características técnicas que permiten llegar a ser un buen centrocampista son: saber chutar con ambos pies, tener precisión en el lanzamiento y capacidad para dar

EL JUEGO EN EL CENTRO DEL CAMPO

pases largos. Esto no lo es todo, naturalmente, pero es la base para plantearse la posibilidad de que un joven jugador juegue en el centro del campo con éxito y perspectivas de futuro.

En la figura 477, el centrocampista realiza un pase en profundidad. Esta jugada bien realizada pondrá en situación ventajosa a su equipo.

Por lo tanto, para un buen centrocampista es fundamental realizar a diario ejercicios técnicos para mejorar con ambos pies y también para el resto del cuerpo. Pero adquirir la técnica no es suficiente para hacer de un jugador de fútbol un buen centrocampista. Lo que más cuenta es su especial generosidad que denominamos *sentido táctico*, es decir la habilidad para saber poner su nivel de técnica individual al servicio del equipo.

Ningún centrocampista, ni tan siquiera el mejor dotado técnicamente, puede pensar en ser determinante para su equipo si olvida la regla esencial para jugar al fútbol: se trata de un deporte de equipo y una de las reglas que hacen de este deporte el más apasionante del mundo es justamente la capacidad por parte de los jugadores de saber conjugar las ganas de brillar individualmente con las necesidades del equipo.

Los centrocampistas más importantes logran pasar a la historia del fútbol no sólo por su habilidad técnica, sino también y por encima de todo por cómo logran ser útiles a sus compañeros. Sin juego colectivo el equipo no existe y los adversarios lograrán imponerse fácilmente.

La figura del equipo puede ser un centrocampista, pero sus caracterís-

ticas de jugador desequilibrante deberán conjugarse con la capacidad de desarrollar un juego armónico, es decir un juego de equipo.

El centrocampista tiene que saber tomar las riendas del equipo gracias a su mayor dominio técnico, que ha de poner siempre al servicio de sus compañeros. Para lograrlo, el centrocampista deberá dominar todos los movimientos técnicos a realizar con balón y además deberá conocer las características de los compañeros, para facilitarles la recepción de los pases.

Una de las bases más importantes para convertirse en un buen centrocampista es la de ser consciente de que tener demasiado tiempo el balón en los pies para buscar el aplauso, es siempre perjudicial para el desarrollo de la jugada.

GUÍA PARA JUGAR AL FÚTBOL

En las figuras 478 y 479, se puede ver cómo se realiza una recepción con el pecho y un control con el pie, acciones que no deben faltar nunca en el repertorio de un buen centrocampista.

Los fundamentos técnicos individuales deben ponerse siempre a disposición del equipo, es decir dichos movimientos técnicos deberán servir para que se inicie una nueva acción de ataque.

Jugar sin balón

Una de las cualidades características del centrocampista es saber mover por el campo sin balón, es decir saber desmarcarse (escaparse del control de los adversarios), tener sentido de la jugada, y representar un punto de apoyo psicológico para los demás compañeros, para los cuales el centrocampista será un punto de referencia para una ayuda inmediata, capaz de dar continuidad a la acción y de mejorar sus aciertos. Moverse sin balón significa seguir la acción y prever su desarrollo, para anticiparse y colocarse en la zona del campo más idónea.

El centrocampista que sabe moverse sin balón es el centrocampista altruista, que entiende perfectamente el juego colectivo y sabe sugerir a los compañeros dónde pueden dirigir el balón. A diferencia del delantero que suele llamar al compañero para pedirle el balón, el centrocampista no pedirá siempre el esférico al jugador que lo lleva, sino que le indicará a cuál puede pasarlo.

Moverse sin balón significa realizar un trabajo oscuro: mientras otros compañeros trenzan la jugada,

EL JUEGO EN EL CENTRO DEL CAMPO

el centrocampista sin balón tiene que fijarse, sobre todo, en no perder la posición, bien sea para estar en condiciones de defender mejor en el momento que concluya la ofensiva, o para poder intervenir mediante una nueva iniciativa personal en favor del juego de sus compañeros.

Pero saber jugar sin balón también significa estar siempre en el lugar en el que transcurre la acción, a pesar de que el balón se encuentre en otra zona del campo —justamente ahí reside la dificultad—. El centrocampista debe constituirse en cualquier ocasión, en un punto de referencia constante para sus compañeros.

En las figuras 480 a 482, se observa cómo el centrocampista se mueve sin balón y se coloca en una zona donde podrá facilitar el pase por parte del compañero.

Aprender a jugar sin balón no es difícil; lo importante es seguir día a día las enseñanzas tácticas del entrenador. Para el técnico, la maniobra del equipo se desarrolla no sólo gracias a la habilidad técnica del jugador

que lleva el balón controlado, sino a la capacidad de los demás jugadores de colocarse correctamente en determinadas zonas del terreno de juego. En estos movimientos en los que se busca no perder la posición óptima, el centrocampista se convierte en un punto de referencia. El centrocampista que sabe jugar sin balón es el jugador a quien los demás miran en las situaciones de apuro.

Sentido de la colocación en el campo

Una de las cualidades que globalmente son más importantes en el jugador que ocupa la demarcación de centrocampista es el sentido de la colocación, lo cual significa estar en el momento justo en el lugar apropiado. Todo esto está relacionado, evidentemente, con saber jugar sin balón y con la habilidad para seguir la jugada que se está desarrollando. Para ello se necesitan unas dotes naturales: el centrocampista tiene que seguir la acción del juego sabiendo en qué zona del campo debe colocarse para esperar el pase y favorecer el avance de los compañeros.

En la figura 483, se ve un ejemplo de cómo el sentido de la posición puede beneficiar el juego del conjunto del equipo: ante la presión que ejerce el jugador de camiseta clara, el centrocampista se desmarca y ayuda al defensor en dificultades facilitándole una opción de pase.

Sentido de la colocación significa no sólo estar en el lugar justo del ataque en la fase ofensiva del juego, sino también saber estar cerca de la defensa cuando hay que realizar una cobertura para esperar una nueva posesión del balón. Un centrocampista que sepa marcar con eficacia al atacante, retrasa la jugada del equipo contrario y permite a los defensores del equipo propio colocarse correctamente para el marcaje.

Generalmente los compañeros de los centrocampistas juegan con la convicción de que les apoyan, desde la mejor posición para recibir el balón y proseguir la jugada. Esta sensación de seguridad del equipo aumenta cuanto mejor saben colocarse los centrocampistas. Esto hará que las acciones resulten más rápidas y verticales, que, en definitiva, hacen que un equipo sea peligroso.

EL JUEGO EN EL CENTRO DEL CAMPO

Si el centrocampista sabe transmitir al resto del equipo el sentido de la colocación, y si el medio campo del equipo acaba por imponerse, los adversarios se verán obligados a modificar su disposición en el campo.

Tener sentido de la colocación significa lograr mantener cercanas las líneas y hacer posible que los compañeros jueguen con tranquilidad y sin prisas porque, ellos, los centrocampistas, están allí, para ayudarles y proponerles nuevas opciones de juego.

Jugar lejos o cerca de los compañeros

Colocación y saber jugar sin balón comportan una pregunta clave para el éxito del juego de nuestro equipo: ¿el centrocampista tiene que estar cerca o lejos de los compañeros que llevan el peso de la acción? En algunos casos cerca y en otros lejos, lo cual complica la tarea y destaca, una vez más, la dificultad de jugar en esta demarcación.

El jugador del centro del campo debe estar cerca del jugador que lleva el balón, pero debe saber hacerlo sin dejar descubierta ninguna zona y, a la vez, sin obstruir la zona en la que se está desarrollando la acción. También debe intuir el momento de alejarse para situarse en un punto en el que tenga posibilidades de recibir el balón. Este trabajo, difícil de realizar porque se desarrolla simultáneamente a la acción del balón, convierte al centrocampista en un jugador que actúa con la visión propia de un entrenador que se encontrara dentro del terreno de juego: mientras los compañeros o los contrarios juegan el balón, el centrocampista ha de valorar al lado de quién debe colocarse y lejos de quién. Por otro lado, en el equipo habrá con toda seguridad jugadores que, por sus características individuales y por la función asignada, necesitan más que otros la proximidad de un compañero que les permita desarrollar al máximo su juego; otros, por el contrario, tienen que poder moverse libremente con el balón en los pies sin notar el peso de la excesiva proximidad de un compañero, que incluso podría llegar a molestar.

En la figura 484, se observa cómo el centrocampista intenta buscar la

distancia ideal a la que debe situarse del compañero, para favorecer de esta manera una acción rápida.

Estas situaciones, psicológicas y tácticas, son fruto del entendimiento total entre los jugadores, de la compenetración obtenida a través de entrenamientos de calidad y de la capacidad por parte del centrocampista de saber asimilar las enseñanzas del entrenador. Se puede afirmar que la elección de jugar cerca o lejos del compañero depende tanto de circunstancias puntuales del juego, como de valoraciones de orden táctico. Un centrocampista exterior, por ejemplo, no puede estar lejos del defensa lateral o del compañero que está jugando el balón por la banda. En esta situación, se constituirá como un punto de referencia, como un apoyo para poder recibir el balón y enviarlo al compañero que salga hacia arriba. En cambio, un jugador situado en el centro del campo es posible que necesite espacio para efectuar un pase, un lanzamiento, o para correr hacia delante con el balón controlado.

En definitiva, el centrocampista ha de saber colocarse en la zona más eficaz para el buen desarrollo de la jugada: ni demasiado cerca, para no obstaculizar la iniciativa del compañero, ni demasiado lejos, para que pueda resultar útil en la jugada. Mantener las distancias idóneas con los otros integrantes del equipo significa tener unido el equipo, tener las líneas próximas, es decir, mantener la cohesión entre las líneas de defensa, mediocampo y ataque, de manera que no se corra el riesgo de sufrir un contraataque del adversario y, en cambio, se pueda sacar el máximo partido de la posesión del balón.

En la figura 485, el centrocampista se aleja rápidamente de la zona de su compañero para colocarse y recibir el pase.

EL JUEGO EN EL CENTRO DEL CAMPO

El marcaje al adversario

El centrocampista ha de saber marcar (controlar y entrar) al adversario igual que un defensa. El marcaje en la zona de mediocampo es una de las acciones más difíciles de llevar a cabo y condiciona en gran manera el desarrollo táctico del encuentro, porque la superioridad en el marcaje de los centrocampistas de uno u otro equipo implica una situación favorable determinante.

Por lo tanto, cada centrocampista marcará a un adversario; incluso el centrocampista con características dispares a las del marcador puro tiene que arrebatar el balón o por lo menos entorpecer los movimientos del jugador contrario y detener la acción, a fin de impedir que los adversarios puedan llevar la iniciativa con facilidad.

Marcar al centrocampista del equipo rival significa permitir que la defensa se coloque en la zona ideal para sujetar a los delanteros; por lo tanto, el marcaje en el centro del terreno de juego es un factor decisivo para el desarrollo del encuentro. El marcaje eficaz por parte de un equipo se traduce en presión, y la presión implica más posibilidades de tener la posesión de balón, y esto conlleva a su vez más posibilidades de llegar a puerta y de obtener la victoria.

La aportación de un centrocampista que sepa marcar bien y anular la capacidad creativa del contrario, supone obtener una ventaja para su equipo, a veces tan importante que puede desequilibrar la balanza del encuentro sin un esfuerzo excesivo. Dominando el centro del campo, todos los integrantes del equipo podrán obtener alguna ventaja en sus respectivos marcajes. Por otro lado, los jugadores del equipo contrario perderán un punto de referencia en la zona neurálgica del juego. Esto puede comportar la superioridad en el centro del campo por parte de uno de los dos equipos, incluso utilizando el mismo número de jugadores en la línea de medios: un centro del campo formado por cuatro jugadores contra cuatro, pero con uno de los protagonistas que se impone constantemente en su duelo personal equivale a tener un centro del campo con un hombre más. El adversario se verá obligado a pedir a los compañeros que le doblen en el marcaje, y ello repercutirá en la disposición táctica en el campo.

El esfuerzo de un centrocampista durante los entrenamientos debe orientarse a preparar escrupulosamente el marcaje que se hará sobre los adversarios, de forma intensa pero sin cometer faltas, es decir con determinación, aunque en ningún caso con violencia (fig. 486).

DOBLAR EL MARCAJE

En el fútbol moderno, caracterizado por la utilización de la fuerza y por la rapidez en las acciones, que se basa en el control de las diferentes zonas del campo más que en los férreos marcajes al hombre, un jugador debe ayudar siempre a otro, aunque sea momentáneamente, en el marcaje de un adversario. Esto significa que cuando un jugador está realizando tareas de marcaje, un compañero tiene que estar preparado para doblar el marcaje, es decir para ayudarlo en la realización de aquella acción concreta.

En la figura 487, se ve una esquematización del doblaje en el marcaje: el jugador B entra en la zona de su compañero A para ayudarle en el control del adversario; mientras el jugador C se desplaza para cubrir la zona del jugador B.

La ayuda defensiva realizada por un centrocampista puede ser una de las armas decisivas no sólo en una acción determinada, sino para el desenlace del encuentro.

El centrocampista que realiza constantemente ayudas en defensa efectúa un trabajo de equipo e impide que las jugadas del equipo contrario evolucionen con facilidad y rapidez.

En las figuras 488 y 489, pueden verse dos secuencias para una ayuda en defensa realizada sobre el jugador que lleva el balón. En resumen, el doblaje en el marcaje es una de las funciones esenciales que debe realizar el centrocampista actual, que no se conforma con construir el juego de su equipo, sino que también se esfuerza en evitar que el equipo contrario llegue hasta la línea defensiva del propio equipo.

El doblaje defensivo sirve para ayudar a los marcadores y ahorrarles un mayor desgaste. El resultado es que los jugadores del equipo podrán colocarse mejor en las zonas asignadas, facilitando a la defensa el control de los delanteros contrarios.

La ayuda en el marcaje puede efectuarse desde los primeros movimientos de ataque por parte de los adversarios y, por lo tanto, puede empezar ya con un

EL JUEGO EN EL CENTRO DEL CAMPO

pressing (véase pág. 321) en el área de castigo contraria. En la figura 490, se ve cómo durante un entrenamiento, el centrocampista es presionado por dos contrarios, uno por delante y otro por la espalda, en tanto que desde la banda el técnico sugiere la colocación idónea.

Los contraataques

En el fútbol moderno aparece cada vez con un mayor peso táctico el llamado *juego de contraataque*, una variante del contragolpe (véase página 328) realizada con mayor velocidad e involucrando prácticamente a todo el equipo. Hasta los años setenta, en las jugadas de contraataque intervenía un jugador, que se encargaba de robar el balón cuando se le presentaba la ocasión y salía rápidamente al ataque. Hoy en día es todo el equipo el que debe estar preparado para desplegarse hacia el campo contrario velozmente, después de haber robado el balón al jugador que lo controlaba. En esta circunstancia del juego, el centro-

---

LA FALTA TÁCTICA

Una de las circunstancias que se producen cada vez más en el fútbol moderno es la denominada *falta táctica*, consistente en realizar una acción voluntariamente incorrecta con el fin de cortar una acción contraria que, de proseguir, constituiría un gran peligro para la defensa.

Se habla de falta táctica porque la acción incorrecta se produce lejos del área de castigo, o sea en la zona de medio campo, donde teóricamente todavía no constituye un gran peligro para el equipo que defiende.

Quienes reciben este tipo de faltas, con más frecuencia son los centrocampistas, especialmente los que son capaces de lanzar a otro compañero hacia delante en una jugada rápida que desborde el planteamiento defensivo del rival.

El retrato robot del jugador que recibe la falta corresponde al organizador de juego, al centrocampista que marca el ritmo de su equipo, así como el retrato robot del jugador que más veces comete este tipo de infracción —y que se sacrifica corriendo el riesgo de ser amonestado con cartulina amarilla o incluso expulsado del encuentro, con roja directa— es aquel centrocampista defensivo que basa su juego más en la cantidad que en la calidad.

Hasta hace pocos años, la falta táctica era un buen arma para combatir la velocidad con la que salía el equipo contrario. En efecto, los árbitros solían castigar este tipo de infracciones con una simple falta, de manera que en la práctica el equipo perjudicado por la infracción, no lograba una ventaja significativa. La interrupción de la acción no quedaba compensada por el beneficio del lanzamiento de la falta.

Desde hace relativamente poco tiempo, la adopción de nuevas reglas, permite que la falta táctica pueda ser castigada, como ya hemos dicho, con cartulina amarilla o incluso con la expulsión del infractor.

En definitiva, la falta táctica es un recurso extremo, que se realiza sabiendo que puede ser motivo de expulsión. Suelen incurrir en este tipo de falta los equipos que, no pudiendo soportar la superioridad del equipo contrario, no les queda otro remedio que cortar la acción del adversario de forma ilícita.

EL JUEGO EN EL CENTRO DEL CAMPO

campista ha de estar preparado para aportar fluidez a la acción y favorecer la subida de los compañeros al ataque. Su pase deberá ser siempre al primer toque, a fin de no perder un tiempo precioso que permitiría al equipo rival recuperar la igualdad numérica y las posiciones defensivas ordenadamente.

En las figuras 491 y 492, se representan dos momentos del contraataque: el equipo inicia la acción desde la defensa tras una recuperación, y todos los jugadores salen hacia delante, hasta obtener una disposición óptima para el ataque.

La velocidad en la ejecución y la lucidez táctica deben acompañar siempre los fundamentos técnicos del centrocampista que se encarga de dirigir el contraataque. Al mismo tiempo, los compañeros del centrocampista que está en posesión del balón tienen que comprender inmediatamente su intención de dirigir el balón hacia una determinada zona del campo y, sobre todo, deben saber que está intentando dar rapidez al juego.

En el fútbol actual esta es una de las fases más importante de un partido, en la que puede apreciarse la técnica de base que tiene el centrocampista, la capacidad para efectuar pases largos y precisos, y la visión de juego que le permite dirigir la acción hacia los compañeros más libres de marca que se encuentran en campo contrario. El hecho de que cada vez se juegue con mayor velocidad y la disposición táctica en el campo de los equipos, casi siempre con poca separación entre líneas y, por lo tanto, con pocos espacios, hacen que el contraataque sea una de las

fases más espectaculares y determinantes del partido.

En la figura 493, se observa cómo después de haber robado el balón al adversario, el centrocampista se dispone a salir rápidamente al contraataque.

El pase horizontal

Entre las misiones del centrocampista, una de las más importantes es la de dar buenos pases a los compañeros del propio equipo. El pase puede darse en horizontal o en vertical, según como se quiera culminar la acción de juego del equipo.

El pase en horizontal es una solución a la que el centrocampista recurre con frecuencia, ya sea para ralentizar la acción, para desplazarla a otra zona del campo en la que haya menos presión del equipo contrario, para poner en juego a un compañero que esté libre de marcaje, o bien para triangular con un jugador desmarcado (véase pág. 312). La elección de este tipo de pase se basa en lo que el centrocampista *está viendo* en aquel momento, en la forma en la que *lee* el partido desde el punto de vista táctico.

EL JUEGO EN EL CENTRO DEL CAMPO

En la figura 494, se observa un pase horizontal del centrocampista a un compañero desmarcado.

Este tipo de pase casi siempre es preparatorio para una acción de juego que se desarrollará en otra zona del campo, y sirve para hacer participar a más jugadores en su elaboración: el centrocampista busca un compañero situado por delante y le pasa el balón. Inmediatamente se abre en horizontal o hacia delante para recibir nuevamente el balón; de aquí nace la acción. Este movimiento permite a los compañeros más adelantados situarse de forma óptima entre la defensa contraria y facilitar con ello el pase vertical por parte del centrocampista, cambiando así el ritmo de la acción.

En algunas ocasiones los centrocampistas juegan en horizontal antes de efectuar el pase vertical. Esta decisión compete al centrocampista y si opta por realizarla, es porque los adversarios han cerrado bien los espacios o porque quiere ralentizar momentáneamente el ritmo. Según la colocación de sus compañeros y de los jugadores del equipo contrario deberá decidir la forma de actuar y el tipo de pase que resulta más conveniente.

En el pase horizontal el centrocampista requiere, lógicamente, la participación de varios compañeros más, invitando a un juego colectivo con el objetivo de atacar con varios jugadores sin perder las posiciones y manteniendo las líneas compactas.

En la figura 495, puede observarse cómo el centrocampista espera a que el compañero se coloque para efectuar un pase horizontal en el momento justo, sin correr el riesgo de que un jugador contrario intercepte el balón.

El pase vertical y en profundidad

Veamos uno de los momentos más importantes del partido; se produce cuando el centrocampista recibe el balón, mira hacia delante, y efectúa un pase vertical, en profundidad. El delantero que recibe el balón lo hace casi siempre en unas condiciones que, gracias a la verticalidad del lanzamiento, le permiten encarar el marco contrario aprovechando su carrera rápida. Esta es una situación claramente ventajosa que se debe aprovechar adecuadamente.

Para efectuar un buen pase vertical, el centrocampista debe aprovechar todas sus cualidades técnicas: visión de juego para ver la posición del compañero, incluso a notable distancia; precisión en el pase, para dar el balón en las mejores condiciones de ser jugado; lucidez mental, para elegir el momento más oportuno para el buen desarrollo de la acción; fuerza física, para imprimir al balón la potencia justa que permita realizar una jugada rápida.

En la figura 496, se ve cómo el centrocampista observa la colocación de los compañeros mientras avanza con el balón y se dispone a efectuar un pase largo.

En ocasiones el pase largo se realiza cortando el campo en diagonal, para enviar el balón a una zona que los adversarios no han podido cubrir a tiempo.

Para poder realizar estos pases se requieren muchas horas de entrenamiento, empezando por los principios elementales del tiro en parado, y pasando a los lanzamientos en movimiento con ambos pies. El buen centrocampista es precisamente aquel que sabe efectuar pases en profundidad, que superan la línea de medio campo, provocando que los jugadores del equipo contrario no puedan ocupar adecuadamente y a tiempo sus posiciones defensivas, con lo cual el delantero del equipo propio queda en una posición favorable para encarar el marco contrario con pocos obstáculos por delante.

En el pase vertical es donde se distingue al director de juego del resto de los centrocampistas, puesto que es el jugador capaz de marcar la diferencia técnica. El organizador de juego (el que marca el ritmo al equipo), es el encargado de realizar este tipo de pases, que utiliza como recurso para aumentar la velocidad del juego.

En la figura 497, puede verse cómo el centrocampista envía un pase vertical, en el que el balón sale en dirección al área contraria.

Sin embargo, el pase vertical no tiene por qué ser necesariamente un pase largo. En ocasiones un pase vertical de pocos metros es suficiente para provocar una situación de superioridad en una zona del campo determinada, del mismo

EL JUEGO EN EL CENTRO DEL CAMPO

modo que un intercambio de pases, verticales y horizontales, propicia la posibilidad de avanzar, además de mantener la posesión del balón.

El centro

En un partido de fútbol siempre se desarrollan algunas jugadas concretas que se repiten con gran frecuencia. Una de las más clásicas es el centro, es decir, un tipo de pase dado generalmente por alto o a media altura, con parábola del balón superando la barrera defensiva que sirve para hacerlo llegar a un delantero que está situado en el área de castigo contraria. Si este pase se efectúa a ras de suelo se suele hablar de *centro chut*, ya que normalmente el objetivo es mandar el balón con potencia al área contraria, más que chutar directamente a portería, buscando el remate de un delantero o el rechace fallido de un defensa que pueda acabar en autogol.

Para centrar correctamente se requiere saber coordinar bien los movimientos en carrera y tener un control total del balón. Para que el centro sea eficaz en necesario que encuentre a un compañero bien posicionado que tenga la posibilidad de rematar.

El centrocampista intentará meter balones con mayor empeño si sabe que en su delantera hay jugadores que juegan muy bien de cabeza o que saben sacar partido de su habilidad en el área para rematar (por ejemplo, realizando una chilena).

Para entrenar esta técnica, es decir efectuar centros, se requiere la participación de varios jugadores. El jugador que efectúa el centro debe tener presentes las características de los compañeros e intuir dónde irán a buscar el remate. Esta es una de las cualidades más interesantes en un centrocampista: saber dirigir el balón no al punto en el que se encuentra el compañero, sino donde sabe que puede llegar a recibirlo en condiciones favorables. Centrar es una acción compleja, que requiere visión de juego y que, justamente por su

GUÍA PARA JUGAR AL FÚTBOL

peligrosidad, conviene aprender a aprovechar siempre al máximo. Por otro lado, no hay que abusar de los centros; efectivamente, un buen centrocampista prefiere jugar el balón raso combinando pases más seguros, en lugar de arriesgar en exceso basando el ataque continuamente en balones altos. Fallar un centro significa casi con toda seguridad entregar el balón al equipo contrario, que podrá iniciar el contraataque.

En la figura 498, se puede observar, en una jugada de estrategia, un ejemplo de centro muy utilizado a la salida de un córner realizado en corto: esta jugada requiere bastante preparación, especialmente por parte de los centrocampistas.

El centro, si se realiza con precisión en el momento justo, es prácticamente una asistencia de gol (véase pág. 314). Sin embargo, a menudo se considera como centro lo que simplemente es un despeje sin dirigir que sirve para anular las iniciativas contrarias. En realidad, el centro se efectúa siempre siguiendo la lógica del pase al compañero que está más desmarcado y no para chutar al azar más allá de la línea central.

La triangulación

El fútbol es por definición un juego de equipo, y por lo tanto es impensable desarrollar las jugadas de forma individual, excepto en algunos casos excepcionales. La triangulación es una forma de realizar una jugada apoyándose en un compañero, que consiste en pasarle el balón para volver a recibirlo inmediatamente, de manera que permita jugar con rapidez y llevar jugadores hacia delante, evitando la responsabilidad de tener que encarar un uno contra uno.

La triangulación es uno de los esquemas de entrenamiento que más se ensayan y se estudian. Para ello se trabajan con paciencia los desplazamientos que deben realizar los jugadores de la línea que aplica este tipo de jugada. Constituye una de las acciones más espectaculares del partido, y re-

EL JUEGO EN EL CENTRO DEL CAMPO

quiere mucho entrenamiento para que la ejecución sea precisa. El balón se juega al primer toque, sin retenciones. Los jugadores que generalmente se sirven más de esta combinación son los centrocampistas, ya que donde más se utiliza es precisamente en el centro del campo o en la zona atacante, en campo contrario.

El jugador que conduce el balón lo pasa a un compañero de equipo y corre hacia delante, para desmarcarse y ganar una posición más favorable para proseguir la acción. El compañero que recibe el balón hace de pared, es decir, lo manda inmediatamente hacia delante, hacia la nueva posición que ocupa el jugador que le había dado el pase (véase figura 471 en la pág. 292). Este mecanismo requiere rapidez de reflejos, entrenamiento y un control perfecto del balón. Una buena triangulación permite casi siempre acelerar la acción atacante, desplazando hacia delante la acción del juego. Bien ejecutada, la triangulación comporta una situación realmente ventajosa, además de situar al adversario en inferioridad numérica.

Al centrocampista que participa en esta acción se le pide que haga la pared perfectamente —en el caso de que sea otro compañero el que inicie la acción—, pero nada le impide que sea él mismo quien comience la triangulación. Esto ocurrirá cuando el jugador se dé cuenta de que no es posible seguir desarrollando una determinada jugada, porque los contrarios están bien colocados en su campo y con posibilidades de efectuar buenos marcajes. Entonces es cuando el centrocampista toma las riendas del juego, se aproxima a un jugador de su propio equipo y decide trasladar el centro de la acción hacia delante, utilizando la jugada en cuestión, es decir, realizando una triangulación. Evidentemente es uno de los momentos en que el centrocampista asume directamente la responsabilidad, ya que su papel en el campo le obliga a decidir cuándo y cómo conviene efectuar este tipo de acción espectacular, cuya finalidad es hacer llegar el balón a un atacante que chutará a portería con posibilidades de lograr un gol.

En la figura 499, se observa cómo el centrocampista, presionado por un adversario, solicita la colaboración de un compañero para realizar una triangulación.

 GUÍA PARA JUGAR AL FÚTBOL

En equipos de un cierto nivel, que ya tienen una buena preparación física y que trabajan esquemas de juego, se pueden realizar varias triangulaciones encadenadas. El resultado conlleva gran peligro para el equipo contrario, porque puede dejar un hombre desmarcado delante del marco contrario. El desarrollo es el siguiente: cuando se ha realizado la primera triangulación interviene un tercer jugador, que hace una segunda pared hacia el jugador que ha iniciado la jugada. Para que la ejecución sea perfecta no puede haber indecisiones; para ello el jugador que lleva el balón y tiene la intención de hacer una pared con otro compañero tiene que dar a conocer sus intenciones a los jugadores de su propio equipo. Una vez más, el carisma y la técnica del centrocampista contribuyen a que esta jugada se desarrolle con éxito.

La asistencia

Consiste en dar a otro jugador del equipo un balón de gol, o dicho de otro modo, realizar el último pase que permitirá el remate a portería. Es el objetivo que persigue la acción de ataque y requiere visión de juego y seguridad. Estos pases definitivos casi siempre corren a cargo de los centrocampistas. Es más, su capacidad para dar asistencias de gol demuestra la importancia técnica que tiene este jugador.

El centrocampista que da la asistencia tiene que prescindir de la idea de ser él quien intente batir al meta del equipo contrario. En efecto, quizás este último pase podría suprimirse, y ser el centrocampista quien asumiera la responsabilidad de disparar a puerta directamente, pero si hay un jugador en mejor posición, no hay motivo alguno para hacerlo. La asistencia es, en definitiva, un pase que tiene muchas probabilidades de acabar en gol, pues llega a un compañero que puede chutar a puerta. Una situación en la que no tiene ningún jugador contrario delante; sólo queda el portero entre el balón y la red. Para realizar buenas asistencias hace falta realizar muchas ensayos en el entrenamiento, pasar mucho tiempo trabajando este aspecto del juego. Por otra parte se tienen que idear esquemas de juego que creen la posibilidad de hacer que un jugador se encuentre en condiciones ideales frente a la portería contraria. Es aquí cuando entra en juego el jugador que realiza la asistencia, el que posee rapidez de reflejos, excelente técnica y sentido de juego colectivo, colocando el balón delante de la portería contraria hacia el compañero mejor situado.

Hay futbolistas que tienen un instinto natural e innato para servir el balón al compañero que se encuentra frente a la portería, gracias a una especial capacidad de intuir con antelación la acción que se llevará a cabo, con una visión propia de un entrenador en el terreno de juego. Los centrocampistas son, precisamente, los jugadores más propensos a realizar este tipo de pases, ya que normalmente son ellos quienes se encargan de decidir cómo y cuándo debe ser concluida la acción, y de qué manera se tiene que realizar el pase definitivo.

El media punta también puede realizar asistencias en determinadas

EL JUEGO EN EL CENTRO DEL CAMPO

condiciones, cuando un atacante está mejor posicionado que él delante del marco contrario, pero normalmente suele ser el organizador del juego el que se encarga de dar el pase de gol en cuestión. Es él quien debe tomar las riendas del equipo, conducir la acción, y decidir finalmente que se debe concluir con un disparo a puerta. Los mejores organizadores de juego son los jugadores más capacitados no sólo para desarrollar la acción, creando dificultades a la defensa contraria, sino sobre todo para dictar el ritmo de la jugada y para dar el balón al compañero de equipo que se encuentre desmarcado. En definitiva, una de las cualidades peculiares del centrocampista es conducir el balón con mucha soltura y rapidez, y prever con antelación cuál será el desarrollo de la acción hasta el último pase, es decir hasta la asistencia que finalizará en gol.

En la figura 500, puede verse al superclase del Inter (en esta fotografía luciendo los colores del Milán) y de la selección italiana, Roberto Baggio, un autentico especialista en dar asistencias.

La finta y el *dribbling*

En el bagaje técnico de todo futbolista en general, y del centrocampista en particular, la finta es una de las habilidades que debe dominar necesariamente para poder llegar a ser realmente competitivo. Largos periodos de entrenamientos específicos, trabajando todos los movimientos que el cuerpo pueda realizar con el balón en los pies, permitirán obtener destreza y equilibrio para poder realizar la finta. Esta consiste en simular un movi-

miento con el balón en los pies para engañar al adversario y librarse de su marcaje.

En la figura 501, puede observarse cómo una finta realizada con el cuerpo desequilibra al adversario y el jugador puede deshacerse de su marcaje.

La finta es un recurso más que permite sacar adelante una acción, pero es uno de los momentos más espectaculares en el enfrentamiento entre dos jugadores, y constituye una de las variantes del juego en la que más se improvisa. El centrocampista no puede prescindir de este recurso técnico que le sirve para superar, con el balón controlado (*dribbling*), el marcaje de uno o más hombres del equipo contrario y quedarse en condiciones de realizar un pase a un compañero de equipo. Un desplazamiento imperceptible del cuerpo hacia un lado puede provocar un desequilibrio en el adversario, suficiente para abrir un hueco que permita avanzar al centrocampista que lleva el balón.

En la figura 502, el adversario está en el suelo, desequilibrado por la finta del centrocampista.

Es cierto que no conviene utilizar excesivamente la finta, sino sólo cuando las circunstancias del juego lo exijan. Muchos jugadores hacen que, con frecuencia, el juego pierda fluidez porque utilizan las fintas en exceso, y otros, en cambio, se ganan la titularidad por la facilidad con la que mantienen la posesión del balón utilizando la finta. El buen centrocampista sólo debe recurrir a la finta cuando se ve sometido a un marcaje asfixiante, y nunca debe hacerlo para brillar de cara a la galería, si no simplemente para ganarse el aplauso fácil del público. El exceso de fintas ralentiza el juego y favorece la colocación de los adversarios. Por otro lado, si se pierde el balón en una zona demasiado próxima a la propia defensa o cuando se tienen las líneas muy adelantadas, el contragolpe del equipo rival podría tener graves consecuencias.

En la línea del centro del campo no debe faltar nunca aquel jugador que con sus fintas es capaz de desequilibrar el centro del campo y la defensa del equipo contrario. De este papel se encarga a menudo el centrocampista exterior, que no sólo sabe llevar el balón, sino que es capaz de controlarlo gracias a esta técnica. Esta acción permite a los compañeros desmarcarse y subir adelante, y al autor de la finta continuar la acción individual. Antiguamente, los extremos eran los que

EL JUEGO EN EL CENTRO DEL CAMPO

más recurrían a este tipo de juego; realizaban la finta para regatear al defensa lateral y correr hasta la línea de fondo para poder centrar el balón o chutar directamente a puerta. En cambio, hoy en día se exige al centrocampista exterior que lleve el balón sirviéndose más de la fuerza física que de la técnica, y los extremos técnicos cada vez son menos numerosos. Aquellos jugadores llenos de fantasía y conocidos por sus fintas, capaces de arrancar con el balón en los pies desde medio campo y llegar hasta el área de castigo contraria han pasado a la historia, y hoy en día tienen poca presencia en los terrenos de juego. Así, podemos recordar los nombres de Garrincha, Biavati, Ghiggia, Conti, Julinho, Mattews, Claudio Sala, como forjadores de una era futbolística que parece haber desaparecido.

Hoy en día son pocos los extremos a quienes se permite jugar con total libertad técnica, sirviéndose libremente de recursos como la finta, y en cambio se exige al centrocampista exterior una atención total en el juego colectivo: hacer pocas fintas, subir el balón con la máxima rapidez, dar pases rápidos y realizar la cobertura dc la propia zona dcl campo.

El control del ritmo del partido: ralentizar o acelerar la acción

Una vez analizadas todas las funciones de los centrocampistas, las cualidades técnicas y tácticas que necesitan dominar estos jugadores y las distintas situaciones que, en esta demarcación, pueden producirse a lo largo del encuentro, nos queda por analizar un aspecto táctico fundamental: el ritmo del partido. El centrocampista, en función de las características de sus compañeros de equipo, de los adversarios y de las circunstancias particulares de cada encuentro, será el encargado de aumentar, con su juego de equipo, la rapidez de ejecución de las jugadas o ralentizará el ritmo.

En la figura 503, el centrocampista decide mientras conduce el balón y mantiene la mirada hacia delante, cuál debe ser el ritmo de la acción.

Si el equipo va por delante en el marcador y los adversarios se pueden considerar peligrosos por la calidad individual y por su juego de conjunto, una buena decisión será ralentizar algunos momentos el ritmo del encuentro, para permitir que la defensa

GUÍA PARA JUGAR AL FÚTBOL

se recupere de los esfuerzos recientes. Además, este cambio de ritmo en el juego obligará a los jugadores del equipo contrario a adaptarse, operación que no es nada fácil y que por ello, les puede ocasionar problemas y no les deja llevar la iniciativa. Romper la iniciativa de los adversarios es una de las tácticas para ganar un partido, y el centrocampista es quien debe decidir cuál es el momento adecuado para hacerlo.

De la misma manera, el centrocampista también decide cuándo conviene acelerar el ritmo, para jugar con mayor agresividad. Si el equipo está bien entrenado y si los mecanismos tácticos se han estudiado convenientemente para que salgan fácilmente y resulten eficaces, el juego rápido y al primer toque dará al equipo mayor peligrosidad.

El centrocampista, que representa el motor del juego, es, por lo tanto, el que marcará el ritmo al equipo, pudiendo pasar de un ritmo rápido a otro más pausado, o incluso lento y con muchos pases en horizontal, con el objetivo de conservar la posesión del balón, poner nerviosos a los jugadores contrarios y consumir tiempo de juego.

Es muy importante contar con uno o varios jugadores capaces de dictar a los compañeros el ritmo apropiado. Un equipo se hace peligroso y adquiere mentalidad de ganador cuando sus centrocampistas dominan el ritmo del partido. El papel del centrocampista, y aún más el del organizador de juego, tiene un enorme paralelismo con el de un director de orquesta, y es por este motivo de un buen organizador de juego se dice que es como un entrenador en el campo. La orquesta es el equipo, dispuesta a seguir la partitura elegida por el centrocampista. Para lograr que todos los hombres jueguen como desea el centrocampista, este ha de tener la máxima confianza por parte del resto de jugadores. Por otro lado, para aprender a contener el ritmo o para acelerarlo, se deberá trabajar mucho en los entrenamientos desde el punto de vista técnico.

El centrocampista jugando en campo propio

¿Qué ocurre cuando la acción se desarrolla en la propia mitad del campo? ¿Cómo debe actuar el centrocampista en esta circunstancia? Es evidente que estos jugadores constituyen la primera barrera defensiva del equipo (a no ser que los delanteros hagan *pressing* sobre los defensores, ya sea en el área contraria, véase pág. 321), y por lo tanto su trabajo en este momento del juego es importantísimo. Realizar una buena labor de contención significa que la defensa no recibirá directamente los ataques del equipo contrario. En esta fase defensiva del juego, el centrocampista se encuentra en su propio campo y tiene que procurar frenar al equipo contrario cerrando para ello espacios.

Este es un momento importantísimo del partido porque una buena colocación de los hombres del centro del campo proporciona las ayudas adecuadas a la defensa, y permite, una vez que ha concluido el ataque del equipo rival, construir una nueva jugada sin necesidad de recurrir a acciones aisladas. En este momento del juego, la máxima

EL JUEGO EN EL CENTRO DEL CAMPO

presión corre a cargo de los centrocampistas defensivos, que siguen al jugador que lleva el balón en ese momento, hasta que en el límite del área un compañero dobla el marcaje o el rival pasa la pelota a otra zona del terreno de juego.

Cuando concluye la acción del equipo contrario, los centrocampistas se distribuyen las funciones: el más capacitado para subir el balón e iniciar el ataque arrancará desde la defensa, dispuesto a servir el balón a un compañero de línea capaz de efectuar un lanzamiento largo o de acelerar el juego con una iniciativa personal. El organizador de juego, que también puede arrancar desde posiciones muy retrasadas y generalmente se sitúa por delante de la defensa, está siempre preparado para recibir el balón y constituye el punto de apoyo ideal para el inicio de la jugada. Al mismo tiempo, sus compañeros de línea empezarán a subir hasta la línea de medio campo, ocupando sus respectivas posiciones naturales.

En la figura 504, puede verse cómo el centrocampista se aproxima al contrario que avanza con el balón controlado. Los compañeros de su equipo tienen tiempo para colocarse en las posiciones que les corresponden para poder recuperar el balón lo antes posible o al menos frenar el avance del equipo contrario.

El centrocampista en la franja central del campo

Este es la zona natural del centrocampista, desde donde puede seguir todas las acciones, tanto las realizadas en defensa como las que se hacen en la construcción del ataque. Aquí, en el centro del campo, el centrocampista no puede fallar. Él es el amo y señor de esta franja del terreno de juego en la que nacen las jugadas del equipo.

En esta zona un equipo no debe acumular demasiados hombres, ya que podrían entorpecerse mutuamente las acciones, y dificultar sus movimientos. Los errores aquí pueden tener consecuencias muy peligrosas y, por ello, se debe jugar en todo momento con la máxima concentración.

Manteniendo la mirada alta y no bajándola con demasiada frecuencia al balón, el centrocampista *crea* el juego y atiende a las propuestas que le hacen los compañeros de equipo. Con esa disposición que nace de sus recursos técnicos puede elegir la forma de jugar el balón, mediante pases en profundidad, o bien en horizontal, centrando o regateando, mientras los compañeros se irán colocando según el esquema de juego preparado en los entrenamientos, sobre todo cuando la acción discurre en avance. En esta zona de campo, el centrocampista pide a los defensas el balón que servirá para iniciar la jugada, y procurará mirar hacia delante para poder ver ante la defensa contraria el desmarque que realice algún compañero. A su vez este movimiento de los compañeros más adelantados puede servir para abrir espacios que él mismo podrá utilizar para realizar una acción de ataque. Es enormemente importante que cuando el centrocampista haya pasado el balón, no se deje llevar por el deseo de sumarse al ataque, sin haber controlado previamente el movimiento de los adversarios, y saber cómo queda organizado el equipo a su espalda. En el fútbol moderno, como por otro lado en todos los juegos de equipo, el control de la propia zona de campo es esencial. En el fútbol este es uno de los fundamentos para poder optar a la victoria. Por lo tanto, es inadmisible que un centrocampista abandone su demarcación para correr hacia delante sin motivos realmente justificados. El centrocampista deberá seguir el desarrollo de la jugada, pero desde su zona de campo. Sin embargo, existen algunas excepciones, como son las si-

tuaciones provocadas por la rapidez del juego propio o bien por la descolocación del equipo contrario, que predisponen al centrocampista a reforzar el ataque o incluso a chutar a portería.

En la figura 505, puede verse al jugador del Milán y de la selección italiana Albertini, un centrocampista clásico, capaz de marcar el ritmo del encuentro a su equipo, que interviene tanto en defensa como en la construcción del juego de ataque.

El centrocampista jugando en campo contrario

La acción ha empezado en nuestra mitad de campo, se ha desarrollado en la zona central y ahora el balón se encamina en el campo del adversario hacia la defensa contraria. ¿Qué

EL JUEGO EN EL CENTRO DEL CAMPO

han de hacer los centrocampistas? Sin dejar de controlar sus respectivas zonas de influencia, siguen la acción que se desarrolla entre atacantes. Seguramente no estarán quietos, sino que también avanzan dispuestos a intervenir en ayuda de los jugadores de ataque de su equipo, aunque sin dejar descubierta la defensa. Esta es una de las fases de mayor dificultad: mientras la defensa se esfuerza en marcar a los delanteros y defender su propio marco, el centrocampista debe valorar ya cuándo concluirá la acción, y cuándo volverá de nuevo a la zona central.

En la figura 506, se observa al jugador preparado para enviar un pase hacia delante ya con la acción en campo contrario.

Sin embargo, las funciones del centrocampista no se limitan a una especie de control que supervisa con la mirada la acción de los delanteros del equipo. Es posible que sea necesario reforzar el trabajo de la delantera, y que los centrocampistas suban alternativamente al ataque.

La concentración del centrocampista debe ser total ya que se le pide que participe en la acción, sin estar en posesión del balón, o también incluso cuando la acción tiene lugar lejos de su zona de influencia natural. Cuanto más preparado está física y técnicamente el centrocampista, más potencial de intervención tendrá en todas las zonas del terreno de juego, en cualquier circunstancia. El centrocampista capaz de participar activa y constantemente en el juego será un jugador que triunfará y que hará triunfar a su equipo.

El *pressing*

Uno de los factores decisivos a lo largo de un encuentro, sobre todo en el fútbol moderno, es la capacidad de los jugadores de hacer *pressing* (véase fig. 553 en la pág. 361), es decir de presionar la jugada directamente del contrario desde que la inicia. Para poner en práctica el *pressing* hace falta que los jugadores estén dispuestos a ayudarse y a moverse en grupo, a trabajar mucho, cada uno en su propia zona, sin obstaculizar los movimientos de los compañeros.

En esta circunstancia la tarea del centrocampista es presionar a la defensa contraria con los delanteros. Cuando estos últimos se muevan para presionar a los defensores, los centrocampistas deberán estar preparados para intervenir, desplazando hacia delante su radio de acción y marcando cada cual a su hombre.

El *pressing* tiene dos objetivos principales: por un lado obstaculizar y ralentizar la acción del equipo rival, y por otro buscar la posibilidad de convertir una jugada defensiva en otra ofensiva.

Si el *pressing* está bien realizado y da sus frutos el equipo recupera la posesión del balón. En esta circunstancia el centrocampista tiene que ser muy rápido y pasar el balón a un compañero desmarcado para que dispare a puerta antes de que el equipo contrario haya podido reconstruir la defensa que estaba en movimiento. Hacer *pressing* implica realizar un extraordinario gasto energético; además, no se tiene la certeza de que vaya a tener éxito y, a la vez, se corre bastante riesgo, ya que el equipo en su conjunto se desplaza hacia delante, pero sin tener la posesión del balón. Por ello deberá intentar conquistarlo con cierta agresividad.

Para realizar el *pressing* se necesita hacer entrenamientos continuos y específicos con todo el equipo, igual que para aplicar otras jugadas, como por ejemplo la táctica del fuera de juego (toda la línea defensiva se desplaza hacia delante antes de que se produzca el pase al delantero contrario, dejándolo en posición antirreglamentaria delante del portero). En la realización del *pressing* participan todas las líneas del equipo y cada uno de los jugadores debe estar preparado para intervenir.

El equipo tiene que saber concluir el *pressing* si no ve posibilidades reales de robar el balón, puesto que insistir en una acción que comporta tanto desgaste con el riesgo de dejar una línea descubierta resulta peligroso. Al concluir el *pressing* los jugadores han de recuperar sus posiciones iniciales para defender nuevamente las respectivas zonas. En este caso también la zona del centro del campo es la más importante.

En las figuras 507 y 508, puede verse un momento de la realización de un *pressing* de los centrocampistas sobre un jugador adversario que avanza con el balón.

EL JUEGO EN EL CENTRO DEL CAMPO

El centrocampista en funciones de atacante y disparando a portería

En la fase ofensiva del juego, el centrocampista que ha decidido seguir la acción atacante de los delanteros puede quedarse en la punta de ataque. Esta es una circunstancia muy particular, en la que el centrocampista, habituado a jugar el balón para dar pases, centrar o apoyar a otro compañero, debe pasar de ser un generoso jugador de equipo a un realizador egoísta, el hombre gol de aquella jugada concreta.

En la figura 509, se ve cómo puede quedarse solo el centrocampista delante del guardameta y con opción de chutar a portería.

El centrocampista que sube al ataque, debe hacerlo de forma que no convierta nunca su acción en un obstáculo para los movimientos de los delanteros de su equipo, por ello no debe entrar en cualquier circunstancia en la zona de acción. Los delanteros no quieren tener a nadie a su alrededor, únicamente desean el balón para poder convertir en gol la acción de ataque. Por otro lado, tampoco quieren sentirse aislados, a merced de los defensas; es decir, quieren tener libertad de movimientos pero, a la vez, tener la espalda cubierta, y esto forma parte de las funciones de los centrocampistas, que cuando están adelantados tienen que desempeñar atentamente esta función. Si el centrocampista no sabe aprovechar

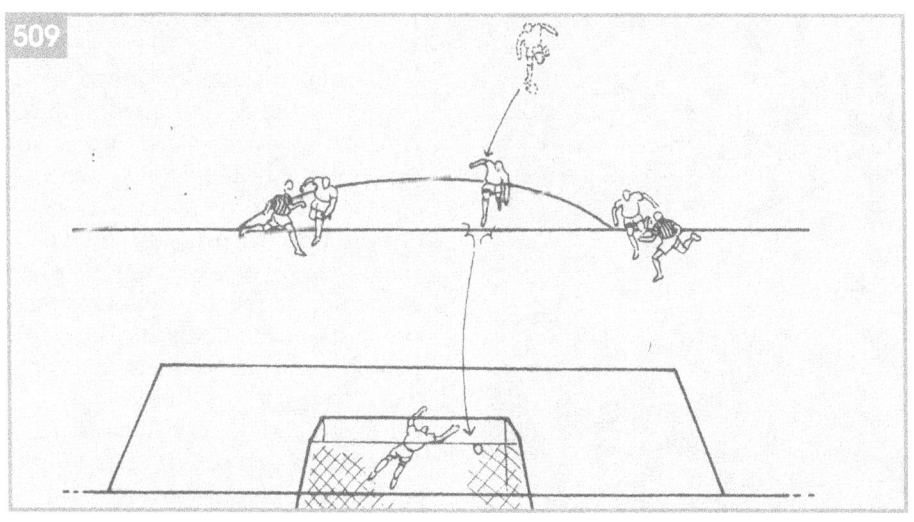

GUÍA PARA JUGAR AL FÚTBOL

la ocasión de culminar el ataque, la susceptibilidad y el egoísmo del delantero pueden aparecer. La posición desde la que el centrocampista realiza el disparo está condicionada por el desarrollo de la acción. Cuando chuta a portería, tiene que asegurarse de que no hay ningún jugador mejor situado que él. Para subir a la zona de remate y aprovechar alguna ocasión de gol, el centrocampista tiene que plantear la jugada con rapidez y abandonar su posición en el centro del campo, después de indicar a la defensa y a los compañeros que lo cubran. Sólo así podrá ser una referencia clara para los delanteros. Resulta decisivo para el equipo seguir atentamente el desarrollo de la acción, porque si el centrocampista ha encontrado la posición adecuada, puede convertirse en el goleador del partido.

En esta circunstancia el centrocampista tendrá ocasiones para chutar a puerta, pero deberá elegir la mejor forma de concluir la jugada, sacando partido de sus recursos técnicos que se le suponen excelentes. Hay centrocampistas con unas características marcadamente ofensivas que siempre están dispuestos a subir al ataque, otros en cambio, tienen menos costumbre de llegar hasta el borde del área contraria, y deberán entrenar esta faceta del juego, así como el disparo a portería.

El centrocampista ha de tener presente siempre que la jugada puede concluir con un rápido despeje de la defensa adversaria, y con el ataque rápido de sus centrocampistas y delanteros. En tal caso, deberá volver a ocupar su demarcación de forma inmediata para poder ayudar a frenar esta acción del equipo contrario.

En la figura 510, puede observarse el movimiento del jugador del Inter y también de la selección francesa Youri Djorkaeff, un típico media punta con cualidades de realizador.

Los centrocampistas y los sistemas de juego

Utilizar un sistema de juego significa, por parte del entrenador, seleccionar a los jugadores, valorar sus características técnicas y tácticas, aplicar el estilo de juego deseado y decidir la táctica específica que conviene aplicar (véase el capítulo «Los esquemas de juego desde los orígenes hasta nuestros días», pág. 376). Para lograr los resultados deseados, todos los jugadores tienen que poner en práctica las consignas del entrenador, lo cual para un centrocampista es todavía más arduo.

EL JUEGO EN EL CENTRO DEL CAMPO

Si consideramos que el centro del campo realiza el papel de bisagra entre la defensa y el ataque, que es el canal por donde pasan todas las jugadas, ofensivas y defensivas, los centrocampistas son los que se encargan de *filtrar* el esfuerzo directo de los compañeros y de distribuir de forma equilibrada los balones, poniendo en práctica las tácticas indicadas por el entrenador y ensayadas. Un equipo que sale con la etiqueta de favorito, no puede dejar de adoptar tácticas que le induzcan a un juego particularmente agresivo y de ataque, que busquen la victoria sin estar sometidos a excesivos riesgos defensivos. Y, al contrario, un equipo obligado a luchar para no perder, para no retroceder a los últimos puestos en la tabla clasificatoria, adoptará tácticas de juego más prudentes, con predominio de una buena cobertura defensiva, antes que de los aspectos ofensivos.

Estas diferencias, aparentemente elementales, condicionan el difícil trabajo de los centrocampistas. Ellos son quienes deben aplicar los sistemas que el entrenador considera más adecuados para alcanzar la meta establecida. Por consiguiente, el centrocampista deberá ser un jugador capaz de realizar su misión a la perfección, y al mismo tiempo deberá tener una enorme ductilidad mental para cambiar de táctica, si es necesario, mientras está jugando. A los defensas y a los delanteros no se les suele pedir que vayan más allá de la aplicación del sistema de juego preparado, de la táctica conocida. En cambio, el centrocampista está obligado a compaginar las exigencias, las teorías y las enseñanzas del entrenador con el desarrollo del encuentro que se está disputando en aquel preciso momento. Por lo tanto, es fundamental que la línea del centro del campo tenga un buen repertorio táctico y capacidad para ponerlo en práctica.

El centrocampista debe ser capaz de luchar en el centro del campo quizá con tres compañeros más o sólo con dos en ocasiones, y también de marcar al hombre y en zona, de plantear un juego de contragolpe, o de aguantar la posesión del balón hasta la desesperación de los adversarios.

Cada partido tiene su propia historia y tiene que saberse leer tácticamente y con rapidez. De ello se encarga el centrocampista, jugador hábil desde el punto de vista técnico y táctico.

En la figura 511, puede verse al jugador del Parma y de la selección italiana Dino Baggio, uno de los centrocampistas más hábiles.

El marcaje al hombre en el centro del campo

Con respecto a hace unos años, los marcajes se han hecho más variables. Hoy en día ya casi nunca se marca al hombre durante los noventa minutos del encuentro; actualmente los entrenadores quieren practicar un fútbol que se adapte a las exigencias del momento.

A lo largo del desarrollo de un partido, no faltará la ocasión de tener que efectuar un marcaje al hombre, pero el centrocampista no puede desentenderse del marcaje al hombre, que depende siempre de la zona controlada. Está claro que el marcaje al hombre por parte de un centrocampista es una disposición especial a la que se recurre según las exigencias tácticas del partido.

En la figura 512, se observa cómo dos centrocampistas se disputan el control del balón, una situación que es muy frecuente cuando se realizan marcajes al hombre, ya que el espacio a disposición es más reducido.

Para llevar a cabo esta disposición táctica se requiere agresividad, sentido de la anticipación, capacidad para no dejarse arrastrar fuera de la zona y sentido de la colocación. En el marcaje al hombre, el centrocampista intentará colaborar con el trabajo de la defensa, ayudando a sus integrantes a recuperar la posición y, al mismo tiempo, a contener al adversario. Como ya hemos dicho, su

marcaje finaliza cuando el adversario entra en una zona de campo controlada por otro jugador, que previamente se había encargado de doblar a la defensa y que luego asume un control más directo del jugador rival.

Sin embargo, en un fútbol cada vez más *total*, el centrocampista no puede desentenderse del marcaje al hombre en otras zonas del campo. Puede ocurrir que un centrocampista baje hasta la defensa, dispuesto a intervenir doblando el marcaje sobre alguno de los adversarios y, en los lanzamientos de falta, preparado para marcar al jugador contrario que le corresponda.

En la figura 513, se observa a un centrocampista realizando un trabajo de marcaje al hombre; tal como puede verse tiene que saber contener el ritmo de la acción del rival, controlándolo desde cerca.

EL JUEGO EN EL CENTRO DEL CAMPO

El marcaje zonal en el centro del campo

Realizar un marcaje en zona significa imponer la supremacía en un determinado sector del campo. Hoy en día es el sistema de marcaje más utilizado en todo el mundo, y constituye la base defensiva más lógica. Los centrocampistas también participan activamente en esta tarea.

Saben que durante los 90 minutos que dura el partido deberán encargarse de un adversario en concreto, pero, al mismo tiempo, saben que deberán seguir los movimientos de cualquier otro jugador que entre en su área de influencia.

Esto significa que en la fase defensiva la responsabilidad del centrocampista se limita a seguir a su jugador sólo cuando entra en contacto directo, en su zona.

En la figura 514, puede verse cómo un centrocampista espera en su zona a que el adversario se aproxime para marcarlo directamente.

Los sistemas no deben aplicarse con rigidez: el centrocampista que marca a un adversario que está en posesión del balón deberá continuar el marcaje incluso fuera de la zona que le compete directamente, hasta que no llegue la ayuda de un compañero.

Para realizar con éxito este tipo de marcaje se requiere la colaboración permanente de los demás compañeros de línea y también de los defensas, de manera que los jugadores puedan cambiar sus posiciones, es decir, cambiar de zona según las exigencias del juego.

Para los centrocampistas, el marcaje en zona ha constituido una especie de liberación de los marcajes estrechos, asfixiantes, propios de las tácticas que se basan en la vigilancia individual, pero con el paso de los años, el marcaje en zona ha evolucionado de manera que ha tenido que aumentar el esfuerzo del centrocampista en este tipo de vigilancia.

Hoy en día, un centrocampista que quiera ser un buen jugador no se limita exclusivamente a marcar al adversario a distancia, sino que también le entra *(tackle)*, dobla a los defensas y hace *pressing*.

En la figura 515, el centrocampista que marca en zona obliga al adversario a perder la vertical hacia el marco, impidiéndole avanzar.

El juego a la italiana y el contragolpe

A lo largo de la historia centenaria del fútbol, el denominado *fútbol a la italiana* y el control aparentemente pasivo del juego ha logrado grandes éxitos y, pese a las críticas encarnizadas que ha recibido, ha sido uno de los sistemas más empleados y rentables.

En el juego a la italiana y en el contragolpe, el centrocampista ha tenido una función muy precisa, la de hacer de verdadero puente entre la defensa y el ataque.

La misión que se le ha encomendado es actuar como bisagra entre las distintas líneas, la de ser un jugador que cambia el ritmo del equipo mediante una jugada que, por encanto, pasa de ser lenta, casi parada y aparentemente pasiva, a ser agre-

EL JUEGO EN EL CENTRO DEL CAMPO

siva y rápida, apoyada en pocos pases y vertical. Precisamente este tipo de juego, especulativo cuando el adversario ataca y por consiguiente arriesgado, ha favorecido siempre al buen centrocampista, que es un jugador que atesora una técnica superior a la media y —precisamente gracias al ahorro de energía que le aporta su calidad técnica— brillante y fresco desde el punto de vista atlético, lo que le permite efectuar pases de cuarenta metros a un delantero rápido e incisivo, capaz de jugar sólo en el centro de la defensa contraria que está desguarnecida: es el clásico contragolpe.

El contragolpe ha constituido una especie de arma secreta en manos de los centrocampistas italianos, organizado mediante un medio defensivo, de corte, un marcador duro y un peón capaz de sacrificarse por la causa del organizador de juego. Este último tiene la dificilísima tarea de resolver el partido sólo con aquellas pocas jugadas rápidas que logra construir, imprevistamente, cambiando la acción del juego de una mitad de campo a la otra. Hoy en día este juego ha experimentado bastantes modificaciones, aunque todavía mantiene sus bases, debido principalmente a la brillantez de los centrocampistas capaces de marcar las diferencias.

El fútbol total

Al centrocampista de nuestros días, además de tener buenos fundamentos técnicos y una capacidad mental excepcional, se le pide que tenga una preparación física específica para la carrera y para realizar entradas. El fútbol actual que se basa bastante en las cualidades físicas de los jugadores, no puede prescindir de un mediocampo robusto, formado por jugadores de nivel atlético superior al de los jugadores que desempeñaban este papel años atrás. Todavía sigue siendo válido el concepto según el cual no es la potencia física la que hace bueno a un futbolista y a un centrocampista en particular. Pero también es verdad que la velocidad del futbolista actual, las tácticas que exigen a los jugadores cada vez mayores responsabilidades y la mayor importancia que se da al juego colectivo respecto a las proezas individuales, han modificado los requisitos físicos del centrocampista ideal, así como también sus características técnicas y tácticas.

En la figura 516, el centrocampista del Juventus Alessio Tacchinardi; este jugador representa el prototipo por excelencia de jugador moderno, debido a su polivalencia.

En el fútbol total (expresión aplicada por primera vez a la selección holandesa de los años setenta, conocida como la *naranja mecánica* y que hoy se aplica universalmente), son los once jugadores los que ganan o pierden, ya que el fútbol es un juego de equipo, e incluso las hazañas individuales más excepcionales tienen que ser el resultado final de una acción lo más colectiva posible. Se trata de un tipo de fútbol que implica un enorme desgaste de los jugadores, pero que ha mejorado la espectacularidad de este deporte. Gran parte de las mejoras tácticas ha sido posibles gracias a la ductilidad de los centrocampistas, además naturalmente de la buena preparación de los nuevos técnicos.

En efecto, las características propias del centrocampista le permiten adaptarse a las innovaciones antes que los jugadores de las otras líneas. El fútbol total ha puesto de relieve las cualidades del centrocampista, y en especial el altruismo y la generosidad de su juego. Fue difícil pasar de un fútbol que hoy en día definiríamos como estático, pero que era el máximo nivel de juego posible en la época, a un fútbol atlético, menos técnico y muy propenso al sacrificio individual en beneficio del equipo.

Por ejemplo, el «número 10» clásico experimentó un importante replanteamiento en la primera fase del cambio de una época a otra, y los extremos tradicionales todavía hoy están sufriendo un recorte en la espectacularidad de su juego. Sin embargo, el «10» se ha convertido en una de las estrellas de los equipos actuales, y los extremos representan el engranaje indispensable de un mecanismo que no puede prescindir del empuje de las bandas.

En la figura 517, puede verse cómo el fútbol total necesita la ayuda defensiva y el *pressing* en todas las zonas del campo, incluso en el área de castigo contraria.

EL JUEGO DE ATAQUE

Los distintos tipos de delantero

No estamos hablando de la función que se desarrolla en el interior de la línea ofensiva, y que se analizará en la página 363, sino de características físicas y cualidades que poseen determinados delanteros y que influyen en el juego de ataque de una formación.

El delantero rompedor

Este término, que se refiere al delantero por antonomasia y en especial al delantero centro o al punta más adelantado de un equipo, es sinónimo de potencia, garra, generosidad, picardía, atención y rapidez para finalizar las jugadas. El gol, con estos jugadores, suele cobrar una espontaneidad especial.

Polivalente desde un punto de vista técnico, es capaz de marcar tanto con la cabeza como con los pies. La valentía, la decisión y la voluntad son las dotes que le permiten sobrevivir al juego de los defensas, que es a menudo muy duro.

El rompedor es un verdadero luchador, una espina clavada en el flanco de las defensas, una amenaza constante para los adversarios. Un acentuado sentido del gol lo lleva a apuntar hacia la portería en cuanto entra en contacto con el balón, intentando a menudo la jugada personal. Obligado a soportar los férreos marcajes de los defensas adversarios por ser el más avanzado, nunca se desanima.

La liga italiana nos ha brindado grandes rompedores. En los años setenta destacó por sus dotes Roberto Boninsegna, conocido entre los aficionados del Inter y de la Juventus con el sobrenombre de *Bonimba*, un auténtico demoledor de las defensas contrarias. En la selección nacional italiana, Boninsegna formó una mítica pareja con Gigi Riva, la fenomenal *máquina del gol* del Cagliari.

Giorgio Chinaglia, ganador de una liga con al Lazio en 1974, encarna la figura del rompedor potente y atlético aunque no muy dotado técnicamente.

A caballo entre los setenta y ochenta hay que recordar la generosidad de Francesco Graziani. Haciendo pareja con Paolino Pulici, *Ciccio el generoso* llevó al Torino a conquistar la liga del año 1976.

En los años ochenta apareció el jugador del Roma Roberto Pruzzo,

 **GUÍA PARA JUGAR AL FÚTBOL**

máximo goleador de primera división durante tres temporadas, excelente rematador de cabeza y poseedor de extraordinarias dotes acrobáticas.

Los años noventa descubrieron al jugador del Sampdoria, ahora en Inglaterra, Gianluca Vialli, cuya fortaleza física le ha permitido siempre imponerse en el área.

En la figura 518 puede verse al delantero centro liberiano del Milán, George Weah, uno de los mejores delanteros de la liga italiana.

El delantero que maniobra

Con este nombre se indica al delantero veloz, atento y que sabe maniobrar a la hora de resolver eficazmente cualquier situación, muy eficaz en abrir espacios hacia delante y poseedor de notables capacidades técnicas y de realización.

Son estas cualidades típicas del *segunda punta* o del *media punta* (véase págs. 366 y 367), que normalmente se utilizan para apoyar al delantero centro, al que le sirven de «espalda», en una posición ligeramente más retrasada, para poder efectuar veloces cambios con el balón en el suelo, o para amagarle y lanzarle hacia la portería con pases precisos.

Aprovechando el amplio radio de acción de sus internadas ofensivas, este delantero debe ser muy habilidoso al moverse para descomponer la defensa adversaria.

El delantero que maniobra se caracteriza por su rapidez a la hora de driblar, y su capacidad de desmarcar a sus compañeros con triangulaciones y pases muy precisos.

Normalmente, las jugadas de ataque pasan por sus pies y el delantero centro en el que se apoya es utilizado como una especie de boya en el centro del área, al que mandar balones justo después de haber desplazado a los defensas contrarios.

Considerado como el director del ataque, siempre tiene que intentar mantener la continuidad de juego.

EL JUEGO DE ATAQUE

Como ejemplo, cabe recordar al delantero holandés del Milán, Marco van Basten, que poseía una velocidad, una destreza para driblar y una visión de juego fuera de lo común.

En la figura 519, puede verse al ex jugador del Juventus, Michele Padovano, uno de los puntas más temidos en la liga italiana.

El delantero veloz

Es el clásico delantero muy rápido, vivaz, habilísimo a la hora de driblar y capaz de infiltrarse por velocidad en la defensa adversaria.

No es demasiado alto ni está particularmente dotado en cuanto a las condiciones físicas y antes que el cabeceo prefiere las jugadas en las que el balón se mantiene en el suelo para aprovechar su agilidad.

Debido a sus características está obligado a hacer de la rapidez, del sentido posicional, del olfato de gol y de la astucia en el área sus mejores armas, que intentará aprovechar para mandar el balón al fondo de la red.

A veces, a los atacantes veloces se les coloca a lo largo de las franjas laterales del campo, en el extremo.

Hace tiempo, a los extremos se les exigía que permaneciesen en su zona y tenían movimientos más bien limitados: su función consistía en correr por la banda hacia el fondo del campo para después efectuar un envío al centro del área. Hoy en día estos jugadores tienen más libertad, incluso pueden moverse hacia el centro y poner todas sus cualidades al servicio del equipo a lo largo de toda la línea de ataque.

A este respecto, recordamos el espíritu de sacrificio de Roberto Donadoni, el extremo del Atalanta y del Milán, uno de los mayores talentos aparecidos en la primera división del campeonato italiano.

El delantero veloz por excelencia ha sido Paolo Rossi. El olfato de gol, la rapidez de reflejos y los movimientos felinos en el área han hecho de Pablito el máximo goleador del espléndido, y victorioso para los italianos, mundial español de 1982.

Otros prefieren jugar por detrás del delantero centro para aprovechar sus dotes de funámbulo. Es el caso de campeones de la selección nacional como Roberto Baggio, Alessandro Del Piero y Gianfranco Zola. En cualquier caso, la belleza y efectividad de sus jugadas demuestran que son jugadores muy versátiles, capaces de moverse por todo el campo.

520

En la figura 520, podemos ver al delantero del Parma y de la selección nacional, Enrico Chiesa: rapidez y astucia son sus mejores dotes.

El ariete

El ariete, por definirlo de alguna manera, es un tipo de delantero que se caracteriza por ser todo lo contrario de lo que representa el delantero veloz. Desde el punto de vista de la técnica individual, no posee una técnica demasiado depurada, sino que aprovecha sus dotes físicas, la altura y la potencia, para destrozar como un ariete las defensas adversarias.

Su altura y su potencia de elevación lo llevan a aprovechar hábilmente los balones altos, por lo que es difícil de controlar en los centros que atraviesan el área. Estas dotes también pueden ponerse al servicio de la defensa de su equipo en los lanzamientos a balón parado. Este tipo de delantero también se encarga de desviar con la cabeza los lanzamientos largos, haciendo así de torre para un compañero que puede finalizar la acción.

Al ariete le gusta librarse de los marcajes que le preparan los defensas, retrasándose hacia el centro del campo para volver a atacar al contragolpe.

Posee un tiro potente en carrera que le permite mandar el balón a portería. La historia del fútbol está llena de grandes arietes. En los años cincuenta el jugador sueco Gunnar Nordhal del Milán, fue un auténtico «bisonte» del área. John Charles, del Juventus, poseía una potencia explosiva en las piernas y un golpe de riñones excepcional; podía saltar en el área sin que ningún defensa consiguiese impedir que marcase de cabeza.

En la figura 521, puede verse al delantero centro del Lazio, Gigi Casiraghi: gran potencia y velocidad siempre al servicio del equipo.

EL JUEGO DE ATAQUE

Los otros jugadores

Los defensas y los centrocampistas también pueden colaborar en el ataque. Para explicaciones más detalladas, se remite a los capítulos precedentes (véase págs. 269 y 324).

Las cualidades del delantero moderno

Jugar en el ataque exige hacerse cargo de grandes responsabilidades. Las dotes de un delantero para transformar en gol las jugadas realizadas por todo el equipo son decisivas para el resultado de un partido. El gol es el objetivo al que dedican su juego todas las líneas de un equipo y la tarea de marcar recae principalmente sobre el delantero. Sus acciones despiertan gran interés y por ello está obligado, a diferencia de sus compañeros, a jugar continuamente bajo la atenta mirada de todos: seguidores, periodistas y observadores en general. Un delantero no tiene por qué poseer unas características físicas particulares. De hecho, un equipo puede alinear en ataque a un delantero alto, de físico poderoso, o a un jugador pequeño, ágil, capaz de escabullirse entre la defensa adversaria. En cambio, son indispensables unas excelentes cualidades técnicas para tratar el balón de la mejor forma posible así como unas buenas dotes tácticas para saberse mover en el campo.

En la figura 522, el delantero del Sampdoria (en la foto con la camiseta del Lazio), Beppe Signori: un jugador rápido y eficaz en la finalización.

Desde el punto de vista de la técnica individual, un buen delantero debe saber driblar con soltura para superar al adversario sin perder el control del balón, poseer un disparo potente y preciso, saber encontrar la portería desde cualquier posición, arrancar rápidamente y tener una buena elevación para golpear eficazmente el balón de cabeza. El tiro a puerta es el arma más peligrosa de un delantero. El verdadero punta —el jugador que corre en posición avanzada— dispara desde cualquier ángulo posible. Incluso cuando recibe el balón de espaldas al área contraria, el delantero tiene que sentir la portería y fijarla en su mente. En cuanto su marcador —es decir, el defensa que lo controla— le concede un metro de espacio, tiene que saber aprovechar ese momento propicio para girarse y concluir la jugada repentinamente, sin pensárselo demasiado. De hecho, basta un instante de duda para dar al defensor la posibilidad de recuperarse.

La rapidez de ejecución se vuelve fundamental ya que el delantero casi siempre está obligado a actuar en áreas llenas de jugadores y con un defensa pegado a su cuerpo. Por lo tanto, tiene que aprovechar en una fracción de segundo las ocasiones para marcar. Puede suceder que el portero no bloquee un tiro. Es entonces cuando puede entrar en acción esa intuición especial que permite estar en el lugar y el momento oportunos. Además, el delantero siempre tiene que estar preparado para aprovechar el más pequeño error de sus adversarios. Para lanzarse a por el balón es necesario tener la valentía y la garra necesarios.

En este sentido, no hay que temer los choques aéreos ocasionados por centros (es decir, los balones que cruzan el área describiendo una parábola) efectuados por algún compañero. Para golpear con éxito el balón, el delantero debe tener una buena elevación, elegir bien el tiempo para el salto y, naturalmente, soportar la fuerza en el choque de los defensores, que en general también dominan el juego aéreo.

Desde el punto de vista táctico, el delantero moderno tiene que saber cómo moverse en el campo, cambiando cuando sea necesario su posición con la de sus compañeros de ataque, creando peligro a lo largo de toda la línea de ataque y espacios para que penetren sus compañeros e incluso presionando sobre los defensas.

El delantero debe ser hábil en el juego sin balón. Retrasarse hacia el centro del campo y penetrar con el balón en los pies permite escapar al control de los defensas. Cambiar a menudo la posición con los otros delanteros desorienta al adversario al impedirle que tenga un punto de referencia.

La importancia de moverse sin balón y saberse desmarcar

El movimiento sin balón es fundamental en el juego del fútbol, no sólo para los delanteros, sino para todos los jugadores.

En particular, para los puntas los continuos desplazamientos a lo largo de toda la línea de ataque tiene una doble función: desmarcarse para dictar el pase, o bien crear espacio para que algún compañero se interne. En la figura 523, el delantero centro Fiorentina y de la selección argentina, Gabriel Batistuta, se desmarca para dictar el pase a sus compañeros.

523

EL JUEGO DE ATAQUE

Por ejemplo, hay que recordar que un delantero centro no siempre entra en juego participando directamente en las acciones, sino que, por el contrario, muy a menudo se ve obligado a moverse en el vacío sin tener la posibilidad de entrar en posesión del esférico. Sin embargo, su movimiento es también importante en estas fases. Un delantero estático puede ser fácilmente controlado por el defensa, mientras que un punta en continuo movimiento obliga a su marcador a seguirlo por todas partes, a decidir rápidamente sus movimientos, por lo que es mucho más fácil que el defensor cometa algún error.

Crear movimiento, en el fútbol, significa crear acciones de juego. Si los compañeros de ataque saben desmarcarse bien, se le facilita el pase a aquel que lleva el balón; cuantos más jugadores consigan liberarse habrá más posibilidades de desarrollar las acciones ofensivas.

Para un delantero, la técnica para desmarcarse y liberarse del control de un defensa consiste, por lo general, en efectuar una finta sin balón, es decir, moverse hacia un lado y después cambiar de improviso de dirección para recibir el pase. Se trata de un movimiento que se compone de dos fases bien distintas: una carrera para desplazar al defensor y una segunda carrera para realizar su propia acción (fig. 524).

También es posible desmarcarse gracias a la ayuda de un compañero que se desplaza, siempre sin balón, hacia una determinada zona del campo «llevándose al hombre», como se dice en la jerga futbolística, y creando así un pasillo por el que

penetra el delantero, preparado para recibir una asistencia (véase página 340) o un lanzamiento en profundidad.

El movimiento sin balón de los delanteros es indispensable en determinadas fases del juego, como por ejemplo en los lanzamientos a balón parado (véase pág. 353), cuando el área contraria está especialmente llena de jugadores.

A menudo, en el curso de un partido, se puede observar en los lanzamientos de esquina un movimiento vertiginoso por parte de los atacantes que intentan desmarcarse y de los defensas que intentan controlarlos, empujándose entre ellos para intentar golpear el balón. En estos casos, el atacante tiene que confiar en su instinto y en su sentido de la posición. Sin embargo, una pequeña argucia que puede ser decisiva en ciertas ocasiones, para crear el espacio necesario para saltar y rematar de cabeza con una cierta libertad, consiste en retrasarse primero hacia el poste más lejano al balón y correr después hacia el centro del área para recoger el centro en el poste más cercano. Naturalmente, es necesario lograr un cierto entendimiento con el compañero que realiza el centro, ya que este tiene que saber exactamente dónde espera el delantero que caiga el balón.

Proteger el balón y driblar a los adversarios

La primera tarea de un delantero, cuando recibe un pase, es la de impedir al defensor adversario que consiga la posesión del balón. Para lograrlo es necesario proteger el esférico, esconderlo todo lo posible poniendo el cuerpo entre el adversario y el esférico y mantener a este último a una distancia que, en cualquier caso, permita jugar con soltura (véase la fig. 181 en la pág. 143).

Hay que mantener el balón a la mayor distancia posible del defensa, controlándolo con la planta del pie. Al mismo tiempo, hay que inclinarse ligeramente hacia delante para mantener el equilibrio y contactar con la espalda en el defensor, para sentir sus movimientos, pero sin cometer falta por obstrucción (es decir, impedir ilegalmente el movimiento del defensor). Mantener los brazos ligeramente abiertos puede servir para evitar que el marcador pueda quitarnos el balón por uno de nuestros lados.

En esta posición el balón queda perfectamente protegido, pues el defensor está bajo control y no podrá robarlo, pero también se crea el problema de desbloquear una situación de juego más bien estática. Se puede intentar rodeando al adversario para salir con el balón en los pies.

Si el adversario carga sobre la espalda mientras el delantero protege el balón, es preciso darse la vuelta. Hay que establecer por qué lado está preparando su intervención el defensor y girarse por la otra, bajando el hombro interior hacia el defensa que está marcando y controlando el balón con el pie exterior.

De esta manera, utilizando la espalda como eje, se obligará al adversario a realizar un medio giro y se creará un hueco mientras se controla el balón de la mejor forma posible.

Hay que asegurarse de que el defensa esté siempre en contacto con

525

EL JUEGO DE ATAQUE

la espalda del delantero mientras se gira, porque si no le será suficiente con dar un paso hacia atrás para anular el movimiento (fig. 525).

Proteger el balón no es siempre la mejor solución para evitar que los defensas nos lo quiten. En algunos casos se puede eludir la intervención de los adversarios manteniendo siempre el balón «vivo» jugando con velocidad, por ejemplo con pases al primer toque (es decir, sin parar el balón) a los compañeros, cumpliendo por tanto la función de «boya».

Para superar al adversario también se puede driblar con fintas y contrafintas tanto con el cuerpo como con las piernas, procurando mantener siempre el control del balón.

Un jugador que drible fácilmente siempre resulta útil para un equipo, ya que por sí solo es capaz de desequilibrar a toda la defensa rival. Será la inteligencia del mismo futbolista la que haga que no caiga en individualismos exasperados y contraproducentes para su formación. Cualquier regate es inútil si se puede pasar el balón a un compañero desmarcado en posición favorable.

En la figura 526 se puede apreciar un control con el pecho, de espaldas a la portería, de Gabriel Batistuta, uno de los mejores goleadores del campeonato italiano.

El pase y la asistencia

A menudo, al delantero se le reprocha ser demasiado individualista, retener excesivamente el balón entre los pies, ignorar a los compañeros desmarcados y acabar perdiendo el esférico, lo que perjudica a su propio equipo. Desde que existe el fútbol, el individualismo es una característica de cualquier delantero rompedor que se precie. El deseo de intentar siempre y de cualquier manera la jugada personal a costa de regates complicados y no siempre necesarios forma parte de la personalidad del delantero.

Sin embargo, a veces es mejor aprovechar al máximo la posesión del balón por parte de los puntas a lo largo de un partido para que se pueda finalizar la jugada efectuando un pase hacia un compañero desmarcado y crear espacios para la penetración de otros jugadores, manteniendo al defensa lejos de la acción del juego.

GUÍA PARA JUGAR AL FÚTBOL

Muchos técnicos, para acostumbrar a sus delanteros a pasar el balón, insisten durante los entrenamientos en el método de «dar y salir»: el delantero le pasa el balón a un compañero, que hace de pivote, y después cambia de posición, preparado para recibir de nuevo el toque que cierra la triangulación en carrera.

Naturalmente, un buen punta tiene que estar en posición para recibir el balón, pero también tiene que ser capaz de asistir a los otros delanteros o a los compañeros del centro del campo y de la defensa cuando sea precisa.

La asistencia es ese tipo de pase que deja a un compañero en las mejores condiciones para disparar a puerta o para encarar con decisión al portero. El mismo objetivo, es decir, dejar libre a un jugador delante del portero adversario, se puede conseguir con una asistencia en profundidad a través de los defensas y hacia un compañero que arranca. Una jugada que requiere velocidad de ejecución y sincronización perfecta.

Para efectuar una asistencia o buscar la colaboración de los compañeros en las triangulaciones, un atacante debe saber pasar el balón. El pase, si se realiza correctamente, abre cualquier dispositivo defensivo: de hecho, facilita la posesión del balón, aprovecha el desmarque de los compañeros y permite tirar a portería.

Un pase demasiado flojo corre el riesgo de ser interceptado por los defensas; un pase demasiado largo puede acabar en el fondo del campo o en las manos del portero.

El tiro desde cualquier posición

Un delantero que se precie debe saber golpear el balón con potencia y precisión con ambos pies, disparando desde todas las posiciones —central, angulada, desde lejos, cerca del portero— y, sobre todo, tiene que entender cuándo resulta oportuno dirigir un tiro hacia la portería y cuándo es mejor pasar el balón a un compañero mejor colocado.

Examinemos ahora las principales situaciones. Para explicaciones más detalladas sobre este tema, nos remitimos a la parte dedicada a la técnica (véase pág. 184).

La posición central, frente a la portería, es la que ofrece mayores probabilidades de marcar, ya que es más amplio el espacio entre los postes que tenemos a nuestra disposición.

Por lo general, para que un tiro tenga éxito, no debe dirigirse hacia el centro de la portería, ya que la mayoría de las veces estos disparos son neutralizados con facilidad por el portero; más difíciles de controlar por el último defensor, y muchas veces eficaces, son los balones llamados sucios, en los que el jugador sólo roza el balón. Pero estos tiros son fruto de la casualidad: ningún jugador golpea intencionadamente el balón de manera equivocada.

Desde la posición central, los tiros bajos y angulados son los más difíciles de bloquear para el portero. Cuanto mayor sea la distancia entre el delantero y la portería, mayor tendrá que ser la potencia dada al balón. Por esta razón los tiros desde

EL JUEGO DE ATAQUE

En la figura 527 podemos ver al centrocampista del Parma y de la selección italiana, Dino Baggio, un jugador capaz de mandar el balón a portería desde cualquier posición.

Si en el juego de ataque el adversario se abre hacia los laterales del campo, tendrá serias dificultades para marcar, y el portero podrá defender su portería. Un atacante cuya posición esté algo esquinada puede disparar al primer poste (el más cercano al balón, protegido por el portero), pero en este caso el último defensor podrá intervenir fácilmente sin intentar controlar el balón, sino simplemente desviándolo a córner; resulta mucho mejor para el atacante buscar el poste más lejano mediante un tiro con efecto realizado con el interior (de manera que la trayectoria sea arqueada y el balón vuelva hacia dentro; véase fig. 294 en la pág. 186).

En cualquier posición, el atacante dará preferencia a la precisión en el tiro antes que a la potencia.

Los delantero centro más expertos, cuando quieren marcar, no tiran nunca el balón más fuerte de lo necesario y siempre tienen la frialdad necesaria para elegir el tipo de tiro más adecuado. Un jugador que esté solo ante un portero que sale de su portería tocará ligeramente el balón; si no está técnicamente bien dotado, cerrará los ojos y disparará con todas sus fuerzas, estrellando el balón contra el cuerpo del último defensor.

Por lo tanto, buscar la potencia de disparo, siempre y en cualquier caso, es sinónimo de inseguridad, de inexperiencia y también de escasas dotes técnicas.

el exterior del área tienden a levantarse, en ocasiones para dirigirse hacia la escuadra, otro punto crítico para los porteros.

Si el último defensor se aleja de los postes para ir al encuentro del delantero, hay que valorar, en función de la distancia a la portería y del espacio que ha quedado para un tiro directo, la posibilidad de superarlo por arriba con una vaselina (tiro con trayectoria en parábola).

Para golpear correctamente el balón hay que mantener la cabeza agachada y mirar el pie que chuta; controlando con el rabillo del ojo la disposición de los otros jugadores y del portero para apuntar; el pie tiene que estar orientado hacia abajo; para un tiro recto, a ras de suelo o a media altura, el cuerpo tiene que inclinarse hacia el balón para evitar que el disparo se eleve demasiado.

En la figura 528, Enrico Chiesa dispara con una coordinación perfecta.

La máxima potencia se consigue golpeando el balón con el empeine superior del pie.

Si un atacante se encuentra frente al portero y tiene que superarlo, elegirá un tiro suave, en parábola, golpeando el esférico con el interior del pie, para que gire hacia la portería. El cuerpo tiene que estar situado de la misma manera que para el disparo con el empeine; pero en este caso no se busca la potencia sino la precisión para que la pelota se dirija hacia la portería. El globo se utiliza para superar al portero cuando se lanza

sobre el delantero para cerrar el ángulo de tiro. Un tiro de este tipo pasará por encima de la cabeza del portero y se colará por debajo del travesaño sin que tenga ninguna posibilidad de intervenir (fig. 529). Siempre hay que golpear el balón con el empeine inferior y el cuerpo

EL JUEGO DE ATAQUE

ligeramente desplazado hacia atrás, mientras se contiene el movimiento de la pierna hacia delante.

La potencia de tiro y la trayectoria sólo se corrigen con la experiencia.

A veces puede ser útil esconder la trayectoria del balón mediante un tiro con efecto realizado con el exterior. Con la parte exterior del pie, cercana del dedo meñique, hay que golpear el lado izquierdo del balón (o el derecho si se es zurdo), inclinar el cuerpo hacia adelante y acompañar el balón lo menos posible después de haberlo golpeado. Estos disparos son muy difíciles de interceptar.

Una cierta potencia también se obtiene golpeando el balón, que llega frontal o lateralmente respecto a la portería, con un tiro raso o una volea sin pararlo. Cuando se corre hacia un balón para golpearlo, es importante mantener el cuerpo con el tronco hacia adelante, para mantener el tiro bajo y evitar que se levante. Más difícil, porque requiere una notable precisión, es el tiro de volea lateral. Hay que mantener siempre el pie que golpea paralelo al terreno de juego e inclinar los hombros, el tronco y los costados en la dirección opuesta al punto desde el que ha salido el balón.

LA CHILENA Y LA TIJERA

Son dos de las formas de golpear el balón más espectaculares del repertorio de un delantero.

La chilena y la tijera se ven muy raramente en los campos de fútbol durante un partido, tanto porque requieren muy buenas cualidades técnicas y atléticas, como porque, al ser formas de golpear muy difíciles, se corre el riesgo de quedar mal.

La chilena se considera una acción de emergencia del atacante, ya que suele hacerla cuando se halla de espaldas a la portería y en una posición demasiado avanzada con respecto al balón, que llega al área después de un centro, y no encuentra otra solución que tirarse hacia atrás para golpear el esférico (fig. 530).

GUÍA PARA JUGAR AL FÚTBOL

En cuanto a la tijera, existen ciertas diferencias. El delantero intenta esta jugada cuando el balón, que viene de un centro, llega demasiado desviado como para que pueda controlarlo y demasiado atrasado para golpearlo con la cabeza. La única diferencia con respecto a la chilena consiste en el movimiento del futbolista, que no le da la espalda a la portería, sino que está situado de perfil con respecto a los postes y golpea el balón lanzándose sobre un costado (fig. 531).

Para efectuar correctamente este movimiento primero hay que elevar la pierna que no debe golpear el balón, para darse después un impulso desde el suelo con la otra. De este modo, el cuerpo queda estirado en el aire paralelamente al suelo. Cuando el pie que no golpea empieza su parábola descendente, el otro, que en ese momento está más arriba que el tronco, golpea con el empeine justo en el centro del balón.

Después de haber golpeado el balón es conveniente pensar inmediatamente en amortiguar la caída poniendo las manos en el suelo antes que la espalda.

A los más jóvenes y a los principiantes hay que recordarles que un movimiento incorrecto puede provocar una caída muy dolorosa y peligrosa para la columna vertebral. Lo mejor es evitar esta jugada si no se está seguro. Es conveniente practicarla antes en los entrenamientos, tal vez sobre una superficie blanda, ya sea un tapete o un suelo arenoso.

Un movimiento de este tipo puede ser peligroso para compañeros y adversarios si se realiza en una área llena de jugadores; también en este caso hay que prestar mucha atención. Es inútil arriesgarse con una chilena cuando se está marcado por un defensa, ya que el árbitro pitará falta por juego peligroso.

Además, el control del balón en la chilena o en la tijera, desde luego, no es sencillo y resulta difícil mandar el balón entre los tres postes; pero, por otro lado, una vez que se ha superado este escollo, los porteros se quedan muy sorprendidos y hay muchas posibilidades de que los disparos bien dirigidos tengan éxito.

El remate de cabeza

El remate de cabeza hacia la portería contraria es un arma que seguramente aprovechan más los delanteros rompedores —además de los defensas y los centrocampistas más altos o dotados de una buena eleva-

EL JUEGO DE ATAQUE

ción cuando avanzan hacia el área rival—, que los delanteros que maniobran o que los atacantes veloces, que tienen otras características y otras dotes en las que confiar.

Sin embargo, no hay que pasar por alto el hecho de que un verdadero delantero debe ser un atleta completo y, por tanto, debe saber dirigir también el balón hacia la portería contraria (o hacia un compañero) con la cabeza, independientemente de su altura y del tipo de juego al que está acostumbrado.

¡Antes de golpear el balón con la cabeza, hay que usar la cabeza!

Puede parecer un simpático juego de palabras, pero es muy importante razonar (sobre todo para los chicos que están empezando) sobre cómo golpear el esférico para evitar hacerse daño.

En el entrenamiento hay que practicar el cabeceo utilizando la parte alta de la frente, justamente bajo el nacimiento del pelo. Es preciso doblar hacia atrás el tronco antes de llevarlo hacia delante para buscar el balón y mantener el cuello rígido y bien firme de manera que el golpe no lo doble dolorosamente hacia un lado. Hay que utilizar los brazos para mantenerse en equilibrio, manteniéndolos abiertos a la altura del pecho y llevándolos hacia atrás en el mismo momento en que el pecho se empuja hacia adelante. Por otra parte, hay que tener siempre los ojos bien abiertos para evitar golpearlo con la parte superior de la cabeza o que el balón nos golpee directamente la nariz.

Los delanteros utilizan principalmente el toque de cabeza para dirigir balones hacia la portería contraria y así buscar el gol, por lo que es necesario imprimir la máxima potencia.

Los músculos de las piernas y del tronco proyectan la cabeza hacia el balón con un movimiento hacia adelante; después del impacto, hay que seguir el movimiento en la misma dirección que se desea para el tiro. Es importante ir al encuentro del balón para golpearlo con la cabeza y no esperar a que nos alcance. Para cambiarle la dirección al esférico hay que asegurarse de que la cabeza y el cuello estén preparados para golpear el balón con la frente. Hay que saltar hacia delante y lo más alto posible, más arriba que el balón, para bajarlo con potencia hacia la portería; el tiro resultará más potente, más preciso y difícil de parar, y además se evitará mandarlo por encima del travesaño.

No siempre se puede cabecear con plena libertad, y menos un delantero, siempre muy marcado. En los saques de esquina o en los centros que caen con rapidez en el área, basta rozar apenas el balón para desviarlo de espaldas al portero.

También en las situaciones descritas anteriormente, es decir, cuando los marcajes resultan opresivos y el delantero no consigue desmarcarse eficazmente para chutar a portería, puede ser útil cabecear hacia atrás. Si no se consigue llegar con demasiada coordinación o en la posición ideal al balón, se desvía el esférico con un movimiento de la cabeza hacia atrás y se dirige hacia la portería o bien se intenta mandarlo hacia un compañero alargando su trayectoria.

Algunos atacantes consiguen cabecear balones desde una posición difícil, dirigiéndolos a portería con

GUÍA PARA JUGAR AL FÚTBOL

un «latigazo», torciendo el tronco y el cuello. Es una especie de golpe intermedio entre el golpe de cabeza normal y la desviación, muy útil para esos balones que llegan rectos desde las zonas laterales del campo.

En la figura 532 se puede apreciar un golpe de cabeza en torsión de Kennet Andersson, delantero del Bolonia y de la selección sueca.

El cabezazo en plancha se efectúa cuando el balón cae a una distancia a la que sólo se llega proyectándose hacia delante con un salto.

Durante el vuelo, el cuerpo se encuentra paralelo al suelo. Los brazos estirados y las manos extendidas servirán para suavizar la caída. Generalmente, los balones que deben golpearse en plancha son muy bajos, por lo que el atacante que lo efectúa arriesga su integridad física, ya que puede recibir una patada de un defensor que intenta despejar con el pie. Es una jugada que sólo practican los jugadores expertos y bien entrenados.

En la figura 533, se puede apreciar un duelo aéreo entre Filippo Inzaghi, delantero centro del Juventus (en la foto con la camiseta del Atalanta), y Demetrio Albertini, centrocampista del Milán.

FRENTE AL PORTERO

¿Cuántas veces, mientras vemos un encuentro de fútbol, hemos podido

EL JUEGO DE ATAQUE

ver a un delantero lanzado hacia la portería con el portero como único adversario que debe superar para marcar? En estas situaciones los aficionados piensan que ya está todo hecho, que es una tontería, para su jugador, superar al último defensor adversario, y ya se muestran exultantes por el gol. Pero no es así.

El reto lanzado por el atacante que se encuentra frente a frente con el portero está muy abierto a cualquier solución. Es como una emocionante partida de ajedrez en la que cada uno de los jugadores espera que sea el otro el que haga el primer movimiento, pero con una única diferencia: todo se desarrolla en pocos segundos y a una gran velocidad. Tanto el portero como el delantero tienen que decidir cómo actuar en una fracción de segundo.

En cualquier caso, el último defensor sale de su portería para intentar reducir todo lo posible el ángulo de tiro de su adversario y puede decidir entre lanzarse inmediatamente a los pies del atacante para apoderarse del balón o bien esperar unos instantes para intentar intuir los desplazamientos del jugador que se ha lanzado hacia la portería.

En este momento, el delantero, mientras observa cómo el portero se le acerca precipitadamente, tiene que decidir deprisa la jugada que quiere efectuar. En gran medida depende de la forma en que el delantero lleve el balón.

Si el esférico está botando delante de él puede intentar una parábola por encima de la cabeza del portero. Si el defensor se lanza hacia sus pies, el delantero puede pasar el balón por encima de su cuerpo. También puede robar tiempo al portero que ya ha salido de su portería. Otra solución es disparar a ras de suelo, bastante fuerte y muy cerca de los pies del portero, cuando está a media salida y todavía no ha preparado el movimiento para la parada. Este tipo de tiros son muy difíciles de parar (fig. 534).

GUÍA PARA JUGAR AL FÚTBOL

Naturalmente, el delantero puede regatear al portero e intentar, a través de las fintas oportunas, desequilibrarlo ocultando sus intenciones hasta el último momento. Siempre debe tenerse presente que, si ya se ha entrado en el área, el portero también puede utilizar las manos para apoderarse del balón. Por lo tanto, en el transcurso del regate hay que preocuparse de mandar el balón lo suficientemente lejos como para que no pueda alcanzarlo el portero, si bien no tanto que dificulte el control del delantero.

También hay que evitar los desplazamientos laterales demasiado largos, ya que si el delantero se escora excesivamente para superar al portero le resultará bastante difícil mandar el balón a portería dada la excesiva reducción del ángulo de tiro.

Superar a un portero en una confrontación directa requiere mucha experiencia, sobre todo porque el delantero está corriendo con velocidad hacia la portería; hay que decidir en una fracción de segundo ya que el instinto no actúa siempre.

Los movimientos de ataque

Moverse en el área

El área es el hábitat del delantero. Cuando sobrepasa la línea de yeso que delimita esta zona, el verdadero delantero es capaz de marcar realizando con extremada facilidad unas jugadas que, a primera vista, parecen imposibles. Lo saben bien los defensas, que redoblan su control y su garra a la hora de marcar un delantero cercano a la portería.

Por ello un delantero experto tiene que saber moverse sin parar en el interior del área para liberarse de su «ángel de la guarda» y situarse en las mejores condiciones para recibir las asistencias de los compañeros y transformarlas en gol.

Moverse eficazmente en el área significa coordinarse con los otros delanteros para no obstaculizarse, engañar a los defensas para crearse espacios, y también liberar zonas del terreno para la penetración de los compañeros. Por ejemplo, uno de los delanteros puede crear algunos problemas al líbero, o al central (véase pág. 372), estando muy cerca de él y moviéndose continuamente para desplazarlo por toda la zona defensiva y alejarlo de su posición.

El movimiento sincronizado de los atacantes es decisivo en los centros y en los lanzamientos a balón parado (véase pág. 353). Cuando el pase cae en el área, si el delantero centro está en posición central, el segundo delantero tiene que dirigirse hacia el poste más lejano respecto al compañero que golpea el balón. Por el contrario, si el delantero centro se desplaza hacia el poste más lejano, su compañero de ataque tiene que cruzarse y dirigirse hacia el centro de la portería.

Si todos los atacantes se preocupan sólo de lanzarse a por cualquier balón, se crearán atascos en el centro del área, con lo que los delanteros se verán obstaculizados por sus propios compañeros, además de por los defensas contrarios.

El movimiento en diagonal es típico del delantero que se apresta a recibir un balón en el área. En este caso hay que intuir el momento exacto en

EL JUEGO DE ATAQUE

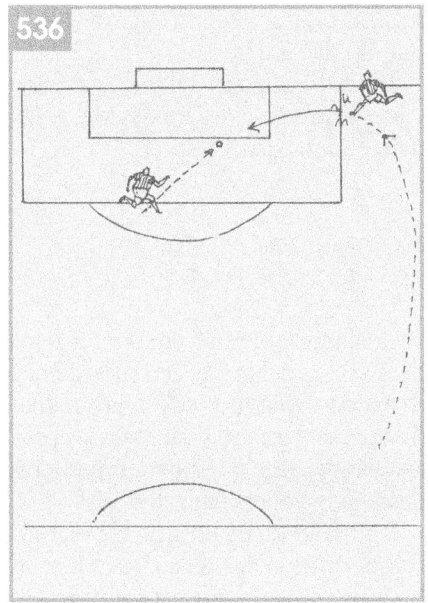

que el compañero se desmarca para efectuar el lanzamiento y se debe llegar al balón en el instante ideal para disparar a portería (fig. 535).

La sincronización es fundamental. Si el movimiento en diagonal se inicia con demasiada antelación con respecto al pase, se arrastrará también al marcador, haciendo que desaparezcan las posibilidades de marcar una vez que se entra en posesión del balón.

La carrera hacia el poste más cercano es otro tipo de movimiento sin balón de los atacantes, y se recurre a él cuando el compañero que efectúa el pase ya se encuentra muy adelantado, casi en el fondo del campo (fig. 536).

El delantero, saliendo de cualquier punto del centro del área, se cierra hacia el poste más cercano al compañero que está efectuando el centro, intentando llegar a la posición ideal cerca de la portería justo cuando llega el balón para desviarlo a gol de cabeza o con el pie.

Naturalmente, el delantero también tiene que saberse mover en el área cuando tiene el balón entre los pies y por ello tiene que ser capaz de

realizar un regate para superar a uno o más adversarios.

En la figura 537, el veloz Enrico Chiesa supera con un regate a Aldair, el defensa del Roma.

MOVERSE CERCA
DE LA LÍNEA DE FONDO

Un delantero que se encuentra lejos de la acción del juego, cerca de la línea de fondo, tiene muy pocas posibilidades de marcar pero crea espacios para los compañeros que pueden penetrar desde posiciones más retrasadas.

En realidad, es un tipo de maniobra que los delanteros no ven con buenos ojos, ya que su instinto les empuja siempre a estar cerca del área pequeña para intentar cerrar la jugada y conseguir el gol.

Desde un punto de vista ideal, el equipo que ataca tendría que crear continuamente situaciones de enfrentamiento directo en el área para dar a su propios jugadores el máximo espacio y el mayor tiempo posible para jugar el balón. En efecto, es mucho más sencillo marcar gol en una situación de dos contra dos que en un enfrentamiento de cinco contra cinco, ya que el área está mucho más llena de jugadores.

Es por ello que, en ciertas ocasiones, un jugador puede favorecer el ataque de su equipo simplemente permaneciendo lejos de la acción del juego (por ejemplo, al lado de la línea de fondo, pues también arrastrará consigo a un defensor adversario).

Además, para un delantero, atacar el área rival con el balón a los pies y entrando desde el exterior, cerca de la línea del fondo del campo, puede servir para desequilibrar y crear un notable desconcierto entre los defensas. De este modo, los hombres de la línea defensiva adversaria, incluido el portero, tenderán a cerrarse hacia el jugador que penetra con el balón soltando los marcajes sobre los otros jugadores. En ese momento podría bastar un preciso pase hacia atrás para crear una clara ocasión de gol.

En cualquier caso, si el delantero se mueve cerca de la línea de fondo, debe evitar el fuera de juego (véase pág. 359).

En la figura 538, puede verse cómo el delantero llega hasta el fondo y realiza un centro.

MOVERSE POR LAS BANDAS

Doblarse por las bandas es la principal jugada que hay que realizar cuando se busca un movimiento en las zonas laterales del campo.

EL JUEGO DE ATAQUE

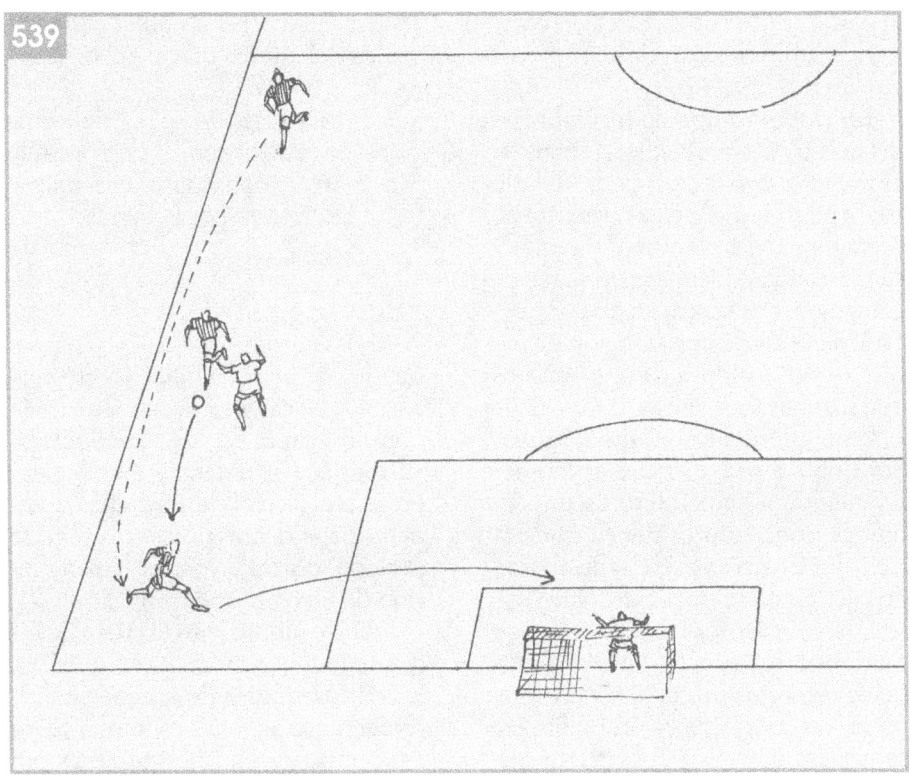

Cuando un jugador que tiene el balón encuentra el camino cerrado por un adversario, pide ayuda de un compañero, que llega corriendo, lo adelanta por el exterior y se prepara para recibir el balón en profundidad, a espaldas del adversario, desplazado de la acción del juego.

Esta combinación se desarrolla entre el extremo y el lateral (véase pág. 372) que le ayuda (fig. 539).

Además, el delantero que está en punta y el extremo o el lateral pueden efectuar una triangulación. El punta retrocede hacia el centro del campo desplazándose ligeramente hacia un lado. Cuando ha recibido el balón lo lanza al primer toque hacia la banda, donde un compañero está preparado para ayudarle. A su vez,

el punta se libera del marcaje y corre para recibir el balón del extremo o del lateral (fig. 540).

En el mismo tipo de maniobra, el delantero centro, en lugar de mandar el balón a la banda, puede dejarlo pasar por detrás de él, correr para alcanzarlo y dejar clavado en el sitio a su marcador, o bien aprovecharse de la maniobra del compañero para encarar la portería con el balón en los pies beneficiándose de los espacios que han quedado libres.

En el momento en que un jugador dobla a otro es necesario tener en cuenta algunos factores importantes: los jugadores tienen que valorar las posiciones de salida, para no caer en fuera de juego cuando se realiza el pase del balón; el pase tiene que ser preciso, por delante del jugador que nos dobla, y no a sus pies o retrasado, para no ralentizar su carrera ofensiva; doblar a un jugador resulta perfectamente inútil si el último jugador que recibe el balón no consigue centrar con eficacia hacia los delanteros que, en el área, esperan el balón.

En la figura 541, puede verse cómo el centrocampista del Parma, Massimo Crippa, intenta escaparse de su adversario por la banda.

El cruce

Se trata de una combinación que realizan los atacantes a la altura de los límites del área. En lugar de doblarse para aislar a un defensor, los dos puntas se cruzan con el objetivo de desorientar a la defensa e intercambiarse el balón, o para favorecer la penetración de un compañero (fig. 542).

En este último caso el cruce de los dos delanteros se realiza sin balón. Ambos jugadores de ataque se desplazan en diagonal desde una parte del campo a otra fingiendo que van a recibir el balón de un compañero que se encuentra más retrasado.

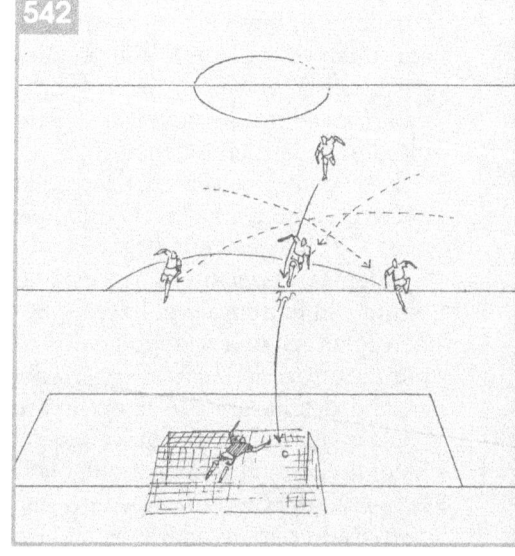

EL JUEGO DE ATAQUE

Inevitablemente, los defensas se abren y permiten la penetración de un centrocampista que se cuela por el pasillo central que han creado los atacantes para recibir el pase, en una zona peligrosa para el portero.

Los dos delanteros también pueden desplazarse en diagonal, llevándose detrás a los defensas. El cruce se lleva a cabo con un tercer compañero que arranca hacia delante por la parte libre del campo para alcanzar el lanzamiento de los centrocampistas (fig. 543).

Los dos atacantes también se pueden cruzar tranquilamente si uno de los dos está en posesión del balón.

El jugador sin balón corta en diagonal y el compañero puede pasárselo o no.

La geometría que describen sobre el campo los delanteros y los otros jugadores con sus movimientos se puede resumir en una regla bien precisa: si la carrera de un jugador es en profundidad, el pase del compañero tiene que efectuarse en diagonal. Por el contrario, si el pase es vertical, es la carrera del atacante la que tiene que ser en diagonal para cortar el campo (figs. 544 y 545).

Cómo comportarse en los lanzamientos a balón parado

Alguna vez habremos podido observar con atención cuánto tiempo necesita un equipo para lanzar una

GUÍA PARA JUGAR AL FÚTBOL

falta a su favor desde el límite del área adversaria y con cuánto cuidado preparan el balón los jugadores encargados del tiro.

Esto es así porque todos son conscientes de la importancia que tienen los lanzamientos a balón parado cuando se intenta cambiar un resultado, sobre todo en encuentros en los que el equipo rival juega a la defensiva y es difícil encontrar soluciones, o bien cuando los dos equipos se enzarzan en tácticas exasperadas que bloquean las maniobras y estropean el espectáculo.

Cualquier técnico, en los entrenamientos, ensaya continuamente nuevas soluciones, siempre más complejas, para sorprender a la defensa contraria, sobre todo en los lanzamientos indirectos de falta, como podrá verse más adelante. A menudo las soluciones trabajadas durante la semana y puestas en práctica el domingo, en el partido, hacen sonreír por su complicación o exageración.

Hoy en día, cualquier equipo cuenta en sus filas con un experto en lanzamientos a balón parado. Incluso su ejecución se confía a jugadores distintos en función de la zona en la que se ha cometido la falta y de si el tiro es en parábola o con potencia.

Las acciones a balón parado que nos interesan son:

— el saque de esquina;
— el lanzamiento de falta (directo o indirecto);
— el penalti.

Además de estos, existen el saque de puerta (lance defensivo del juego, ya que se efectúa desde el interior de la propia área cuando el balón, golpeado en última instancia por un adversario, sobrepasa la propia línea de fondo del campo) y el saque de banda con las manos (que se concede en las mismas condiciones cuando el balón sobrepasa las líneas laterales del campo: en general se aprovecha para pasar el balón a un compañero que se encuentre cerca, pero puede tener interesantes aplicaciones en sentido ofensivo si el jugador que lo efectúa, estando cerca del área rival, posee un saque largo y puede centrar directamente). En ambos casos, hay que recordar que no se aplica la regla del fuera de juego.

SAQUE DE ESQUINA O CÓRNER

El córner se concede cuando el balón, golpeado en última instancia por un adversario, sobrepasa la línea de fondo del campo del equipo rival y se ejecuta como un lanzamiento de falta directo desde el espacio delimitado por el arco de circunferencia que se encuentra cerca del banderín.

Existen distintos esquemas para aprovecharlo adecuadamente.

Se puede lanzar largo, con un centro que cruza toda la portería, o bien corto, al primer poste, directamente hacia un compañero que de cabeza lo lanza hacia el centro del área y sirve para desplazar a los defensas que cubren el primer poste y penetrar por su espalda.

El córner largo, que llega directamente al área, se puede sacar con efecto para que el balón vuelva hacia la portería, o bien con el efecto contrario, es decir, hacia fuera.

El tiro con efecto hacia el exterior puede engañar al portero, que,

EL JUEGO DE ATAQUE

durante la salida, ve cómo el balón cambia de trayectoria alejándose hacia el límite del área. Este lanzamiento hay que realizarlo, si estamos en el banderín derecho, con el interior del pie derecho, sin que el balón sobrepase la línea de fondo.

Si se quiere conseguir un efecto que haga volver el balón hacia la portería, se tiene que lanzar, desde la esquina derecha, con el interior del pie izquierdo. Diego Armando Maradona, el campeón argentino que también jugó en el Barcelona, conseguía marcar directamente desde la esquina, gracias también a la complicidad de una colocación inadecuada del portero.

En el córner lanzado directamente al interior del área, los atacantes se colocan más allá del segundo poste, para aprovechar su carrera hacia el balón, y al mismo tiempo ver toda la portería. Es importante que los atacantes y los jugadores que avanzan no se concentren en muy poco espacio, sino que se dirijan hacia zonas diferentes para que la defensa se abra. Algunos centrocampistas y defensores del equipo que lanza el córner se sitúan en los límites del área, preparados para aprovechar cualquier rechace en corto y a abrir el juego o disparar a portería (fig. 546).

Así como el jugador situado en el primer poste tiene la tarea de prolongar la trayectoria del balón, también el compañero situado en el segundo poste, si no tiene la ocasión de chutar a portería porque se encuentra lejos de ella, tiene que enviar de cabeza el balón al área para favorecer un posible desvío de alguno de los otros atacantes.

El tiro desde el banderín de córner tiene que ser tenso y veloz. Un tiro lento y con parábola alta permite al portero detenerlo. En ciertas ocasiones es mejor que un jugador se coloque delante del portero para obstaculizarle en las salidas, obviamente siempre dentro de los límites del reglamento.

El saque de esquina también se puede lanzar en corto hacia un compañero que se acerca hacia el banderín saliendo del área. Será él, una vez que haya recibido el balón, el

que decida centrar al primer toque, driblar para volver hacia el área o devolver el balón al jugador que ha lanzado el saque de esquina (en este caso hay que prestar atención al fuera de juego). Lanzar un saque de esquina sobre un área extremadamente repleta de jugadores equivale a encomendarse a la suerte, a esperar el error de un defensor. En cambio, esta estrategia sirve para mover los marcajes defensivos y crear un poco de confusión que ayude a encontrar la solución decisiva (véase fig. 498 en la pág. 312).

El saque de esquina en corto también presenta un problema: si el jugador que recibe el balón lo pierde enseguida, los adversarios pueden lanzarse a un peligroso contragolpe y el equipo que en ese momento estaba atacando se ve obligado a una precipitada y desordenada retirada.

LANZAMIENTO DE FALTA

En función del tipo de falta que se ha cometido, el lanzamiento de falta puede ser directo, es decir, cuando un jugador puede tirar directamente a portería y marcar sin que ningún otro futbolista toque el balón (pero de todas formas puede decidir libremente pasar el balón a un compañero para que dispare), o bien indirecto, cuando otro jugador tiene que tocar necesariamente el balón antes de que este pueda acabar en gol.

En la falta directa, la mayor dificultad para el futbolista encargado del tiro consiste en superar la barrera defensiva colocada por el portero para defender su portería.

Los futbolistas más expertos, dotados de una clase muy fina, golpean el balón con el interior del pie, con efecto, para superar la barrera y colocar el esférico en la escuadra (es decir, en el ángulo que forman un poste y el travesaño), lejos del alcance del último defensor, quien no podrá hacer nada.

Una pequeña sugerencia: es muy difícil, a pesar de las advertencias de su portero, que los jugadores de la barrera se queden quietos en su sitio en el momento del lanzamiento. Algunos se esperan una trayectoria en parábola y tienden a saltar para intentar desviar con la cabeza a córner el lanzamiento de la falta; otros abren la barrera para correr hacia el balón. Por ello, más de un jugador consigue marcar simplemente golpeando el balón a ras de suelo, por debajo de los pies de los jugadores de la barrera, o bien tirando con potencia, a media altura.

En la figura 547, una falta del especialista del Fiorentina, Gabriel Batistuta contra el Juventus.

EL JUEGO DE ATAQUE

En el lanzamiento de falta indirecto otro jugador tiene que tocar el balón, antes de poder disparar a puerta. Existen distintos esquemas para aprovechar esta oportunidad. Si el lanzamiento de falta se realiza en una posición bastante centrada con respecto a la portería y el portero ha colocado la barrera, el jugador encargado de reanudar el juego puede tocar el balón lateralmente hacia un compañero que tenga una visión mejor y que pueda disparar a portería con mayor facilidad.

Los jugadores que son hábiles en superar la barrera por arriba también pueden aprovechar las faltas indirectas. El que coge la responsabilidad de tirar realiza un pase corto a un compañero que detiene el balón con la planta y permite al primer jugador disparar con efecto hacia la portería.

Algunos equipos, en los lanzamientos indirectos, intentan triangulaciones de más toques para superar la barrera con el balón en el suelo y liberar a un delantero para que pueda disparar, pero estos esquemas tan complicados no siempre dan buenos resultados porque en general los defensores consiguen llegar al esférico casi al mismo tiempo que el delantero.

Si la infracción se comete en una posición desplazada respecto a la portería, el lanzamiento de falta indirecto se dirige hacia el centro del área como si fuese un centro normal (fig. 548). Así, los movimientos de los delanteros son los mismos que los que se han descrito para los saques de esquina.

Penalti

Lo señala el árbitro para castigar las infracciones cometidas dentro de la propia área y se lanza desde el punto de penalti, situado a 11 m de la portería. Marcar es sencillo para un jugador entrenado. El penalti se puede tirar con precisión o con potencia.

El futbolista encargado de transformar el penalti tiene que fingir que apunta hacia un ángulo y después, en el último momento, cuando el portero ya se está lanzando en esa dirección, tirar con el interior del pie hacia el ángulo opuesto. Desplazar al portero no es fácil, requiere frialdad. Muchas veces el portero no se mueve antes del lanzamiento y el lanzador del penalti se queda desorientado, cambia de idea en el último momento y comete un error. Quien dispara debe confiar en sus intenciones sin preocuparse de los movimientos del portero.

GUÍA PARA JUGAR AL FÚTBOL

En la figura 549, puede verse un duelo psicológico entre Roberto Baggio y el portero del Fiorentina, Francesco Toldo.

El lanzamiento con potencia es más sencillo. El futbolista elige el ángulo hacia donde chutará y disparará a media altura. Los tiros de este tipo, si están bien colocados, son imposibles de detener, incluso para el portero que es capaz de intuir la dirección.

Casi siempre el portero decide moverse hacia un lado de la portería. Por lo tanto, para superarlo puede ser suficiente disparar con fuerza justo por el centro.

En resumen, para efectuar un tiro correcto desde los 11 m el lanzador, a menos que decida descolocar al portero observando sus intenciones o recurra a movimientos para engañarlo, tiene que:

— colocar con cuidado el balón sobre el punto de penalti;
— decidir hacia dónde tirar sin cambiar de idea;
— golpear con precisión sin moverse hacia un lado para no darle demasiadas pistas al portero;
— concentrarse sólo en el balón y olvidarse de los movimientos del portero.

A este propósito recordamos las nuevas y recientes reglas introducidas por el International Board, el organismo que establece las normas del fútbol (véase pág. 263). Para parar un penalti el portero tiene ahora la posibilidad de moverse, sólo horizontalmente y no hacia delante, a lo largo de toda la línea de su portería incluso antes del lanzamiento. Antes de esta novedad tenía que quedarse firmemente pegado al terreno hasta que se moviese el balón. En definitiva, es una pequeña ventaja para el portero.

En la figura 550, puede verse al portero del Venecia (en la fotografía con la camiseta del Milán), Massimo Taibi, una «bestia negra» para el lanzador de un penalti.

EL JUEGO DE ATAQUE

Evitar el fuera de juego

El fuera de juego sólo se evita si se conocen a la perfección las normas que lo regulan (véase la regla 11 en la pág. 65 y figs. 452 y 453 en la página 277). En el momento en que un compañero lanza el balón hacia delante para un pase, el atacante debe tener dos defensores (incluido el portero) entre él y la línea de portería del equipo contrario, o bien debe estar en posición más retrasada respecto a la línea del balón.

El árbitro debe pitar solamente si cree que la posición del atacante, situado más allá de la línea defensiva del equipo adversario, le da una ventaja concreta. Esta libertad de juicio por parte del árbitro sobre el fuera de juego llamado activo o pasivo es a menudo motivo de protestas en el campo por parte de los jugadores y de infinitas discusiones por parte de los aficionados durante el análisis del partido a través de la moviola de la televisión.

Un jugador no puede considerarse en fuera de juego cuando recibe el balón de un saque de puerta, un saque de esquina directo, un saque de banda o cuando recibe un pase de un jugador adversario, aunque se encuentre por detrás de todos sus adversarios. Es preciso tener en cuenta una norma introducida en la temporada 1990-1991: si en el momento del pase el atacante se encuentra en línea con la defensa adversaria hay que considerar que está en posición correcta y no en fuera de juego, como ocurría antes (véase figura 454 en la pág. 277).

Por lo tanto, analizando las reglas se puede ver cómo cualquier delantero que se precie tendrá que calcular su carrera hacia el balón para escapar del fuera de juego.

Esto requiere un notable esfuerzo de inteligencia táctica, porque se pide a los delanteros que frenen su propio instinto, que es el de dirigirse siempre hacia la portería. Jugando contra una defensa en zona (sin marcajes fijos sobre los atacantes), con los jugadores en línea (véase pág. 362), que probablemente aplicará la táctica del fuera de juego arrancando al mismo tiempo hacia delante, es necesario esperar el momento oportuno, tanto para efectuar el envío en profundidad como para salir en busca del balón.

En estos casos, para un futbolista que juega en la zona avanzada lo mejor es esperar a que salga el balón antes de empezar a correr para recibir el pase. Por otra parte, también es verdad que arrancar con una fracción de segundo de retraso puede significar acumular metros de desventaja y no todos tienen tanta velocidad como para llegar a tiempo al balón.

Con la experiencia se consigue sincronizar el inicio de la carrera con el momento exacto en que se efectúa el lanzamiento hacia delante, teniendo en cuenta que la sincronización y, en consecuencia, toda la maniobra, pueden ser anuladas por un error del árbitro o del juez de línea, que deben juzgar en un momento acciones que se desarrollan a gran velocidad en pocos centímetros. Un error de estos últimos, teniendo en cuenta que son seres humanos y no computadoras, es más que comprensible.

La carrera lateral puede ser una estratagema válida para que el atacante evite caer en la trampa. Este

GUÍA PARA JUGAR AL FÚTBOL

movimiento consiste en correr horizontalmente en dirección paralela o casi a la línea de centro del campo, en posición reglamentaria, en espera del momento oportuno para arrancar con rapidez hacia delante y recibir el lanzamiento (fig. 551). Hay que intentar variar todo lo posible este tipo de carrera para hacer la vida imposible al defensor que actúa como marcador.

La presión individual y colectiva

Hoy en día, muchos entrenadores consideran al delantero como el primero de los defensas cuando su equipo pierde la posesión del balón.

En efecto, es el atacante el que debe presionar en primer lugar sobre el defensa rival que en ese momento tiene el balón entre los pies. El objetivo prioritario es recuperar inmediatamente el esférico para después intentar marcar. En cualquier caso, aunque no logre recuperarlo, el delantero tiene que obstaculizar al defensa para impedir que piense y que juegue el balón con tranquilidad (fig. 552).

Si la presión del delantero es eficaz, el jugador que lleva el balón no podrá buscar apoyos y se verá obligado a soltarlo, lanzándolo hacia delante sin mirar, lo que dará a los adversarios la posibilidad de recuperarlo. No es casual que se hable de

presión individual por parte del delantero, que se transforma en presión colectiva sólo cuando la acción es apoyada por otros jugadores, que suben hasta la mitad del campo contrario para obstaculizar a los adversarios que están cerca del que lleva el balón e impedir los pases cortos.

En la fase de presión el equipo acerca líneas para impedir que los adversarios establezcan su propia maniobra, para retrasar su ataque y, al mismo tiempo,

EL JUEGO DE ATAQUE

para dejar en fuera de juego a los delanteros de la otra formación. Si los centrocampistas no ayudasen al delantero en la presión sobre el jugador que lleva el balón, aquel caería en una especie de rondo (un ejercicio que consiste en pasarse el balón entre tres o más jugadores evitando que otro, situado entre ellos, lo intercepte) defensivo, encerrado en los pases de balón de la defensa, y malgastaría inútilmente energías muy necesarias.

Para realizar correcta y eficazmente la presión, los jugadores tienen que poseer por naturaleza una excelente condición física y determinadas habilidades tácticas.

Para presionar se necesita una mentalidad ganadora por parte de todo el equipo, no sólo de los delanteros, y un gran entendimiento entre todos los jugadores para desarrollar sin errores este eficaz esquema. El principio que inspira la presión es el de cerrar espacios al equipo contrario y ahogarlo en su mitad de campo para impedirle que desarrolle su propia disposición táctica. En definitiva se trata de crear un auténtico condicionamiento psicológico en los adversarios durante toda la duración del encuentro.

Cada entrenador debe decidir cuándo, cómo y dónde utilizar esta actitud ofensiva para empezar a presionar.

Desde un punto de vista ideal, el terreno de juego se puede dividir en tres zonas que permiten organizar la presión colectiva: una zona ultraofensiva, que comprendería tres cuartas partes del campo contrario; una zona ofensiva, que estaría poco más allá de la línea de medio campo; y una zona defensiva, que comprendería aproximadamente los tres cuartos del campo propio (fig. 553).

El técnico debe decidir siempre cómo efectuar la presión: por medio de marcajes dobles, haciendo avanzar a todas las líneas o bien disponiendo al equipo de una manera concreta sobre el campo.

La última cuestión se refiere a los momentos en los que se puede poner en práctica la presión. Los más indicados son cuando el balón está en el aire después de un saque de puerta del equipo contrario, cuando un jugador en posesión del balón está en dificultades para salir o bien cuando empieza a moverse el jugador encargado de dar la señal a los compañeros para empezar a presionar.

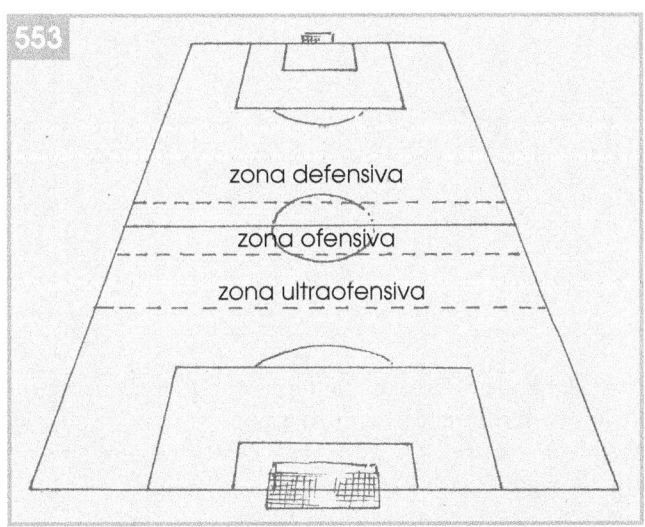

GUÍA PARA JUGAR AL FÚTBOL

Los atacantes y los sistemas de juego

En general los equipos de fútbol adoptan tres sistemas diferentes:

• Marcaje al hombre: cada defensor tiene que marcar a un adversario siguiéndolo muy de cerca en todos sus desplazamientos, mientras que el *jugador libre* debe estar preparado para intervenir en el momento preciso; los otros jugadores, por su parte, también deben seguir a su adversario directo, si bien deben moverse por el campo siguiendo el papel que se les ha asignado previamente: defensa, centrocampista defensivo u ofensivo, extremo, media punta, delantero centro, etc. (fig. 554).

• Marcaje en zona: cada jugador, incluidos los defensas, controla una zona del campo y se encarga de aquellos adversarios que entren en ella; normalmente, con este esquema los defensas se colocan en línea (fig. 555).

• Marcaje mixto: dos defensas marcan al hombre sobre los delanteros más peligrosos, con el libre a sus espaldas. Los laterales y los otros jugadores juegan en zona (fig. 556).

EL JUEGO DE ATAQUE

Además, la organización del juego tiene que garantizar el equilibrio y la estabilidad del equipo, la cobertura de todos los espacios y la equidistancia entre las líneas. No hay que olvidar las cadenas de jugadores acciones de más jugadores en el interior del colectivo y entre las distintas líneas, muy útiles en el juego en zona por favorecer, tanto en la defensa como en el ataque, aquellos mecanismos que mejoran el juego desde un punto de vista táctico. Se realizan con movimientos sincronizados en el campo para llegar a jugadas en las que un jugador dobla a otro, al marcaje doble, a la presión o a la táctica del fuera del juego.

Los puestos en el juego de ataque

La definición de los puestos y de las posiciones de la línea ofensiva de un equipo es menos rígida que la de las otras líneas del equipo, como por ejemplo la defensa. No existe una colocación básica para el ataque y para la posición de los jugadores: el número de atacantes sobre el terreno de juego y las tareas asignadas suelen variar en cada partido según las decisiones del técnico. Además, las soluciones tácticas ofensivas cambian a lo largo del mismo encuentro, gracias a la intervención continua de los centrocampistas y de los defensores en el ataque, sobre todo con sus incursiones para los lanzamientos a balón parado.

Por lo general, los puestos de ataque se clasifican en virtud de las características técnicas de los jugadores, de la posición que ocupan en el campo y de su radio de acción. Así, en el equipo, hay delanteros en sentido estricto (como el delantero centro y el media punta), e interiores, que actúan en posición ligeramente más retrasada que los puntas y que, a todos los efectos, se pueden considerar como unos centrocampistas con gran capacidad ofensiva.

Después será el entrenador el que adapte esta clasificación estándar en función de las propias exigencias, de la consistencia técnica, de la disposición táctica del rival y de los objetivos que desea alcanzar con su equipo en un partido. Si la exigencia es la de marcar más de un gol, alineará a un equipo más ofensivo y dispondrá un tridente (es decir, una línea con tres puntas), o una pareja de puntas. Un entrenador más prudente, que quiera arriesgar lo menos posible, mantendrá un equipo muy sólido en defensa, con sólo un delantero como punto de referencia en el ataque; en determinadas ocasiones algunos técnicos incluso renuncian a alinear a algún delantero y prefieren recurrir a centrocampistas que actúan como delanteros.

Los delanteros

En el juego moderno, la táctica es el arma secreta que permite que cualquier delantero marque goles aprovechando sus propias cualidades técnicas. Tiempo atrás, los componentes de la línea ofensiva solamente podían jugar en su puesto y por ello ocupaban en el campo su posición típica, por lo que el delantero centro, estático en medio del campo, recogía los centros que los dos extremos efectuaban moviéndose exclusivamente arriba y abajo de su banda lateral. Hoy en día el puesto de un jugador ya no se interpreta tan rígidamente.

La mayor parte de los equipos juega con un delantero centro y con un segundo punta. Sin embargo, hay que tener en cuenta que se trata de jugadores transformados que han evolucionado en su juego y que son capaces de moverse por toda la línea de ataque, de cambiar constantemente de posición para no dar puntos de referencia a sus marcadores, de retroceder para buscar balones y de integrarse tácticamente con sus compañeros de línea y así crear espacios para las incursiones desde atrás, incluso de los defensas (en particular de los laterales).

Hoy en día, los delanteros saben que su duelo con los defensas ya no es sólo una confrontación física, basada únicamente en la fuerza, sino que se ha convertido en una prueba de inteligencia y de capacidad técnica y atlética.

Actualmente, los esquemas defensivos que ponen en práctica los equipos ya son mecanismos tácticamente perfectos, pues no se basan exclusivamente en marcajes individuales y rígidos, más o menos estrechos (el típico juego al hombre, a la italiana), y por ello el delantero es consciente de que deberá emplear un grado de imaginación, una velocidad y una técnica cada vez mayores, porque sabe muy bien que, una vez haya superado a su marcador, se encontrará con otros adversarios preparados y decididos a parar su carrera hacia la portería.

Un delantero es útil para su equipo y despierta el favor de la afición sólo si es capaz de marcar goles, pero no tiene que olvidar nunca que es precisamente su juego que podríamos llamar invisible, el que realiza sin balón, el que permite que él y sus compañeros marquen.

En la figura 557, puede verse cómo avanza el delantero centro Filippo Inzaghi (con la camiseta del Atalanta) con el balón en los pies.

El delantero centro (o primer punta)

Ocupa la posición más avanzada en la línea ofensiva de un equipo. Su tarea principal es la de intentar finalizar en gol la maniobra que ha construido su formación. Poseedor, como ya hemos recordado, de grandes cualidades técnicas, el delantero centro sabe participar en las acciones con-

EL JUEGO DE ATAQUE

juntas preparadas por sus compañeros y, por lo general, es muy fuerte en el juego aéreo y en las intervenciones acrobáticas.

Tiempo atrás, al delantero centro, cuando se le alineaba en ataque formando pareja con un segundo punta ágil y rápido, también se le llamaba *hombre diana*, ya que servía de punto de referencia para los compañeros en medio del área del equipo adversario y organizaba el juego de ataque. Presionado por el defensa, de espaldas a la portería, este jugador recibía el balón, lo controlaba y lo protegía del acecho de su marcador, y después se decidía por un pase hacia atrás a un compañero o por un lanzamiento hacia delante a otro delantero que gozase de mayor libertad y espacio para finalizar la jugada. Hoy en día esta figura ya no existe, pues las cualidades técnicas y tácticas de los delanteros centros han mejorado muchísimo y su acción resulta mucho más articulada y compleja, por lo que sus tareas en el campo decididamente son más importantes. Los delanteros modernos crean juego y movimiento continuamente integrándose con sus compañeros; ya no son puntos fijos de referencia, ni para sus compañeros de equipo ni mucho menos para los defensas del equipo contrario.

Desde el punto de vista táctico, las responsabilidades del delantero centro varían en función de la posición que ocupa en la mitad del campo del equipo adversario.

Cuando juega muy adelantado, cerca del líbero rival (el jugador que manda en la defensa y que está preparado para intervenir en segunda instancia para ayudar a sus compañeros de línea, véase pág. 372), el delantero centro está muy aislado, casi apartado del juego. Para marcar necesariamente tendrá que aprovechar cualquier asistencia de sus compañeros, ya sea al lado o detrás del líbero.

Una posición de este tipo molesta y mantiene continuamente al defensor en guardia. Al sentir la presión del delantero, el líbero, para sentirse seguro intentará desplazarse hacia la zona del *stopper* (hoy en día llamado *central*, véase pág. 372), buscando su apoyo en las fases decisivas. Es entonces cuando el jugador de ataque puede mantener alerta y bloquear a dos defensores, el líbero y el central, que están preocupados por su presencia.

El delantero centro también puede ocupar una posición ligeramente más retrasada, en la zona del central. De esta manera entra más en juego ya que participa activamente en el desarrollo de la maniobra de ataque. Se trata de la posición idónea para moverse continuamente a lo largo de toda la línea de ataque, en distintas direcciones, crearse el espacio necesario para poder dirigirse hacia la portería, liberar su zona y favorecer el avance de sus compañeros. El líbero, que se encuentra por detrás del central (o alineado con él en las defensas en zona), dará involuntariamente al atacante la posibilidad de actuar con más libertad sin tener que preocuparse excesivamente por el fuera de juego (aunque la trampa de los defensas puede aparecer en cualquier momento).

El delantero centro está obligado a jugar muy retrasado, casi en la línea de los centrocampistas, cuando el

GUÍA PARA JUGAR AL FÚTBOL

marcaje del defensor es demasiado estrecho y le resulta difícil recibir el balón. Si los compañeros lo ven continuamente marcado, no arriesgarán el pase y por lo tanto el delantero recibirá poquísimos balones aprovechables a lo largo del encuentro. Para no quedarse excluido de la acción del juego durante demasiado tiempo, es mejor retrasarse y buscar personalmente el balón, liberándose del marcador con desplazamientos hacia delante, hacia atrás o de lado para engañarlo. Por ejemplo, en un ataque sobre la banda, cuando el líbero se desplaza para cubrir la zona, el delantero intenta colocarse en una posición favorable para marcar.

El delantero centro puede crear ocasiones de gol siguiendo activamente el juego de los compañeros: con una finta en la dirección del balón, puede liberar espacios para la entrada de otros jugadores.

Un ataque por la banda a menudo termina con un centro al área. El delantero espera en las inmediaciones del área, intentar un tiro a puerta, de volea o un remate de cabeza.

En la figura 558, el delantero argentino Gabriel Batistuta está a punto de disparar al vuelo.

EL SEGUNDO PUNTA

Actúa en posición menos centrada que el delantero centro y se encarga de apoyarlo para abrir las defensas contrarias, de flanquearlo con asistencias que puedan resultar útiles, así como de asegurarle la posibilidad de intercambios veloces y de triangulaciones que le permitan que se abra paso hacia el portero.

Naturalmente, el segunda punta también es un delantero a todos los efectos, con la posibilidad y la capacidad necesarias para concluir una jugada en gol, o para aprovechar a su vez los movimientos del delantero centro. El nombre de segunda punta deriva únicamente de su posición en el terreno de juego, pero no debe llevar a engaño: la función de este jugador no es en absoluto secundaria.

Por sus características de juego y para evitar que el área contraria se llene de jugadores, muchos técnicos alinean al segunda punta en posición más lateral con respecto al delantero centro. En los años cincuenta y sesenta eran los extremos (derecho e izquierdo) los que se preocupaban de jugar exclusivamente para el delantero centro, proporcionándole balones y, en la práctica, actuando como puntas de apoyo. Con la evolución del juego las bandas laterales son ocupadas por la nueva figura, el carrilero, que actúa sobre las bandas con

EL JUEGO DE ATAQUE

tareas tanto ofensivas como defensivas (como se verá más adelante). Es más, en el juego en zona, el extremo está perfectamente compenetrado con el lateral, tanto en el juego de conjunto, sin balón, que se compone de movimientos continuos y de desmarques, como cuando tiene que doblarse o apoyarse en los marcajes.

El segunda punta, generalmente muy ágil, veloz y rápido de reflejos actúa como un falso extremo, capaz de moverse no sólo en una posición más cercana a la banda que el delantero centro, sino también de jugar en el centro, lo que hace extremadamente difícil su marcaje. Las características físicas y técnicas del segunda punta son diferentes de las del delantero centro, porque juntos deberían representar el delantero perfecto que une potencia y agilidad, es habilidoso con el balón insuperable en el juego aéreo, rápido cerca de la portería e implacable en el tiro.

En la figura 559, el delantero del Juventus, el internacional Alessandro Del Piero, sufre una falta.

Los medios puntas

También suele llamárseles *tres cuartos* porque su función no es la de un verdadero punta, sino más bien la de un centrocampista ofensivo y actúan en la línea de tres cuartos del campo contrario.

La posición en el campo de un media punta tendría que estar entre la línea de medio campo y la de ataque, justo en el centro, aunque un poco por detrás de los puntas.

Los medias puntas están considerados como jugadores atípicos, aunque muy valiosos por la colaboración que proporcionan a los atacantes. Por sus características y por la posición que ocupan sobre el terreno de juego se puede decir que están a medio camino entre el centrocampista y el delantero, del que se distinguen sobre todo por la potencia. Estos jugadores, además, se diferencian, por su mentalidad y su capacidad de acción, de los mismos centrocampistas que juegan por el centro, de los que no poseen la misma línea de juego ni la misma capacidad defensiva, así como de los centrocampistas que juegan por los laterales del campo, que son más resistentes y constantes en su trabajo sobre la banda.

Aquellos jugadores a los que hace tiempo se les llamaba *alas*, como ya se ha dicho anteriormente, y a los que hoy, a causa de la evolución de los puestos de juego, se les llama *extremos* o *volantes*, también pueden considerarse dentro de esta categoría, si bien su tarea principal es la de llevar adelante las acciones del equipo sobre las franjas laterales para mandar balones al centro del área que puedan aprovechar los puntas, aunque también se encargan de tareas defensivas en las que controlan la zona que se les asigna. Dotados de una gran técnica, caprichosos y llenos de imaginación en el control del balón, los medias puntas corren el peligro de ser inconstantes, incapaces de defender y muy poco eficaces en el juego de equipo. Aun así, la libertad de movimiento de la que gozan en el centro del campo les permite hacer grandes jugadas; la velocidad de movimiento y la destreza en el regate les permite realizar asistencias muy favorables y espectaculares para los delanteros. Estas dotes particulares hacen que se olvide rápidamente su dificultad a la hora de adaptarse a los sistemas de juego. Son grandes campeones, capaces de ensimismarse, y permanecer ausentes durante gran parte del encuentro, para luego resolverlo con un gol siguiendo su propia intuición.

Con todo, a pesar de garantizar esa imaginación indispensable para las maniobras de la formación, los tres cuartos son difíciles de controlar por sus compañeros de equipo y por su entrenador.

El brasileño Edson Arantes Do Nascimento, más conocido con el sobrenombre de *Pelé* y llamado *O Rei* («el rey»), el futbolista más completo de todos los tiempos —una auténtica leyenda de este deporte— encarna mejor que nadie las dotes que hemos descrito hasta aquí. *Pelé* ha sido un auténtico y verdadero fenómeno, eficaz en cualquiera de sus gestos

atléticos; pero resulta difícil considerarlo sólo un media punta, ¡sobre todo si se tiene en cuenta que *O Rei* ha marcado más de mil goles!

Mucho más recientemente, en los años ochenta, surgieron grandes jugadores, como el francés Michel Platini —ganador de tres Balones de Oro consecutivos, desde 1983 hasta 1985— y el argentino Diego Armando Maradona.

En la figura 560, puede verse a Thomas Locatelli en acción, el joven media punta del Udinese (en la foto con la camiseta del Milán): un jugador con clase al que no le falta temperamento.

Los extremos y el tridente

Un equipo que alinea a tres delanteros (en general dos extremos o «alas» y un delantero centro en posición central) puede dar vida, gracias a la movilidad del ataque, a distintas variantes ofensivas espectaculares.

EL JUEGO DE ATAQUE

Las incursiones en diagonal de los extremos son muy eficaces porque se realizan hacia la portería y no hacia el exterior. Los defensas rivales pasan por dificultades y no consiguen oponerse a este movimiento de desmarque. En cambio, el delantero centro constituye un apoyo vertical que sirve de referencia para las incursiones de sus compañeros.

El sistema de tres puntas implica un notable gasto de energías físicas para los jugadores de la línea ofensiva y pierde su eficacia si los extremos no se muestran activos en los centros y en sus incursiones hacia el área.

Por lo que respecta a las características de los jugadores que componen el «tridente», los extremos tienen que ser veloces, muy buenos en el regate y tener una imaginación y una intuición muy desarrolladas.

Una pequeña argucia puede ser útil: el técnico podría alinear a un jugador zurdo en la banda derecha, y viceversa. De este modo, al dirigirse hacia el centro para disparar a puerta, los dos tendrán el balón en la mejor pierna. El riesgo, en caso de una penetración por la banda, es el de tener que realizar un centro con la otra pierna. Por ello es importante que los extremos sepan jugar el balón de manera eficaz con las dos piernas.

El delantero centro, punta central del tridente, además de saber cortar en profundidad, ha de apoyar a los extremos, de espaldas a la portería. Jugar solo en el centro del ataque le favorece en los desplazamientos gracias al espacio a su disposición, que puede compartir con los extremos.

Esta organización del juego requiere mucha movilidad y debe desarrollar las cualidades técnicas de los jugadores, sobre todo en las categorías inferiores, permitiéndoles que expresen al máximo sus dotes de creatividad y de fantasía.

La aplicación del tridente también implica una determinada mentalidad, en función de la cual cada jugador debe interpretar su papel en las distintas situaciones: pasar de la fase ofensiva a la defensiva según la posición que ha asumido en un determinado momento. Por ejemplo, el delantero centro que intercambia su posición con el extremo trasladándose a la banda, en la fase defensiva, en el momento en que el equipo pierde el balón, tiene que asumir las funciones típicas del extremo.

En la figura 561, podemos ver al habilidoso e imaginativo Domenico Morfeo, de la Fiorentina (en la fotografía con la camiseta del Atalanta).

GUÍA PARA JUGAR AL FÚTBOL

La aportación de los centrocampistas

Por sus características técnicas son precisamente los centrocampistas (llamados también *medios*) los que proporcionan el mayor apoyo a los delanteros en la fase ofensiva. Dotados de gran resistencia, los centrocampistas se mueven desde la línea defensiva hasta las posiciones de ataque del equipo y tienen que intentar intervenir en el mayor número posible de acciones.

El sentido de la posición es una de las grandes cualidades del centrocampista, que siempre tiene que estar en el lugar adecuado, es decir, desmarcado, para recibir el balón en el momento preciso. Estar desmarcado en el centro del campo permite a los compañeros de la defensa mejorar su eficacia, permitiendo al centrocampista que continúe con la construcción del juego de ataque. En ciertos casos, saliendo de las posiciones más retrasadas, es precisamente el mismo centrocampista el que se lanza adelante, con el balón en los pies, para sorprender a la defensa contraria.

Desde un punto de vista táctico se le considera un jugador inteligente que, en pocos instantes, tiene que entender cuál es la acción que debe plantearse, de qué manera ha de correr el balón en función de las características del adversario y cuál es la situación del encuentro en ese momento. Cada vez tiene que decidir si es mejor mantener la posesión del balón, para ralentizar el juego, o bien desarrollar rápidamente las maniobras para llevar a cabo un contragolpe (véase pág. 374).

El centrocampista debe llevar a sus compañeros, especialmente en las acciones ofensivas. Al construir las maniobras tiene que jugar, con sencillez, sin regates inútiles. Los pases a los delanteros tienen que ser fáciles de controlar y permitir a los puntas avanzar inmediatamente hacia la portería contraria.

Como habíamos visto (véase figuras 457-459 en la pág. 281) existen distintos esquemas de juego en el centro del campo: el de cuatro centrocampistas en línea; el rombo, con un centrocampista retrasado por delante de los defensas y otro avanzado, por detrás de los delanteros; y el esquema con tres centrocampistas, con un hombre en el centro por delante de la defensa.

En cualquier caso, la aportación de los centrocampistas durante la fase ofensiva puede variar en función de los sistemas adoptados por el entrenador.

En una formación que alinea a dos puntas centrales y a cuatro jugadores a sus espaldas en la línea media del campo, los dos centrocampistas centrales pueden ser muy dinámicos en la fase ofensiva, desplazándose por turnos, sin balón, para apoyar de cerca la acción de ataque. En cambio, los centrocampistas exteriores se utilizan casi como laterales (jugadores de banda que continuamente avanzan y retroceden para defender) con marcadas características ofensivas. Estos dos jugadores se transforman en dos auténticos extremos durante la maniobra de ataque para proporcionar el apoyo necesario a los dos puntas centrales.

También es diferente el ataque de los centrocampistas si se alinea una

EL JUEGO DE ATAQUE

formación con el tridente —con un delantero centro y dos extremos avanzados—. En este caso los dos centrocampistas exteriores pueden penetrar por sus bandas internándose por los espacios creados por el corte en diagonal hacia el centro del campo de los dos extremos, e incluso doblar a estos últimos para apoyarlos y cubrirlos. Un tercer centrocampista, el tres cuartos en posición central, al desplazarse en horizontal, permitirá cortas penetraciones verticales, entrando en la línea de ataque al internarse para acabar la jugada por los espacios que han creado los tres delanteros.

En la figura 562, Zinedine Zidane jugador del Juventus y de la selección francesa, observa la posición de los compañeros.

El director de juego

Con este término se alude a los jugadores del centro del campo que organizan las maniobras de ataque de su equipo, y que a menudo empiezan con el pase que dan los defensas (véase pág. 372). Están considerados como los motores del equipo, puesto que actúan como una correa de transmisión entre la defensa y el ataque; en la fase de preparación de las maniobras todos los balones pasan por sus pies.

El director está considerado como un jugador fundamental y debe poseer todas las dotes técnicas y físicas exigidas a un futbolista.

En lo que se refiere al balón y los adversarios, tiene que ocupar la mejor posición sobre el terreno de juego; en el caso de que se requiera su aportación en la fase defensiva, tiene que ser capaz de marcar eficazmente a un adversario, tanto hombre a hombre como en zona; en caso de contragolpe es preciso saberse desmarcar rápidamente y cambiar inmediatamente el juego hacia los puntas con lanzamientos bien dosificados, tanto rasos como en parábola.

Sin embargo, no siempre debe lanzar lejos el balón para que llegue a sus compañeros. Si tiene espacio, puede avanzar hacia la portería del equipo adversario para intentar un tiro o bien lanzar a un compañero con un pase vertical en profundidad.

El director de juego tiene que ser fuerte físicamente, hábil en las maniobras ofensivas, en las que se intercambiará con sus compañeros, y eficaz en el tiro a portería.

Situado en el centro del campo inmediatamente por delante de su defensa, observa la disposición sobre el terreno de compañeros y adversarios y, si el juego se concentra sólo en una zona del campo, controla el balón y lo envía allí donde haya más espacio y donde sea más fácil aprovechar la situación para una penetración de ataque.

Apoyarse en el director, en definitiva, es el método más seguro para cambiar el juego y pasar el balón de un lado a otro del campo sin correr el riesgo de que los delanteros adversarios lo puedan interceptar.

La aportación de los defensas

Cuando se ha neutralizado la acción de ataque y se ha protegido la portería, los defensas han agotado gran parte de sus tareas, pero su trabajo no ha terminado en absoluto (véase el capítulo «El juego defensivo» en la pág. 268).

En efecto, la maniobra de ataque del equipo debe empezar desde la línea defensiva. En el fútbol moderno cada vez se piensa menos en la figura del defensa, únicamente capaz de romper el juego del equipo contrario en fase de preparación, y se piensa cada vez más en preparar jugadores hábiles para la fase de construcción del juego que puedan sumarse con frecuencia al ataque.

El líbero encarna más que cualquier otro jugador este cambio. Hasta hace algún tiempo se le consideraba el jugador menos importante, obligado a jugar por detrás de sus compañeros de línea para taponar los errores de los otros defensas y barrer el área de balones peligrosos. Hoy en día se ha convertido en el primer constructor de juego, lo que le convierte en una pieza imprescindible en el esquema táctico. El líbero es el elemento desde el que empieza cualquier acción de juego en cuanto el balón ha sido recuperado en fase defensiva. En definitiva, es una especie de segundo director de juego para su equipo.

También el *stopper* o central —el jugador destinado al marcaje del primer punta rival— se proyecta a menudo hacia el ataque empujado por una nueva mentalidad positiva. Su altura, su potente físico, su elevación aérea lo hacen extremadamente peligroso en el área rival en los lanzamiento a balón parado y en los centros al área en general (fig. 563).

Sin embargo, los defensas laterales son los que poseen unas características defensivas más acentuadas. En un equipo que ataca en formación de tridente (y por tanto con los extremos dirigiéndose hacia el centro e intercambiando sus posiciones con el delantero centro) los laterales contraatacan rápida-

EL JUEGO DE ATAQUE

el juego y se encarga de mantener al equipo bien cerrado durante el ataque.

Al plantear una acción de ataque desde la defensa, es muy importante que todos los jugadores sigan el desarrollo del juego y se desplacen hacia el balón, unos manteniendo aproximadamente las posiciones, y otros cruzándose con los compañeros de línea de manera que quien lleve el balón siempre tenga tres o cuatro alternativas para realizar el pase corto o el lanzamiento en profundidad.

En posesión del balón, los centrocampistas y los delanteros deben desmarcarse y crear espacios.

En la figura 564, puede verse un buen salto de cabeza de Javier Zanetti, defensa y centrocampista del Inter y de la selección argentina.

mente por la banda para centrar hacia el área.

Además, los laterales deben desarrollar un gran esfuerzo si el equipo sólo posee dos puntas centrales que esperan que los primeros centren para aprovechar alguna ocasión de gol. En estos casos, los laterales salen de la línea defensiva y corren casi cincuenta metros para centrar y vuelven a la defensa cuando la jugada de ataque ha terminado. Para poder aprovechar al máximo este empuje ofensivo, los entrenadores eligen laterales que puedan mover el juego antes que marcadores puros.

Junto con los laterales, que se lanzan hacia delante con frecuencia, los marcadores centrales también deben avanzar e intervenir. Normalmente suele guiarlos el líbero, que hace de director defensivo, asienta

GUÍA PARA JUGAR AL FÚTBOL

El juego a la italiana y el contragolpe

Un equipo que juega a la defensiva con fuertes marcajes al hombre y que está preparado para efectuar un contragolpe y coger de improviso a la defensa contraria no contribuye a que el encuentro sea espectacular, pero sus rápidas reorganizaciones del juego de ataque, si están bien realizadas, son uno de los métodos más eficaces para crear problemas al portero rival.

En cuanto roban el balón a sus adversarios, los defensas ponen en marcha el contragolpe mediante pases precisos al primer toque, apoyados por los centrocampistas, o bien con un lanzamiento para sobrepasar el centro del campo y dejar solo al delantero (fig. 565). El equipo preparado para un juego al contraataque se vuelve fuerte y peligroso en el momento en que consigue bloquear el juego del adversario.

En los años cincuenta el Inter de Alfredo Foni ganó dos campeonatos de liga confiando en el llamado *catenaccio*, una táctica extremadamente defensiva en la que todos los jugadores se retrasaban para proteger su portería. En aquellos tiempos, el Inter se ponía en manos de los veloces contragolpes de Lorenzi Veneno y Skoglund que se apoyaban en el líbero, Biasion, inigualable a la hora de barrer el área, y en la generosidad de sus dos centrocampistas, Neri y Nesti, y del extremo Armano, todos infatigables corredores.

También el gran Inter de Helenio Herrera y el Milán de Nereo Rocco, en los años sesenta, basaron sus éxitos en este esquema, reforzado por la presencia de grandes campeones como los jugadores del Inter Giacinto Facchetti, Mario Corso y Sandro Mazzola y los jugadores del Milán Cesare Maldini (seleccionador nacional de Italia), Gianni Rivera y José Altafini.

En cualquier caso, este sistema de juego también ha tenido éxito en los años siguientes —aunque adaptado a las exigencias modernas del fútbol total (véase el siguiente apartado)— al ser adoptado por grandes entrenadores como Giovanni Trapattoni con el Juventus, el Inter y más recientemente con el equipo alemán del Bayern de Munich (como ejemplo de un

EL JUEGO DE ATAQUE

método apreciado hoy en día internacionalmente) y sobre todo por Enzo Bearzot con la selección italiana que ganó el mundial español de 1982.

El fútbol total

El fútbol total consiste en atacar y defenderse en bloque por todo el campo y con todos los jugadores para mermar el espacio de juego del equipo adversario.

Quien haya jugado alguna vez un partido de fútbol sala, en donde no hay líneas y todos los jugadores de campo atacan y defienden a la vez, puede entender lo que significó la mítica selección holandesa de los años setenta, la primera formación que aplicó el fútbol total. Era el gran equipo de Cruyff, Neeskens, Rep y Krol. Antes de la llegada de la naranja mecánica los equipos se situaban de forma extendida, con las líneas muy separadas entre sí, y la estrategia se basaba en el desarrollo individual de cada jugador. El fútbol total, en cambio, concibió el equipo orgánicamente.

Las características de este sistema eran la constante presión en medio del campo contrario manteniendo al equipo muy unido, la superioridad numérica en cualquier zona del campo y la permuta de los puestos en la fase ofensiva mediante movimientos continuos para ofrecer distintas soluciones al jugador que lleva el balón. Cuando se perdía el balón, todo el equipo retrocedía hacia la defensa: los laterales cubrían su zona o se desplazaban en diagonal para anticiparse y cubrir la zona más débil, los centrocampistas se retrasaban para cubrir espacios y los delanteros presionaban a los jugadores que llevaban el balón para bloquear las iniciativas de los adversarios.

La selección italiana que, después de un comienzo dubitativo, se exhibió en los estadios españoles mereciéndose el título mundial de 1982, después de haber superado a rivales como Argentina, Brasil y Alemania, estaba formada por grandes jugadores.

Basado en la idea de *lo importante es no perder*, el fútbol a la italiana mostraba unas cuantas novedades notables, como la importancia que recibía la preparación atlética y una actitud en el campo menos rígida en defensa y más espontánea y personal en el ataque.

Dos marcadores, como mínimo, siempre estaban pegados a los hombres más peligrosos del equipo contrario (fue inolvidable, en el mundial español, el implacable marcaje de Claudio Gentile sobre Maradona en el encuentro con Argentina). En su línea más atrasada los *azzurri* mostraban la garra de la vieja escuela defensiva italiana; en cambio, en ataque desarrollaban esquemas modernos, con elevadísimos ritmos gracias a la velocidad, la imaginación, los regates de Bruno Conti y la agresividad y la generosidad de Marco Tardelli (sus lágrimas de alegría después del último gol en la final contra Alemania permanecerán para siempre en el recuerdo de los aficionados).

Hoy en día podemos afirmar que cualquier formación del mundo, prescindiendo de las variantes tácticas que se adoptan, practica el fútbol total, con interpretaciones más o menos ofensivas.

LOS ESQUEMAS DE JUEGO DESDE LOS ORÍGENES HASTA NUESTROS DÍAS

La figura del centrocampista ha evolucionado con el paso del tiempo a causa de los distintos planteamientos tácticos empleados. Desde los primeros esquemas rudimentarios, consistentes en un guardameta y diez jugadores colocados en la misma línea, se ha llegado a nuestros días, a la enorme diferenciación de roles y de juego que todos conocemos.

En el fútbol existen distintos sistemas. A menudo oímos hablar de un equipo que se coloca con un 4-4-2 o de una determinada formación que aplica el 4-3-3; otras utilizan los sistemas más inusitados (3-4-3, 5-3-2, 5-4-1, etc.). Estas cifras se llaman *códigos* e indican el sistema de juego, la disposición de los jugadores en el campo y las tareas que les asignan los entrenadores.

Todas las formaciones juegan con tres líneas, o sectores: defensa, centro del campo y ataque. Adoptar el sistema 4-3-3 significa alinear a cuatro jugadores en la línea defensiva, tres centrocampistas y tres delanteros. La suma siempre tiene que ser diez, porque el portero no constituye una variante táctica y por lo tanto no se coloca en la subdivisión de los espacios ni de los puestos que han de cubrirse en el campo.

El fútbol, inventado en Inglaterra, se extendió por Europa hacia finales del siglo pasado, sin embargo, en aquella época todavía no se hablaba de tácticas o de esquemas.

La evolución táctica empezó con un primitivo, e ingenuo, esquema 1-10 (figura 566) que se aplicó en los albores del fútbol británico y no contemplaba pases entre los compañe-

LOS ESQUEMAS DE JUEGO DESDE LOS ORÍGENES HASTA NUESTROS DÍAS

ros de equipo, que se disponían en la línea central: el jugador que controlaba el balón avanzaba hasta que un jugador del equipo contrario se lo arrebataba. Su evolución siguió hasta llegar a los modernos esquemas de 4-4-2, 4-3-3, 3-5-2, 3-4-3, etc. (no se tiene en cuenta al portero, en esta presentación de las posibles tácticas), en los que la figura del centrocampista es la columna vertebral de toda acción defensiva y ofensiva.

Analizamos aquí cronológicamente los esquemas de juego más difundidos, todos ellos son fruto de la historia y de la evolución táctica del fútbol a lo largo de más de cien años.

El método

Con esta táctica de juego nacida a finales del siglo XIX y difundida en todo el mundo, aunque hoy en día está ya muy superada, el equipo otorga al centrocampista un papel muy importante y determinante en el desarrollo del juego. El «número 5», representa el jugador que realiza la articulación de todas las jugadas, el organizador de juego en el sentido más clásico del término. Él es quien inicia todas las acciones, y al mismo tiempo, el último hombre del centro del campo al que se debe superar, antes de llegar al corazón de la defensa. En pocos años el central se convierte en el elemento fundamental, en el más importante, precisamente por la capacidad de arrastrar al equipo y por la calidad técnica que lo caracteriza. Todas las jugadas parten de él, con pases en profundidad y con pases en horizontal en la zona central del terreno de juego. A él miran los defensas cuando han robado el balón, y los delanteros esperan su pase magistral para intentar batir la portería contraria.

Con el método predomina el juego en zona, pero la lentitud de los movimientos colectivos motivó su declive. En la época de máximo auge del método, la selección de Uruguay se proclamó campeona olímpica y mundial entre los años veinte y treinta, en tanto que en Europa los mejores representantes de esta táctica fueron Austria, Hungría, la antigua Checoslovaquia e Italia, que obtuvo victorias históricas como dos campeonatos del mundo y unos juegos olímpicos entre 1934 y 1938.

En cambio, Inglaterra abandonó el método en los años veinte, para adoptar una táctica de juego que dominaría hasta mediados los años

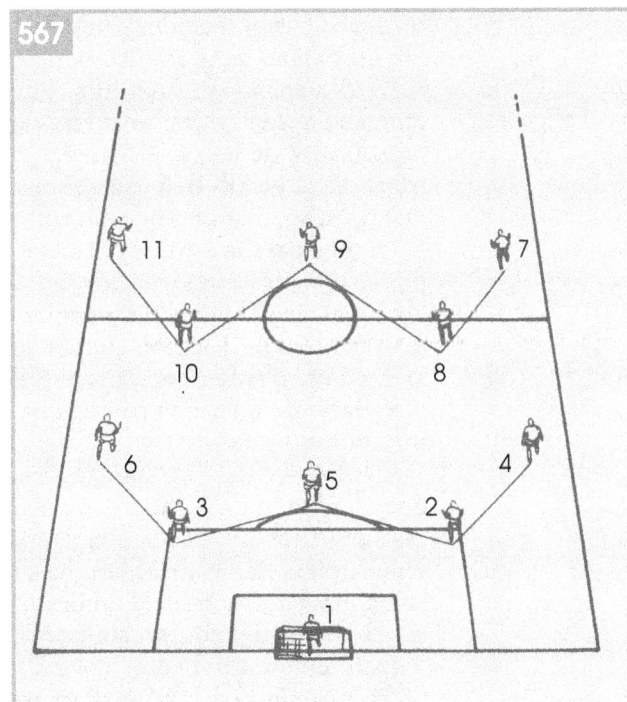
567

cincuenta y que sustituiría por completo a la vieja escuela; se trataba del *sistema*.

En la figura 567, puede verse el esquema propio del método: el central (número 5) era el motor del equipo, mientras que los números 2 y 3 eran dos defensas fijos y los laterales (números 4 y 6) marcaban a los extremos contrarios.

El sistema

En los años veinte, época en que el fútbol se asentaba en todo el mundo y se jugaba con el método, en Inglaterra se concibió una nueva táctica de juego, denominada *sistema*.

En el nacimiento del sistema incidieron las nuevas reglas del fuera de juego, que aportaron más velocidad al fútbol, respecto al periodo en que se jugaba con el método, e impusieron un cambio táctico.

A diferencia del método, que otorgaba al central las funciones de organizador de juego, el sistema lo transformó en un defensa propiamente dicho, mientras que el centro del campo pasaba a estar controlado por cuatro jugadores, dos medios y dos volantes. El papel de organizador del juego se delegaba en uno de los medios volantes, mientras que el otro hacía de enlace entre los centrocampistas y las puntas.

En defensa, los dos jugadores, que en el método jugaban en zona casi como dos *centrales* actuales, ensancharon su radio de acción hasta las bandas para marcar al hombre en los extremos del equipo contrario.

Esto representó una revolución y dividió el mundo del fútbol. Por una parte, estaban los equipos que siguieron con el método y por otra los que adoptaron el sistema, como Inglaterra en primera instancia y los países escandinavos más tarde.

La función que desempeñaba el central en el método estaba condenada a desaparecer, pero las nuevas figuras que surgieron en el centro del campo constituyeron una línea más homogénea que se organizaba como un cuadrilátero, con dos medios de enlace y de cobertura por detrás de dos medios volantes.

El sistema fue la táctica dominante hasta que aparecieron los húngaros, en la primera mitad de los años cincuenta, que partiendo de esta táctica elaboraron un juego muy veloz y técnico. Pero Hungría fue un caso aparte, y el sistema, en todas sus variantes, obtuvo mucho éxito hasta finales de los cincuenta.

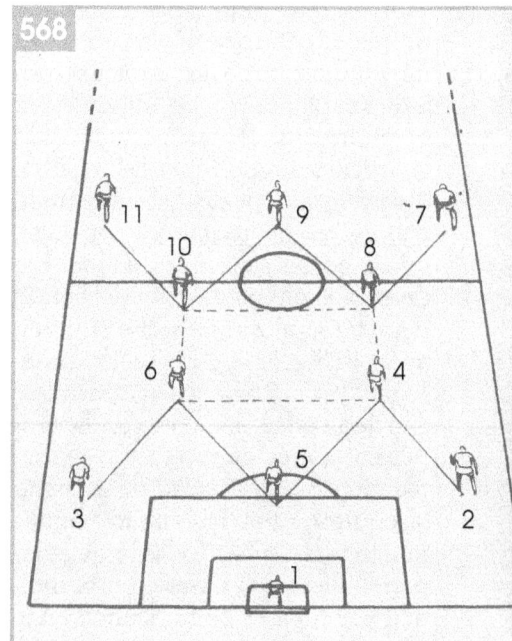

LOS ESQUEMAS DE JUEGO DESDE LOS ORÍGENES HASTA NUESTROS DÍAS

En la figura 568, puede verse la aplicación del sistema: con su implantación, los interiores (números 2 y 3) se trasladaron hasta los laterales para marcar a los extremos, el defensa central (número 5) se convirtió en el tercer defensa y el centro del campo se transformó en un cuadrilátero.

El juego a la defensiva

A finales de los años treinta nació en Suiza el sistema de juego a la defensiva llamado *catenaccio*, o también *verrou* en francés, una táctica que consiste en realizar un juego de espera, pasivo, extremadamente defensivo para intentar contener el juego ofensivo de equipos que sobre el papel son más fuertes.

El equipo en teoría más débil renunciaba al ataque, y acumulaba en zonas atrasadas más defensas y centrocampistas. En el centro del campo, al menos uno de los dos extremos hacía labores defensivas, partiendo de su propia área en donde debía colaborar en los marcajes.

En ataque solía haber sólo un delantero centro, adelantado en campo contrario, esperando un envío largo o un despeje de la defensa.

La misión de los centrocampistas consistía en hacer de filtro en una zona previa a la ocupada por la línea defensiva, destruyendo en la medida de los posible el juego de los adversarios y enviando balones rápidamente hacia las puntas. En Italia, país en el que esta táctica de juego se desarrolló con más éxito, el primer equipo en adoptarla fue el Inter, que logró dos campeonatos de liga consecutivos a principios de los años cincuenta.

Del *catenaccio* al denominado *fútbol a la italiana* el paso fue breve, sólo hubo que añadir al gran trabajo defensivo el contragolpe y el cambio de ritmo imprevisto. Los rivales gozaban de una mayor posesión del balón, de modo que el equipo que adoptaba esta táctica disponía de contadas ocasiones pero a menudo decisivas.

La evolución y la práctica perfeccionada de este sistema, un juego de espera y contragolpe, proporcionó muchos éxitos a Italia hasta la época de Bearzot, que aprovechando las ventajas del marcaje en zona en el centro del campo y las del marcaje al hombre en la defensa, logró un campeonato mundial en 1982 en España.

Con anterioridad, algunos clubes italianos habían vencido en competiciones internacionales utilizando el

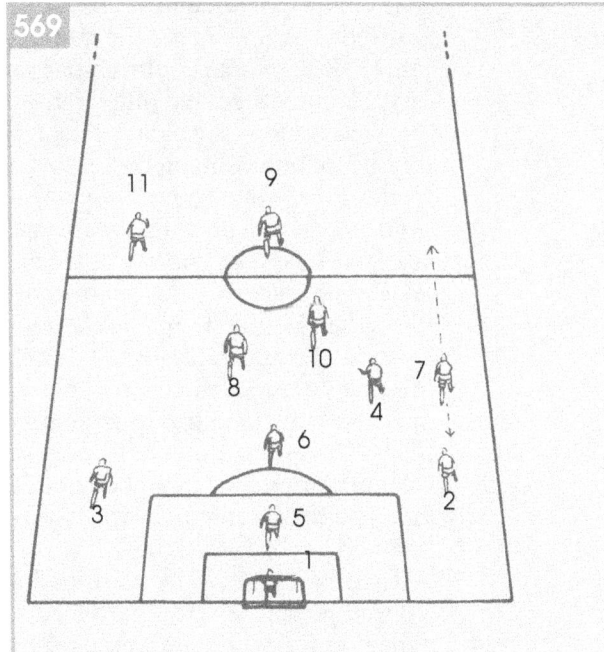

contragolpe y el *catenaccio*, como por ejemplo el Inter y el Milán en los años sesenta, basando su juego en la calidad de centrocampistas completos como Sandro Mazzola y Gianni Rivera.

En la figura 569, el esquema del *catenaccio*, que coloca un medio (número 6) en la defensa y un extremo (número 7) cubriendo toda la banda, incluido la de su propio campo. En algunos casos los dos extremos (números 7 y 11) desempeñan este trabajo de cobertura, y el ataque se reduce a un solo hombre.

El 4-2-4

Es una táctica de juego bastante atípica y poco utilizada en la historia del fútbol, pero que tuvo su momento de auge a caballo entre los años cincuenta y sesenta. Fue desarrollada por la selección de Brasil, entrenada por Vicente Feola, que logró dos campeonatos del mundo, en 1958 y en 1962. Sin embargo, este esquema se ha interpretado erróneamente: en realidad el equipo brasileño, que contaba con estrellas como Pelé, Garrincha, Didí o Zagalo, jugaba con un 4-4-2 (véase más adelante), pero su enorme potencial de ataque hacía que dos centrocampistas se integraran en la delantera cuando el equipo atacaba. El centro del campo quedaba cubierto por el medio Zito y el extremo izquierda Zagalo, mientras que Didí y Pelé se convertían en atacantes por detrás del delantero centro Vavá y del extremo derecho Garrincha.

Este esquema de juego se podía aplicar porque el entrenador contaba con jugadores de una calidad extraordinaria. Ningún otro equipo se ha atrevido a adoptar abiertamente este sistema, contentándose con el 4-4-2, más tradicional pero que presenta menos riesgos. En aquella selección de Brasil no podemos olvidar la calidad extraordinaria de la línea de mediocampo, formada por el medio Zito, el organizador de juego Didí, el volante Zagalo y el «10» Pelé, todos ellos verdaderos artistas del balón y con capacidad para resolver individualmente el partido a la primera ocasión que se presentara, o en cuanto el equipo rival tuviera un despiste.

Nunca más se ha visto un centro del campo de tanta calidad, aunque la selección que Brasil presentó en el mundial de 1982 se le aproximó, con un centro del campo formado por Cerezo, Falçao, Zico y Sócrates, hasta el punto de obligar a que un medio puro de enorme clase como fue Junior tuviera que jugar de interior.

Sin embargo no tuvieron un Pelé capaz de resolver el partido en cualquier momento, y la selección italiana de Bearzot acabó imponiéndose finalmente en aquel mundial al equipazo brasileño.

El 4-3-3

Influenciados por el sistema que hizo campeona a la selección brasileña de Feola, muchos entrenadores intentaron distribuir a sus jugadores en el terreno de juego de una forma más homogénea.

El 4-3-3 fue uno de los sistemas más utilizados en los equipos de todo el mundo, pero para lograr resultados importantes con un es-

LOS ESQUEMAS DE JUEGO DESDE LOS ORÍGENES HASTA NUESTROS DÍAS

quema de juego tan arriesgado, se necesitaba contar con grandes figuras en todas las líneas.

En realidad este sistema nunca se ha abandonado completamente, aunque en los años sesenta casi todos los equipos europeos adoptaron esquemas más prudentes y menos arriesgados en defensa, por ello el 4-3-3 quedó como patrimonio de algunos equipos sudamericanos que practicaban un juego muy ofensivo, utilizando dos extremos rápidos y técnicos, junto a un centro del campo casi siempre formado por un organizador de juego de gran clase y dos medios muy fuertes físicamente. De todos modos, la falta de éxitos también hizo que los equipos sudamericanos adoptaran sistemas de juego más prudentes, en los que destacaba siempre la técnica de un jugador en concreto, y en los que la línea de centrocampistas podía realizar una adecuada cobertura a la defensa con cuatro hombres.

No obstante, en los últimos años se ha vuelto a aplicar este esquema, para practicar un juego cada vez más rápido y basado en los marcajes en zona, estimulado por los tres puntos que se consiguen por la victoria, hecho que ha modificado la mentalidad de muchos equipos, más dispuestos a arriesgar para vencer y a no conformarse con el empate. En cualquier caso, la evolución del juego ha propiciado que muchos equipos empiecen el partido con un 4-3-3, para luego cambiar el esquema, a medida que transcurren los minutos y se modifican las circunstancias del juego.

En la figura 570, puede observarse el esquema ofensivo que prevé el 4-3-3; la falta de un centrocampista se compensa con el avance de los dos laterales (números 2 y 3).

El 4-4-2 y el 4-5-1

Uno de los esquemas de juego más clásicos, equilibrados de la historia del fútbol y menos descompensados delante, es el 4-4-2. No en vano con el 4-4-2 han jugado equipos que adoptaban el método, el sistema, la defensa al hombre y en zona.

En términos globales esta es la forma más natural de disponer un equipo en el campo, con cuatro defensas, cuatro centrocampistas y dos jugadores en punta. El equilibrio de un equipo que juega con

esta disposición se basa en prestar una mayor atención a la defensa. Cuando el equipo se mueve hacia delante, uno o dos jugadores pueden situarse cerca de los puntas, mientras que los laterales suben hasta el centro del campo. Pero, en este caso, el equipo sigue quedando suficientemente cubierto.

Con el sistema 4-4-2 han jugado muchos equipos en todas las épocas y en todos los continentes, pero encontrar un equipo concreto que haya hecho de este esquema un ejemplo para los demás sería una empresa inútil.

Hoy en día, muchos equipos utilizan todavía el 4-4-2 como sistema de juego, pero cada vez son menos los equipos profesionales que juegan así, puesto que prefieren esquemas más arriesgados, por ello se puede considerar que este sistema está prácticamente en desuso, aunque continúa siendo una de las bases en las que se insiste con los jóvenes que aprenden las tácticas elementales.

En el hecho de que haya dejado de utilizarse ha influido notablemente la regla que concede tres puntos por victoria: el empate parece no interesar mucho y, por ello, actualmente se tiende a arriesgar más para buscar la victoria. En este sentido, el 4-4-2 es un esquema demasiado prudente y poco adecuado para lograr este objetivo.

En la figura 571, el esquema con el 4-4-2 muestra que hay un hombre menos en punta que con el sistema 4-3-3 y que un extremo, el número 7, pasa a actuar como un centrocampista más.

En la figura 572, se observa el esquema del 4-5-1, que como se puede notar es simplemente una variación aún más prudente, neta-

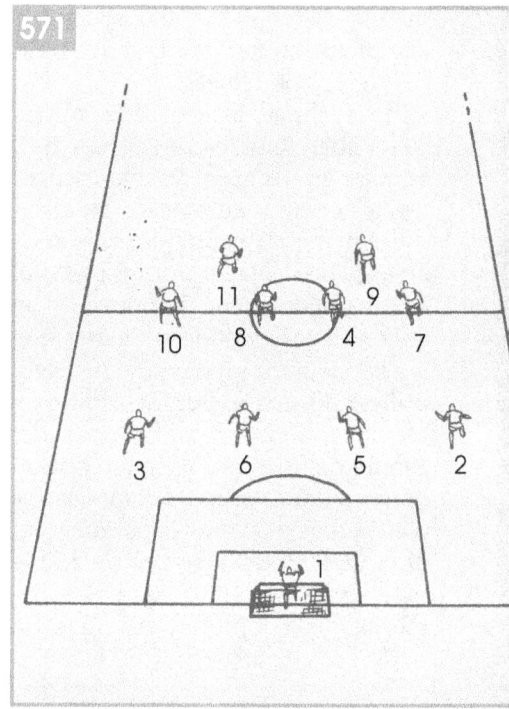

LOS ESQUEMAS DE JUEGO DESDE LOS ORÍGENES HASTA NUESTROS DÍAS

mente defensiva, del 4-4-2: el otro extremo también renuncia a jugar en punta y se retrasa para reforzar el centro del campo.

El 5-3-2 y el 3-5-2

Son dos sistemas que se fusionan entre sí dentro de un mismo partido. En un fútbol como el actual en el que existe una clara tendencia a utilizar esquemas tácticos mixtos, es el ejemplo más frecuente y más fácil de entender, de cómo se modifica sobre la marcha la disposición en el campo.

El 5-3-2 ha sido el sistema utilizado por la selección de Alemania vencedora en el Campeonato del mundo celebrado en Italia en 1990. Precisamente es un equipo que ha jugado con cinco defensas durante muchos años. Se trata de un esquema prudente en apariencia, porque en realidad, en las acciones de ataque los cinco defensores se convierten en tres, ya que los dos laterales se incorporan a la línea de mediocampo. De esta forma se pasa del 5-3-2 al 3-5-2. Esta disposición en el campo no cambia cuando el equipo contrario recupera la posesión del balón, pero se mantiene dentro de su propio campo y no supera la línea central con pases verticales. En esta circunstancia el equipo permanecerá en una disposición de 3-5-2.

Este esquema de juego, que tan buenos resultados da, se basa en la elasticidad entre la defensa y el centro del campo y en la capacidad de aprovechar las ocasiones de contragolpe, pero se considera menos ofensivo que el 4-3-3 y que el 3-4-3 que se está imponiendo en estos últimos años.

En la figura 573, se observa la disposición en el sistema 5-3-2, un esquema aparentemente defensivo pero de gran ductilidad: en efecto, al atacar se convierte casi siempre en un agresivo 3-5-2, gracias a la subida de los laterales (números 2 y 3), tal como se ve en la figura 574.

El 3-4-3

La necesidad creciente de desarrollar un juego de ataque, para buscar los tres puntos que se conceden por la victoria, está haciendo que aparezcan variantes de los esquemas ofensivos como el 4-3-3 o el clásico 4-4-2. Hasta ahora el esquema que ha sido considerado como el más ofensivo es el 3-4-3. Un defensor menos que pasa a reforzar el centro del campo, manteniendo inalterado el número de atacantes.

En un principio puede parecer un esquema de juego tan arriesgado que difícilmente podría conducir al equipo a la victoria, pero en la realidad, muchos equipos han demostrado que saben defender igual o mejor que los equipos con cuatro defensas fijos, ya que de hecho con este sistema, uno de los centrocampistas es un lateral que es capaz de jugar con opciones en el centro del campo, y dispuesto a bajar para

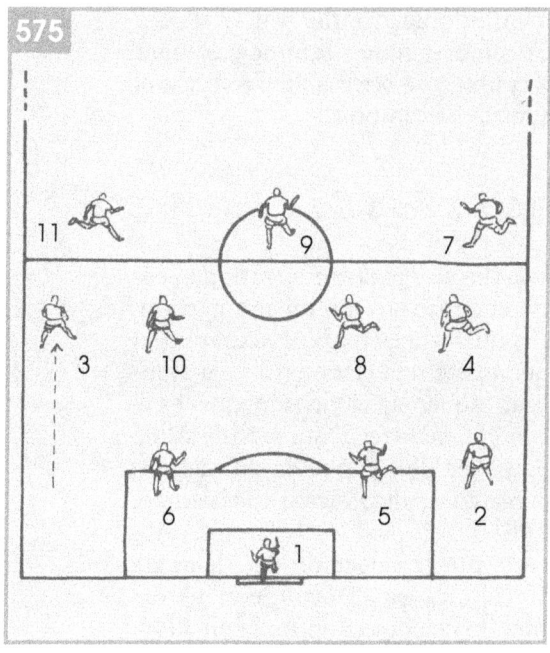

defender cuando el balón está en poder del equipo contrario.

La confirmación de que este esquema empieza a tener éxito y seguidores, es que se ha visto ya alguna tímida tentativa de ir más allá en lo que se refiere a capacidad ofensiva.

En este sentido, se ha observado un 3-3-4, aunque por ahora todavía a título experimental.

En la figura 575, se observa la disposición de los jugadores en el esquema del 3-4-3, que se está imponiendo cada vez más en el fútbol moderno: un lateral (el número 3) juega más adelantado que el resto de los jugadores de la defensa, con lo cual se incrementa el número de centrocampistas.

Sexta parte

LA PREPARACIÓN FÍSICA

EJERCICIOS DE CALENTAMIENTO Y DE RELAJACIÓN

El calentamiento

El calentamiento es la fase indispensable previa al entrenamiento y a la competición. Será más ligero antes de los entrenamientos y más intenso antes de las competiciones.

Se utilizan, además de la carrera a ritmo lento, algunos ejercicios para la movilidad de las articulaciones y otros ejercicios de estiramiento.

Los ejercicios para entrenar estos movimientos tienen el objetivo de conseguir incrementar la amplitud de las articulaciones y la elasticidad muscular:

• Ejercicio para la movilidad de la espalda: se dobla el tronco y se mantiene la espalda plana durante 30 segundos (fig. 576).

• Ejercicio de tensión para los hombros: se puede realizar también con la ayuda de un compañero o de una cuerda, durante 10 segundos (fig. 577).

EJERCICIOS DE CALENTAMIENTO Y DE RELAJACIÓN

• Ejercicio de estiramiento para los músculos de la zona lateral del tronco, de los brazos y de los hombros: se estiran los brazos hacia arriba con las muñecas cruzadas y, si es posible, con las palmas en contacto durante al menos 7 u 8 segundos (fig. 578).

• Ejercicio para realizar «a gatas»: es útil para los músculos de los hombros, brazos, espalda y zona lumbar. Hay que mantener la posición durante 15 segundos (fig. 579).

• Ejercicio para el estiramiento muscular de brazos y hombros: manteniendo el tronco y la cabeza erguidos, estirar los brazos hacia atrás y hacia arriba, sin forzar demasiado, durante 10 segundos (fig. 580).

El estiramiento muscular (o *stretching*) aumenta la flexibilidad y la movilidad de las articulaciones y mejora la capacidad funcional:

• Ejercicio para la parte inferior de la pantorrilla y el tendón de Aquiles: desde una posición erguida, doblar el tronco hacia delante y flexionar la rodilla de la pierna más retrasada, sin separar la planta de los pies del suelo. Mantener la posición 15 o 20 segundos con cada pierna (fig. 581).

• Ejercicio para la musculatura anterior del muslo (cuádriceps): mantener esta posición 15 segundos con cada pierna (fig. 582).

• Ejercicio para tensar correctamente la musculatura posterior de la pierna elevada (indicado para la carrera): mantener la posición 20 segundos con cada pierna (fig. 583).

EJERCICIOS DE CALENTAMIENTO Y DE RELAJACIÓN

- Ejercicio para estirar la musculatura anterior de la pelvis (iliopsoas) y aumentar la tensión de la musculatura posterior del muslo y los abductores: mantener la posición 20 segundos con cada pierna (fig. 584).

- Ejercicio para estirar los abductores del muslo (área inguinal): debe mantenerse la posición de la fotografía durante 30 segundos (figura 585).

La relajación

Estos ejercicios ayudan a devolverle al cuerpo, gradualmente, la normalidad después de la actividad deportiva:

- Ejercicio para estirar la musculatura posterior de la pierna (pantorrilla) y garantizar mayor flexibilidad y energía en las extremidades inferiores: se mantiene la posición 40 segundos con cada pierna (fig. 586).

- Ejercicio para tensar la musculatura anterior de las piernas, rodillas, espalda, tobillos, tendón de Aquiles y el área inguinal: se mantiene la posición durante 20 segundos (fig. 587).

- Ejercicio de *stretching* para estirar la musculatura posterior del muslo: 30 segundos con cada pierna (fig. 588).

 GUÍA PARA JUGAR AL FÚTBOL

• Ejercicio para estirar los músculos que hay a lo largo de la columna vertebral: se rueda suavemente 8 o 10 veces hacia atrás y hacia delante sobre la espalda (figs. 589 y 590).

• Ejercicio para revitalizar las piernas: en decúbito dorsal, se llevan las extremidades inferiores y los pies a 90 grados, con la columna vertebral y la pelvis en contacto con el suelo, manteniendo la posición durante 1 o 2 minutos (fig. 591).

EJERCICIOS DE CALENTAMIENTO Y DE RELAJACIÓN

Ejercicios para descargar la columna vertebral

Para prevenir dolores y problemas que pueden ser incluso graves en la zona lumbar, es siempre importante realizar algunos ejercicios que sirvan para descargar la tensión de la columna vertebral al terminar cada sesión de entrenamiento:

• Desde la posición llamada a cuatro patas, en la que se apoyan los antebrazos en el suelo, se llevan, sin forzar, los glúteos hasta los talones mediante algunos balanceos (figs. 592 y 593).

• Desde la posición supina, se doblan las piernas y se llevan (una sola o las dos a la vez) hasta el pecho. Este ejercicio ayuda a relajar la columna vertebral y el cuerpo en general (figura 594).

• Siempre en posición supina, se flexionan las piernas para pasarlas por encima de la cabeza, que se mantiene apoyada en el suelo. Este ejercicio disminuye la rigidez y aumenta la flexibilidad de la columna vertebral, favoreciendo, además, la circulación en las extremidades inferiores (figuras 595 y 596).

GUÍA PARA JUGAR AL FÚTBOL

• Ejercicio para la musculatura dorsal, de los glúteos y de las extremidades inferiores: estirados en posición supina, se lleva una pierna hasta el pecho, mientras la otra se deja estirada, permaneciendo en esa posición 20 o 30 segundos con cada pierna (fig. 597).

• Ejercicio típico de descarga para la columna vertebral: colocado el jugador en posición supina, se elevan las piernas, se doblan por la rodilla unos 90 grados, y se apoyan sobre una banqueta durante 4 o 5 minutos (fig. 598).

EJERCICIOS DE POTENCIACIÓN MUSCULAR

Un trabajo que se proponga mejorar la musculación debe incrementar la fuerza y la potencia para desarrollar la masa muscular.

Todos los ejercicios de musculación consisten en soportar una fuerza que se debe vencer o balancear por medio de una contracción muscular. Normalmente, esta fuerza es un peso que se debe sostener o desplazar, que puede tratarse de:

— el propio cuerpo o una parte de él;
— un aparato gimnástico;
— el cuerpo de un compañero.

La contracción puede ser:

— *isométrica* o *estática*, cuando el peso es superior a las posibilidades individuales y, por lo tanto, la contracción muscular no consigue realizar ningún movimiento;
— *isotónica* o *dinámica*, cuando se realiza un desplazamiento del peso mediante un movimiento.

La contracción dinámica favorece el desarrollo de la potencia y de la resistencia muscular.

Los métodos de entrenamiento de la musculatura se pueden clasificar en tres grupos:

— de tensión (muscular) isométrica;
— de tensión isotónica: método de esfuerzos repetidos (o fuerza de resistencia), de cargas máximas, *power training* (fuerza ligera) y circuitos de *training*;
— pliométrico (fuerza ligera y fuerza de resistencia).

La elección de los ejercicios incluidos en el circuito de entrenamiento depende de los grupos musculares que se desee trabajar. Así, con el método pliométrico tendremos ejercicios más eficaces para el desarrollo de la fuerza rápida (potenciación), y de la fuerza resistente del atleta: es el sistema que mejora la fuerza rápida (o explosiva) basándose en las contracciones musculares, tanto excéntricas como concéntricas (de tipo isotónico), y en el principio del estiramiento y encogimiento del músculo. Por lo tanto, se hablará de fuerza excéntrica en las contracciones con estiramiento y de fuerza concéntrica en el encogimiento de los músculos en cuestión.

En el fútbol, la fuerza más utilizada es la explosiva (potencia), que, sin embargo, no puede desarrollarse autónomamente si no se trabaja también sobre la fuerza resistente y general. La fuerza es la capacidad de vencer una resistencia sin tener en cuenta el factor tiempo, mientras que la potencia está representada por la fuerza que se desarrolla en un lapso de tiempo relativamente breve. La fuerza y la potencia se distinguen por la velocidad de ejecución.

Para conseguir mejoras concretas y duraderas, hay que preparar un programa de potenciación gradual y continuo, desde los nueve o diez años hasta los quince o dieciséis; después se podrán aumentar las cargas de trabajo. Por lo tanto, hay que respetar tanto la edad de los jugadores como su evolución morfológica y funcional en el periodo de crecimiento, además de las características individuales y el nivel de entrenamiento alcanzado.

A continuación examinaremos algunos ejercicios sencillos de potenciación muscular, que pueden realizar hasta los principiantes, de manera que todos puedan seguir los programas de entrenamiento sin problemas.

Programa simple de potenciación extremidades superiores e inferiores, músculos abdominales y dorsales)

El circuito de cuatro estaciones hay que repetirlo dos veces (dos series). Se trabaja durante 30 segundos con 30 más de recuperación. Entre una serie y otra se dejan tres o cuatro minutos de recuperación:

• Ejercicio n.º 1 (fig. 599): con los brazos abiertos y un balón en cada mano, se efectúa una torsión del

tronco a derecha e izquierda, mientras se dirige la cabeza hacia delante.

• Ejercicio n.º 2 (fig. 600): con las piernas separadas, se sujeta el balón por encima de la cabeza, con los brazos hacia arriba y se baja el balón por detrás de la nuca.

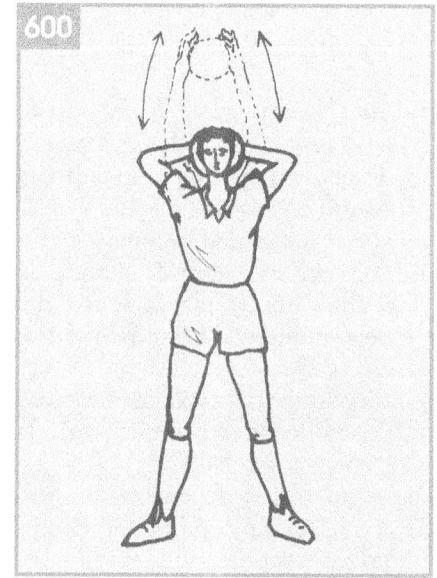

EJERCICIOS DE POTENCIACIÓN MUSCULAR

- Ejercicio n.º 3 (fig. 601): se realizan flexiones de brazos (con o sin balón en las manos).

- Ejercicio n.º 4 (fig. 602): se realizan algunos saltos con la cuerda alternando los pies juntos con un solo pie.

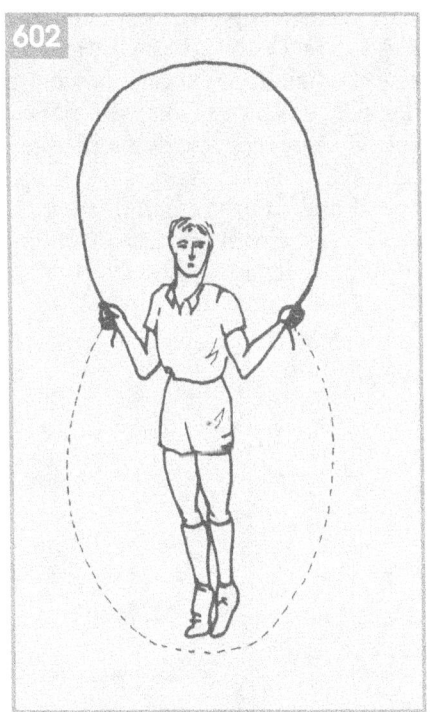

Entrenamiento muscular en circuito (circuit training)

El circuito se compone de ocho estaciones o zonas de trabajo:

- Ejercicio n.º 1 (fig. 603): se salta la cuerda en el sitio o avanzando ligeramente, con o sin salto intermedio y siempre con los pies juntos. Acortando la cuerda, se dan después algunos saltitos con los pies juntos y en posición agachada. Se puede empezar con 20 o 30 segundos.

- Ejercicio n.º 2 (fig. 604): en posición supina, se doblan a la vez el tronco y las piernas, cogiendo las rodillas con las manos. Se vuelve después a la posición inicial. Se realiza el ejercicio 8 o 10 veces.

- Ejercicio n.º 3 (fig. 605): con el tronco erguido, se sube y se baja, en cuatro tiempos, a una banqueta de 50 cm de altura. Se repite 12 o 15 veces.

- Ejercicio n.º 4 (fig. 606): en posición erguida, nos agachamos do-

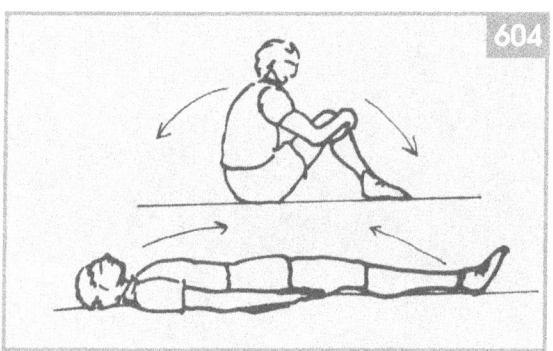

blando las piernas y apoyando las manos en el suelo para estirar el cuerpo hacia atrás. Después se vuelve a la posición inicial. Se necesitan cuatro tiempos: dos para la ida y dos para la vuelta. Debe repetirse de 8 a 12 veces.

- Ejercicio n.º 5 (fig. 607): estirados en el suelo en posición de cúbito supino, se levantan las dos piernas

EJERCICIOS DE POTENCIACIÓN MUSCULAR

juntas y estiradas hasta formar un ángulo recto con el tórax y después se llevan, muy lentamente, a la posición inicial. Debe repetirse el ejercicio 8 o 10 veces.

• Ejercicio n.º 6 (fig. 608): nos sentamos a caballo en una banqueta de 30 o 40 cm de altura y sujetando

un par de pesas, saltamos sobre ella. Debe repetirse 6 u 8 veces seguidas.

• Ejercicio n.º 7 (fig. 609): con el cuerpo estirado, deben realizarse 6 u 8 flexiones de brazos.

• Ejercicio n.º 8 (fig. 610): De pie sobre un plano inclinado se doblan las rodillas sujetando las pesas sin levantar los talones. Debe repetirse 6 u 8 veces.

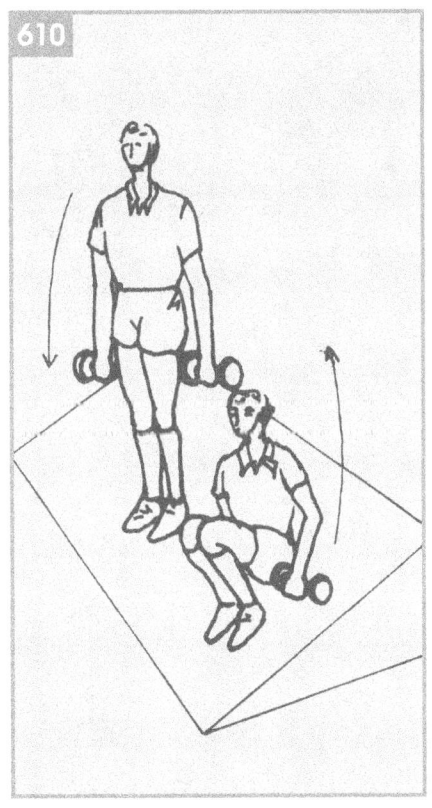

GUÍA PARA JUGAR AL FÚTBOL

Programa de entrenamiento para grupos musculares alternados

El orden de ejecución de los ejercicios (fig. 611) sigue el principio de alternar las zonas musculares más importantes, por lo que, por ejemplo, a un ejercicio para las extremidades inferiores le sigue otro para las extremidades superiores y luego otro más para los abdominales. La recuperación es automática durante el trabajo. Cada ejercicio (diez estaciones) durará 60 segundos:

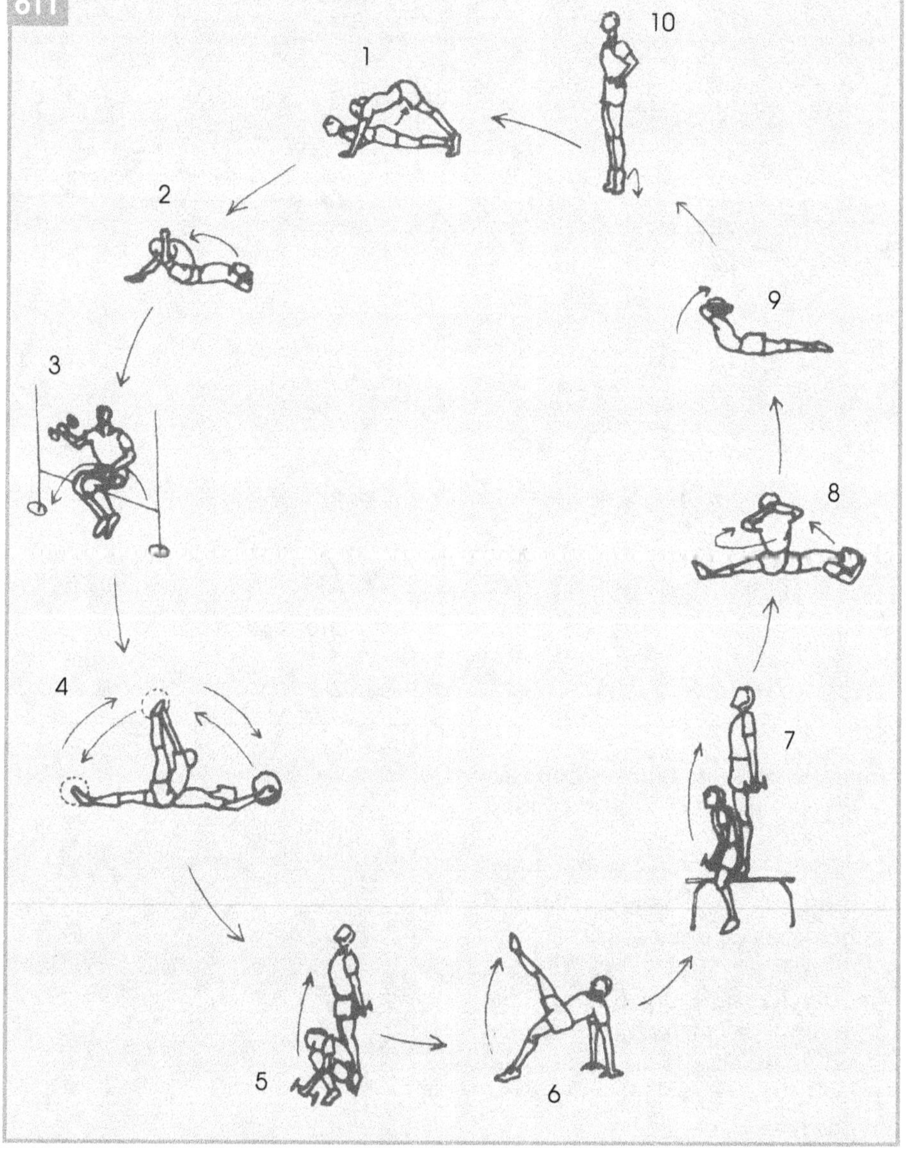

EJERCICIOS DE POTENCIACIÓN MUSCULAR

- Ejercicio n.º 1: extremidades superiores e inferiores.
- Ejercicio n.º 2: abdominales.
- Ejercicio n.º 3: extremidades inferiores.
- Ejercicio n.º 4: espalda y abdominales.
- Ejercicio n.º 5: extremidades inferiores.
- Ejercicio n.º 6: glúteos, extremidades superiores e inferiores.
- Ejercicio n.º 7: extremidades inferiores.
- Ejercicio n.º 8: tronco.
- Ejercicio n.º 9: espalda y abdominales.
- Ejercicio n.º 10: pantorrillas.

Ejercicios en el gimnasio

Son útiles para desarrollar la fuerza y la potencia. El número de repeticiones, la carga y la intensidad hay que adecuarlo a la capacidad individual:

- Para las extremidades superiores y el tronco:

— levantamiento de pequeñas pesas de mano (bíceps y tríceps);
— *lat machine* (musculatura de la espalda y de los brazos).

- Para las extremidades inferiores:

— *leg press* (piernas);
— *leg curl* (bíceps femorales, músculos posteriores de los muslos);
— *leg extension* (cuádriceps, músculos anteriores de los muslos).

Otros ejercicios para las extremidades inferiores

- Carrera corta repetida.
- Saltos hacia arriba y hacia delante con o sin obstáculos (fig. 612).

- Carrera corta en subida.
- Carrera dentro del agua de poca profundidad y con agua hasta la altura del pecho (si es posible).
- Carrera frenada con arrastre que permite desarrollar la musculatura de la pierna.

www.ingramcontent.com/pod-product-compliance
Lightning Source LLC
Chambersburg PA
CBHW080755300426
44114CB00020B/2730